卓越警务人才项目

刑罚学研究
——欧美刑罚观、监狱观的演变

王志亮 著

苏州大学出版社

图书在版编目(CIP)数据

刑罚学研究：欧美刑罚观、监狱观的演变/王志亮著.—苏州：苏州大学出版社，2016.1
卓越警务人才项目
ISBN 978-7-5672-1520-7

Ⅰ.①刑… Ⅱ.①王… Ⅲ.①刑罚—研究—西方国家 Ⅳ.①D950.4

中国版本图书馆CIP数据核字(2015)第251560号

刑罚学研究
——欧美刑罚观、监狱观的演变
王志亮 著

责任编辑 李 敏 苏 秦

苏州大学出版社出版发行
(地址：苏州市十梓街1号　邮编：215006)
苏州恒久印务有限公司印装
(地址：苏州市友新路28号东侧　邮编：215128)

开本 700×1000 1/16　印张10.5　字数200千
2016年1月第1版　2016年1月第1次印刷
ISBN 978-7-5672-1520-7　定价：32.00元

苏州大学版图书若有印装错误，本社负责调换
苏州大学出版社营销部　电话：0512-65225020
苏州大学出版社网址 http://www.sudapress.com

绪　言

　　有犯罪,就必然有针对犯罪的刑罚。最初的刑罚以死刑、肉体刑的杀戮为主,随着犯罪的人数增多,一天处理不完,就需要临时关押起来以便候审、候刑。这样,起监禁看管作用的监狱就成为常设的机构场所。随着自由刑的粉墨登场,监狱更成为大有用武之地的机构场所,成为执行刑罚的机构和场所。由此,从最先关注的犯罪和刑罚,逐渐扩及监狱,终于诞生了监狱学。关于法律、刑法、犯罪与刑罚的论著汗牛充栋,而涉及刑罚、监狱方面的书,尤其是介绍外国刑罚、监狱方面的书则屈指可数。对于刑罚观、监狱观、监狱学的发展与演变,发表精辟论著、做出卓越贡献的先哲和仁人众多。由于作者为能力、精力所限,加之语种单一,只能阅读英文书籍,虽然对成就本书尽了全力,充其量也只能挂一漏万。尽管如此,也希冀以一己微薄之力,使广大读者能够大体上了解刑罚观、监狱观、监狱学的发展与演变。书中难免有遗漏和不当之处,欢迎读者批评指正,以便日后更正。

目　录

Contents

第一章　古希腊、古罗马的刑罚观和监狱观　/1

　一、古希腊的监狱观　/1

　　1. 苏格拉底(公元前469—前399年)的监狱观　/1

　　2. 柏拉图(公元前428—前348年)的监狱观　/4

　　3. 亚里士多德(公元前384—前322年)的监狱观　/5

　二、古罗马的刑罚观　/6

　　1. 奥里利乌斯·奥古斯丁(354—430年)的刑罚观　/6

　　2. 托马斯·阿奎那(1224/1225—1274年)的刑罚观　/8

第二章　近代大陆法系国家的刑罚观和监狱观　/11

　一、荷兰的刑罚观　/11

　　1. 雨果·格劳修斯(1583—1645年)的刑罚观　/11

　　2. 本尼狄克特·德·斯宾诺莎(1632—1677年)的刑罚观　/13

　二、法国的刑罚观、监狱观　/17

　　1. 查理·路易·孟德斯鸠(1689—1755年)的刑罚观　/17

　　2. 让·雅克·卢梭(1712—1778年)的刑罚观　/21

　　3. 马克西米利昂·德·罗伯斯庇尔(1758—1794年)
　　　的刑罚观　/23

　　4. 弗雷德里克·奥古斯特·德梅(1796—1873年)的监狱观　/29

　　5. 阿尔努·博维纳尔·德·马尔桑基(1802—1894年)的
　　　监狱观　/31

　　6. 夏尔·吕卡(1803—1889年)的监狱观　/32

　三、意大利的刑罚观、监狱观　/35

　　1. 切萨雷·贝卡利亚(1738—1794年)的监狱观　/35

　　2. 切萨雷·龙勃罗梭(1835—1909年)的监狱观　/37

　　3. 巴伦·拉斐尔·加罗法洛(1851—1934年)的刑罚观　/45

4. 恩里科·菲利(1856—1929年)的监狱观 / 54

四、德国的刑罚观、监狱观 / 64
  1. 伊曼努尔·康德(1724—1804年)的监狱观 / 64
  2. 乔治·威廉·弗里德里希·黑格尔(1770—1831年)的刑罚观 / 68
  3. 保罗·约翰·安塞姆·里特尔·冯·费尔巴哈(1775—1833年)的刑罚观 / 70
  4. 尼古拉斯·海因里希·尤利乌斯(1783—1862年)的监狱观 / 79
  5. 弗朗西斯·利贝尔(1800—1872年)的监狱观 / 80
  6. 卡尔·戴维·奥古斯特·罗德(1806—1879年)的监狱观 / 81
  7. 弗朗茨·冯·李斯特(1851—1919年)的刑罚观 / 83
  8. 古斯塔夫·拉德布鲁赫(1878—1949年)的监狱观 / 89

第三章 近代英美法系国家的刑罚观和监狱观 / 92

一、英国的刑罚观、监狱观 / 92
  1. 托马斯·霍布斯(1588—1679年)的刑罚观 / 92
  2. 约翰·洛克(1632—1704年)的刑罚观 / 94
  3. 约翰·霍华德(1726—1790年)的监狱观 / 96
  4. 杰里米·边沁(1748—1832年)的监狱观 / 100
  5. 威廉·葛德文(1756—1836年)的刑罚观 / 107
  6. 伊丽莎白·弗赖(1780—1845年)的监狱观 / 112
  7. 亚历山大·麦科诺基(1787—1860年)的监狱观 / 113
  8. 沃尔特·弗雷德里克·克罗夫顿(1815—1897年)的监狱观 / 116
  9. 威廉·道格拉斯·莫里森(1852—1943年)的监狱观 / 117

二、美国的监狱观 / 118
  1. 本杰明·拉什(1747—1813年)的监狱观 / 118
  2. 爱德华·利文斯通(1764—1836年)的监狱观 / 120
  3. 约翰·哈维兰(1792—1852年)的监狱观 / 121
  4. 多萝西娅·林德·迪克斯(1802—1887年)的监狱观 / 124
  5. 伊诺克·科布·瓦恩斯(1806—1879年)的监狱观 / 126
  6. 泽布伦·布罗克韦(1827—1920年)的监狱观 / 129
  7. 托马斯·莫特·奥斯本(1859—1926年)的监狱观 / 131
  8. 凯瑟琳·比门特·戴维斯(1860—1935年)的监狱观 / 134
  9. 玛丽·贝尔·哈里斯(1874—1957年)的监狱观 / 135

10. 桑福德·贝茨(1884—1972年)的监狱观 / 139

11. 霍华德·贝尔丁·吉尔(1890—1989年)的监狱观 / 141

12. 奥斯汀·哈伯特·麦考密特(1893—1979年)的监狱观 / 143

13. 詹姆士·V.贝内特(1894—1978年)的监狱观 / 146

14. 理查德·A.麦吉(1897—1983年)的监狱观 / 150

15. 乔治·贝托(1916—1991年)的监狱观 / 153

16. 威廉·康特(1926—   )的监狱观 / 157

第一章 古希腊、古罗马的刑罚观和监狱观

一、古希腊的监狱观

1. 苏格拉底（公元前469—前399年）的监狱观

第一，苏格拉底简介

苏格拉底，公元前469—前399年，古希腊哲学家，出生于伯里克利统治的雅典黄金时期，其出身贫寒，父亲是雕刻师，母亲为助产士。与其学生柏拉图及柏拉图的学生亚里士多德并称为希腊三哲人，而他则被尊为西方哲学的奠基者。他没有留下著作，其思想和生平记述于后来的学者——主要是他的学生柏拉图——和同时代的剧作家阿里斯托芬的剧作中。而阿里斯托芬对于苏格拉底的记载，却并非有意记载苏格拉底的真实生平，而重在对他的讽刺和挖苦。

公元前399年春，苏格拉底70岁时，被人控告。原告为迈雷托士、赖垦、安匿托士三人。把苏格拉底拖入这场官司的，名义上是迈雷托士带头，其实是由安匿托士从中怂恿，诉由是苏格拉底在当时有智者嫌疑，但其实他最恨智者，相传智者和他有私隙。具体来说，他们控告苏格拉底的罪状有两条，即慢神和蛊惑青年，这些是当时社会人士攻击一般哲学家的普遍口号。他们极恨苏格拉底，却找不出什么特殊罪状，但是"欲加之罪，何患无辞"，他们笼统地举出两条。当然，他们恨苏格拉底肯定是有原因的，可归纳为社会因素和个人因素两个方面。从社会因素来看，苏格拉底是一位思想家，思想家以批评现状为天职。他对人事方面的观察与批评非常敏锐，很不客气地把国家政治法律、人民道德宗教方面的流弊指摘出来。但是，雅典国民素来眼光狭窄，他们把庶民政体视为天经地义，不许人批评；至于流行的道德、宗教，其威权和不成文法相等，更是不许批评的。苏格拉底竟敢批评，岂不以卵击石？此外，当时的社会对他还有误会，把他误认为智者，群众误认为他从事宗教革

命。从个人因素来看,苏格拉底极爱批评现状,当时的政治和学术是社会现实的一部分,三个原告为当时政、学两界人物,平时受到过他的批评并怀恨在心,他们控告是为了报复苏格拉底。原告最恨苏格拉底的批评方法,苏格拉底的批评方法实在厉害,他不直接指出他们的错处,他的态度很谦和,像是自己毫无成见,只是一步一步地向他们请教,结果使他们的错误自己暴露出来,令他们十分狼狈与难堪。

　　按照法律规定,凡是关于宗教的案件都要提讼于国王,迈雷托士状告苏格拉底的案件送到王宫,然后交法庭审理。审理苏格拉底案件的法庭法官共501人,审理程序分为三个阶段:第一阶段由原告提出讼辞;第二阶段由被告提出辩护,然后审判官投票表决有罪无罪;第三阶段由原告提议他们认为合适的刑罚并说明理由,然后由被告提出愿受的较轻刑罚并说明理由。审理结果以281票对220票表决苏格拉底有罪;原告提议的刑罚是死刑,而苏格拉底提议的刑罚是罚款;针对双方提议的刑罚,审判官必须选择其一,也是用投票决定,结果审判官决定采用原告的提议,判他死刑。这位被他的弟子称为雅典最优秀的人最终饮鸩而亡。

　　其实,苏格拉底本可免死,免死的方法很多,如:"未审之前逃亡境外,这是当时常见的事;辩护措词稍软,说些悔改的话,或追述以往战功,请求将功赎罪;自认充分的罚款;坐监一个月之间设法逃亡。"①罚款或逃监所需款项很大,非他本人所能办,然而许多富裕的朋友情愿为他负担一切,前后都有人苦劝他承认充分的罚款或逃监,可他始终不依。况且,审判官们并不一定要判他死刑,赞成与反对的票数相差极少便可见得。再看原告的心理,他们有两个想法。其一,他们虽然提议死刑,其实真正的目的在于报复,最能满足他们的结果是眼见对方屈服。他们故意造成紧张形势,无非是要逼迫苏格拉底向他们乞命,从而满足他们的报复心理。无奈,苏格拉底偏不肯屈服。其二,实际上他们只想排挤苏格拉底,苏格拉底如果离开雅典,他们的目的就达到了,并不一定要他死。至于审判官,他们也不过故作姿态,装作执法森严,等苏格拉底再三苦求,然后手下留情,以示恩威并施。

　　第二,苏格拉底的监狱观

　　苏格拉底被判决死刑后,恰巧赶上雅典宗教上的拜香时期,所以缓刑一个月,监候处决。相传,每年政府派船载人去带洛斯地方的阿波罗庙进香。按照惯例,在船往返期间不得行刑,如航程中遇风行船慢,戒杀期会拖得很

---

① 柏拉图著:《游叙弗伦 苏格拉底的申辩克力同》,商务印书馆,2007年版,第84页。

长。苏格拉底是船开后一天判决的,所以必须等候船到方能执行。在这30天内,苏格拉底的朋友常来探监,跟他讨论问题。一天清早,天还没亮,克力同提前来了,得到狱卒的特许进入苏格拉底监牢中,看他睡得很酣,就坐在旁边等候。等到苏格拉底醒来,他才把船要到的消息说了。他此行的目的不仅是报告消息,由于曾经几度劝说苏格拉底逃监,苏格拉底不肯,现在时间紧迫,所以赶早来再劝一次,这是最后一次机会了。克力同已经和其他朋友把一切都准备好了,甚至贿赂看守的钱财也有了着落,就等着苏格拉底一句话,如果他同意,就随时可以逃生。但是苏格拉底并不为之所动,他反过来教导克力同说,未经雅典人释放,企图逃离此地是不正当的行为。最后,苏格拉底被处死。

可以说,苏格拉底之死是西方历史上最早的一桩冤案,但他从容赴死具有重大意义,体现了他自己的监狱观。苏格拉底之死表明,也许法律会枉正错直,也许上帝会说恶法非法,但是在世俗之城里只有一个法律需要人们必须遵守,这个法律也许要使千万个"苏格拉底"受冤,但只有在苏格拉底服从法律的前提下,雅典人民才有法治的保障。苏格拉底必须死,因为雅典的法律需要生。真理站在苏格拉底这边,他宁愿牺牲生命也要捍卫自己的真理,但这解释不了苏格拉底为什么要服从这么不公正的审判。所以,苏格拉底应该还有另外的理由,这同时反映了他的监狱观。

"倘若我越狱脱逃,以后死去到了阴曹地府也是一个犯法的鬼囚。这样死去总算含冤而死,到了阴曹地府见审判官也有话可说。"①他虽然受到不公正的判决,但是为了维护国法的尊严,情愿牺牲自己的性命。他借雅典的国家和法律之口说道:"越狱脱逃是毁坏国家和法律的行为,如果法庭的判决不生效力,可以被私人随意废弃,那么国家还能存在吗?国家生我、养我、教我,凡是能赋予其他公民的权利都有我的一份,甚至在公民成年以后允许公民带上财产自由地离开雅典。我在70年之间都没有离开雅典,就等于说我以自身的行为和国家签订了契约,表示服从国家的法律,做一个守法公民。难道就因为祖国和法律判处我死刑,我就可以竭力毁坏与颠覆国家和法律吗?越狱脱逃是蔑视法律的行为,是践踏自己曾经立下的契约,是最下贱的奴才干的勾当。如果我含冤而死,这不是法律的原因,而是由于恶人的蓄意谋害。如果我无耻逃亡,以错还错、以恶报恶,毁伤的不仅是法律,而且还包括我自

---

① 柏拉图著:《游叙弗伦 苏格拉底的申辩 克力同》,商务印书馆,2007年版,第116-117页。

己、我的朋友和我的国家"。①

在个人的道德上,必须纠正以怨报怨的观点。假设国家是一个人,对他有怨,他也不得以怨报之。在公民的责任上,国家对个人即使有不公正之处,个人也要忍受并且不得随便反抗。国家的威信重于国家对个人的曲直,国家行政与司法必须维持一致的效力,只能是个人迁就国家而非国家迁就个人。苏格拉底宁愿牺牲生命也要捍卫真理:越狱脱逃是践踏法律的行为;我含冤而死,不是法律的原因,而是恶人的蓄意谋害。苏格拉底的这种行为纯粹是烈士气概,"烈士之所以为烈士,就是临难之际,生路排在面前,只要稍屈,尽可免死,然而烈士宁死不屈"②。

2. 柏拉图(公元前428—前348年)的监狱观

第一,柏拉图简介

柏拉图,公元前427—前347年,出身于雅典贵族家庭,青年时师从苏格拉底,古希腊客观唯心主义哲学家,亚里士多德的老师。苏格拉底死后,他游历四方,曾到埃及、小亚细亚和意大利南部从事政治活动,企图实现他自己的贵族政治理想。公元前387年,活动失败后逃回雅典,在阿加德米体育馆附近设立了一所学园,在此执教40年,直至去世。他一生著述丰硕,其理论思想主要集中在《理想国》和《法律篇》中。在《理想国》《法律篇》等著作中,他阐述了自己的道德、政治和教育理论,宣扬神秘的理念论和灵魂不灭论,主张理念是独立于个别事物和人类意识之外的实体。他多次使用"反思"和"沉思"这两个词,认为关于理性的知识唯有凭借反思、沉思才能真正融会贯通。

第二,柏拉图的监狱观

在柏拉图的《理想国》中,有一个著名的洞穴比喻来解释理念论。就是说,一群囚犯在一个洞穴中,他们的手脚都被捆绑,身体也无法腾挪移动,只能背对着洞口,他们面前有一堵白墙,他们身后燃烧着一堆火。在那面白墙上,他们看到了自己以及身后到火堆之间事物的影子,由于他们看不到任何其他东西,这群囚犯会以为影子就是真实的东西。最后,一个人挣脱了枷锁,并且摸索出了洞口。他第一次看到了真实的事物,返回洞穴并试图向其他人解释,那些影子其实只是虚幻的事物,并向他们指明光明的道路。但是,对于那些囚犯来说,那个人似乎比他逃出去之前更加愚蠢,并向他宣称除了墙上

---

① 柏拉图著:《游叙弗伦 苏格拉底的申辩克力同》,商务印书馆,2007年版。
② 柏拉图著:《游叙弗伦 苏格拉底的申辩克力同》,商务印书馆,2007年版,第85页。

的影子之外，世界上没有其他东西了。柏拉图想用这个故事来解释"形式"其实就是那阳光照耀下的实物，而我们的感官世界所能感受到的不过是那白墙上的影子而已。大自然比起我们鲜明的理性世界来说，是黑暗而单调的。不懂哲学的人能看到的只是那些影子，而哲学家则在真理的阳光下看到外部事物。但是，另一方面，柏拉图把太阳比作正义和真理，强调我们所看见的阳光只是太阳的"形式"，而不是实质；正如真正的哲学道理、正义一样，是只可见其外在表现，而其实质是不可言说的。

柏拉图在其著作《理想国》中认为，在个人的灵魂中，有善和恶两部分；但是，人的品行习惯的善良与邪恶，归根到底是由他所受到的教育的好坏决定的。社会的教育有好坏之分，如果接受了好的教育，灵魂中善的部分就会占优势，就能控制住恶的部分，他就会成为"自己的主人"，成为受人赞扬的人。如果个人接受不良的教育，或者受邪恶的人的影响，就会使恶的部分占优势，善的部分逐渐缩小，个人就会成为"自己的奴隶"，就会做出受人责备的行为。他指出，人都有像野兽那样的恶性，人人都有不应该具有的欲望，当他对自己的控制放松时，兽性便活跃起来，引起各种邪恶的行为，即使好人也概莫能外。恶性的发展既受个人控制，也受外在条件影响，如"人们的金钱常常是许多犯罪的原因"。因此，法院的审判活动应该公正，监狱应该注重拯救犯人的灵魂。

3. 亚里士多德（公元前384—前322年）的监狱观

第一，亚里士多德简介

亚里士多德，公元前384—前322年，古希腊斯吉塔拉人，世界古代史上最伟大的哲学家、科学家和教育家之一，柏拉图的学生，亚历山大的老师。公元前335年，他在雅典办了一所叫吕克昂的学校，被称为逍遥学派。马克思曾称亚里士多德是古希腊哲学家中最博学的人物，恩格斯称他是古代的黑格尔。作为一位最伟大的、百科全书式的科学家，亚里士多德对世界的贡献无人可比。他对哲学的几乎每个学科都做出了贡献，著述领域广泛，成果丰硕，内容涉及伦理学、形而上学、心理学、经济学、神学、政治学、修辞学、自然科学、教育学、诗学、风俗学以及雅典宪法。

第二，亚里士多德的监狱观

古希腊是西方文明的发源地。在公元前11世纪至公元前9世纪的荷马时代，希腊全境形成了城邦国家和城邦法律，所有的城邦法律统称为古希腊法，其中以雅典法最具代表性。雅典法的主要内容包括社会结构、财产所有权、债权、婚姻家庭与继承、刑法、诉讼制度等。常用的刑罚措施主要有死刑、肉体刑、耻辱刑、自由刑、流刑、财产刑等,肉体刑的执行措施有鞭笞、烙印等,自由刑的执行方式有剥夺自由、出卖为奴等。其中剥夺自由是由监狱负责执行的。

亚里士多德在其所著《雅典政制》一书中提出了自己的监禁观。其一,议事会具有判决监禁的最高权力;其二,监禁是罚金刑落实的保障措施。虽然亚里士多德没有明确提到监狱二字,但是监禁刑是在监狱里执行的,不仅监禁直接与监狱相关联,而且罚金也与监狱相关。因为罚金与监禁并科、易科,监禁是罚金落实的保障措施。

"议事会有判决罚金、监禁和死刑判决案的最高权力"①,但是,有一次,议事会把吕锡马库斯交付给公众行刑吏,他正在坐着等死的时候,阿罗珀刻村的优美里德斯救了他。优美里德斯说,公民未经陪审法庭判决不得处死;到了陪审法庭进行审判的时候,吕锡马库斯被免罪。因而,人民有剥夺议事会判处死刑、监禁和罚金的权力,定出法律,凡议事会所通过的罪和罚的判决案必须由法官送交陪审法庭,而陪审官的任何投票都应当具有最高权力。任何人拖延不付款,就记在板上,必须加倍付还拖欠之款,否则就要下狱;判处罚金和下狱的法律权力都属议事会。

罚金与监禁并科、易科,监禁是罚金刑落实的保障措施。凡年龄在30岁以上的人,不曾欠国债和不曾失去公民权利,就享有担任陪审官的权利。但是,如果不合格的任何人充任陪审官,那么就要被控告并受陪审法庭审讯,如果有罪,那么陪审官就要科以其应受的刑罚或罚金。"如果判处罚金,他便必须入狱,直到他付清他所以被控的从前债务以及法庭所科他的罚金之时为止。"②

二、古罗马的刑罚观

1. 奥里利乌斯·奥古斯丁(354—430年)的刑罚观

第一,奥里利乌斯·奥古斯丁简介

奥里利乌斯·奥古斯丁(Aurelius Augustinus),公元354年11月13日出

---

① 亚里士多德著:《雅典政制》,日知、力野译,上海人民出版社2011年版,第71页。
② 亚里士多德著:《雅典政制》,日知、力野译,上海人民出版社2011年版,第92页。

生于北非的塔加斯提城,即今阿尔及利亚的苏克阿赫拉斯,公元430年8月28日在汪达尔人围攻希波城时逝世。父母非常重视他的教育,设法筹措钱财供他远游求学。奥古斯丁小时候在塔加斯提读书,后来又去迦太基学习文法和雄辩术。在米兰,奥古斯丁钻研新柏拉图派的著作,公元387年4月接受了安布罗斯的洗礼。公元396年担任主教,直到公元430年逝世。

奥古斯丁是罗马帝国向中世纪过渡时期著名的神学家和哲学家,也是古代基督教的主要思想家和作家之一。奥古斯丁是古代基督教神职人员中著述最多的一人,用拉丁语撰写了将近一百部著作,最著名的作品有《忏悔录》《上帝之城》《论三位一体》等,另外还有《驳学园派》《论音乐》《论意志的自由选择》《公教和摩尼教的生活之道》《论教师》等。奥古斯丁的著述,没有局限于宗教神学、哲学和伦理道德领域,对政治学、心理学、文学、教育学、语言学等各门人文社会科学知识乃至自然科学知识也都有所涉猎,对于西方的历史进程有着重大而深远的影响。

第二,奥里利乌斯·奥古斯丁的刑罚观

奥古斯丁所著的《上帝之城》一书中,以原罪说为基础,按照逻辑的递进顺序,对审判制度、刑罚目的做了分析。奥古斯丁完全接受《圣经》的观点,认为人类的祖先犯了罪,人类在人间生活就是接受上帝的惩罚,人们要心甘情愿地接受现实,服从教权和奴隶制度。"罪是奴役制度之母,是人服从的最初原因,它的出现不是越过最高的上帝的指导,而是依照上帝的指导,在最高的上帝那里是没有不公正的事的。""因为人有罪,所以奴役制度是合理的""'不论谁犯罪,他就是罪的奴仆'。"①奥古斯丁强调,审判就是要审判别人的良心,但是审判者看不见良心,只好为逼取实情而折磨被审判者说出无辜的证言。"尽管他是无辜的,法庭不能证实他有不法行为,可是他却遭受到确实的痛苦,这种情况经常是由于法官的愚昧无知而给犯人造成的痛苦。不仅如此,法官的原意是用拷打来避免杀掉一个无辜者,他折磨被告人,生怕被告是无辜的而被判处了死刑,但是常常由于他对真情可怜的无知,却把无辜者折磨至死。"②宗教裁判所的审判,把刑讯作为逼取口供的必要措施,用审判者"善良的"动机作为为折磨无辜开脱的借口。

奥古斯丁提出了刑罚教育观,表现在惩罚、纠正犯人或错误的行为方面。

---

① 西方法律思想史编写组编:《西方法律思想史资料选编》,北京大学出版社,1983年版,第93页。

② 西方法律思想史编写组编:《西方法律思想史资料选编》,北京大学出版社,1983年版,第88-89页。

宗教裁判所关押被告人的监狱成为名副其实的刑讯所,刑罚进行惩罚的目的,就在于促使犯罪人改正错误;同时,也用来教育别人,不要重蹈覆辙。国家有两个主要功能,一个是对犯罪人的惩罚,另一个是维护世俗秩序与和平,合二为一的极端措施便是刑罚。奥古斯丁强调,惩罚者对于被惩罚者一定要有爱心,动机必须纯正,强调惩罚者在行动之前一定要弄清楚自己的动机不是世俗的,而是出于爱。爱就是对犯罪人的怜悯,"这样,主预言他会记录那些在他右手边的人怜恤的功德,审判那些在他左手边的不怜恤的人,他这样做的目的是为了表明,这样的怜恤所起的作用不是使恶行长期不受惩罚,而是消除过去犯的罪。因为人若是拒绝放弃他们作恶的习惯,改变他们的生活方式,那么他们不能说是实行了怜悯"①。他举例说,父亲打儿子,可谓手段很严厉,但动机是为了儿子好;而坏人则出于邪恶的目的,对孩子可能笑脸相迎,奉承哄骗。

2. 托马斯·阿奎那(1224/1225—1274 年)的刑罚观

第一,托马斯·阿奎那简介

托马斯·阿奎那,1225 年出生于意大利南部的一个贵族家庭,1274 年 3 月 7 日离世。1239 年,12 岁的托马斯·阿奎那完成了高中教育,后进入那不勒斯大学深造,学习哲学、雄辩学、逻辑学和拉丁语法。1244 年,加入多明我会,1245 年至 1248 年在巴黎大学读书,1257 年获得博士学位,1261 年至 1264 年被委派服务于宗教法庭。1274 年,赴里昂大公会议途中去世,去世后获得诸多荣誉称号,1879 年被封为"天主教学校和天主教学者"的主保圣人。年轻时,阿奎那出乎意料地加入多明我会,家族感到震惊并采取了强制措施。在去罗马的路上,阿奎那被他的几个兄弟逮住押送回圣齐奥瓦尼城堡软禁了一两年,以迫使他放弃自己的志向。他的家人甚至安排娼妓去诱惑他,但他不为所动。在教皇英诺森四世的干预下,其家庭最后还是妥协了。17 岁时,他终于穿上了多明我会会服。阿奎那是西欧中世纪最有权威的神学家,经院主义哲学的最杰出代表,主要著作有《论存在与本质》《反异教大全》《神学大全》(未完成)《论世界永恒性驳窃窃私议者》《论智力的统一性驳阿维罗伊派》《论分立的实体》等。

在所著《神学大全》中,阿奎那首先提出哲学与宗教、理性与信仰的关系问题。在神学与哲学的关系上,他认为哲学服务于神学;认为神学的原理是

---

① [古罗马]奥古斯丁著:《上帝之城》(下卷),王晓朝译,人民出版社,2006 年版,第 1081 页。

凭启示直接由上天而来,不需凭借其他科学。神学确实性来自神的光照,不会错误,而其他科学的确实性在于其探究的外部世界,神学的目的在于永恒的幸福,因此神学高于哲学。神学可凭借哲学,将它发挥得更清楚,但不是非要哲学不可。神学使用哲学,哲学是神的奴女。阿奎那认为,世界是上帝从虚无中创造出来的,力主教会的权力至高无上,认为如同神高于人、灵魂高于肉体一样,教会高于世俗的国家。教皇是基督的代理人,政权应由教皇掌握,国家必须服从教会,国王必须顺从教皇。他极力维护封建君主的统治权力,认为君主制是最好的政治形式。他从灵魂不死的观点出发,大力宣扬"来世幸福",认为尘世生活的幸福并非最高幸福,最高幸福是对上帝的静观,由此而使灵魂得救。

第二,托马斯·阿奎那的刑罚观

托马斯·阿奎那是西欧中世纪最有权威的神学家,经院主义哲学的最杰出代表,《神学大全》一书集中体现了他的犯罪观和刑罚观。作为神学家,阿奎那的犯罪观仍旧是原罪说,认为上帝创造的人都是自由的、平等的,而由于人自身的"罪恶",上帝把人们罚作奴隶。阿奎那对自己的刑罚观做了系统论述,人的意志必须服从三种命令,其一是人的本性要服从人自己理性的命令,其二是个人作为国家或家庭成员要服从在精神上或在事实上统治着他的人的命令,其三是要服从神授政权的一般命令。对命令有服从也有不服从,犯罪妨碍命令的执行服从,犯罪人的行为违背了他自己的理性并触犯了人法和神法,因此犯罪人要遭受三重惩罚。其一是自我惩罚即良心谴责,其二是他人惩罚即反击防卫,其三是上帝惩罚。在阿奎那看来,上帝是人的行为善恶与否、道德与否的最终裁判者。

阿奎那认为,刑罚具有改造犯罪人和威慑他人的双重目的。在使用严厉的刑罚时,要考虑罪恶的严重性和其他因素,可归纳为四种。其一为罪恶大小。罪恶越大,刑罚惩罚越严厉。其二为是否为习惯性犯罪人。惯于犯罪的人就用刑罚严惩。其三为犯罪欲望或快乐的大小。犯罪欲望或快乐越大,犯罪人就越难弃恶从善,刑罚惩罚也就越严厉。其四为发现犯罪的情况。犯罪人越隐瞒罪行,刑罚就应越严厉。阿奎那明确指出:"在审判之日过后,所有邪恶的,包括人和天使,都将在地狱中,善良者都将在天堂里。"[①]这样做就是为了改造犯罪人和防止他人重蹈覆辙,当犯罪人伤害他人的可能性大于悔改自新的可能性时,就应处死他们。"对死不改悔的犯罪人处以死刑,有利于根除

---

① 托马斯·阿奎那著:《神学大全》(第一集第4、5卷),商务印书馆,2013年版,第212页。

罪恶,剥夺犯罪人再次犯罪的能力。"①犯罪危害着现实生活的幸福,最大的犯罪行为是异端或异教行为,对一切异教徒均应将其活活烧死,让他们从世界上消失掉。其理论基础就是阿奎那所认为的"正义"。对于社会,正义就是"上帝定的秩序",服从上帝安排的社会秩序和教会秩序;对于个人,基于人的原罪,正义就是矫正人的行为,洗涤人的罪过,并使之得到拯救。

---

① 吴宗宪著:《西方犯罪学史》,警官教育出版社,1997年版,第21页。

第二章
近代大陆法系国家的刑罚观和监狱观

一、荷兰的刑罚观

1. 雨果·格劳修斯(1583—1645年)的刑罚观

第一,雨果·格劳修斯简介

格劳修斯(Hugo Grotius),原名休格·德·格罗特,1583年4月出生于荷兰德尔夫特的一个富有的律师家庭,1645年病逝于德国罗斯托克,终年62岁。格劳修斯的祖先是一位法国绅士,名叫让·高耐,于1402年移居荷兰。格劳修斯的父亲,师从著名学者利普秀斯,曾四次出任德尔夫特市长,并担任莱顿大学的理事长。这些履历给他带来了很高的荣誉和社会地位。少年时期的格劳修斯就显示出多方面的非凡才能,8岁时能用拉丁文创作诗歌,崭露诗人天赋,11岁进入莱顿大学攻读数学、哲学和法理学,15岁在法国奥尔良大学获得法学博士学位。1599年在海牙取得律师资格,1600年17岁时就被准许从事律师业务。作为荷兰特使,陪同荷兰省议会议长奥尔登巴内费尔特访问法国,受到了法国国王亨利四世的召见。亨利四世对他大加赞赏,并将镶有自己肖像的金头饰赠送给他,亲切地称他为"荷兰的奇迹"。1601年,他被任命为编史官,出任《荷西战史》一书的总编辑。1604年至1605年,应荷兰东印度公司的请求,格劳修斯写成《捕获法》一书。1607年,出任荷兰省最高检察院副总检察长,在任期间作为外交使团成员赴英谈判。1609年,格劳修斯与玛丽·冯·雷格斯伯格结婚。1613年出使美国,同年格劳修斯被任命为鹿特丹市市长,在接受这个职务时他提出了"不得违反他本人的意愿而予以免职"的条件。

1618年因卷入恩威尔宗教案件,格劳修斯被判处终身监禁,1619年6月6日被关入劳埃弗斯汀监狱。起初格劳修斯受到了严格监管,而他的温和顺从的态度赢得了监狱看守的好感和尊敬,他便利用这个机会抓紧时间整理素材、撰写著作,而且还被准许他妻子入狱与他生活在一起。他的妻子玛丽利用机会,秘密将格劳修斯装入一个运送书籍的大箱子里,由两名可靠的仆人运出了监狱。逃出监狱到了格尔科姆小城后,格劳修斯化装成泥瓦匠迅速前往比利时的安特卫普,又从安特卫普潜往法国。1621年4月,格劳修斯进入法国国境,10月与妻子在巴黎会合。流亡法国期间,写成《战争与和平法》。1634年被任命为瑞典驻法国大使,1644年被召回瑞典斯德哥尔摩。1645年乘船离开瑞典,路遇风暴,漂流到德国海岸,病逝于罗斯托克,终年62岁。格劳修斯是17世纪荷兰资产阶级政治思想家,资产阶级自然法学派的创始人之一,近代资产阶级国际法理论的奠基人,被称为"国际法之父"。1886年9月17日,格劳修斯的铜像在他出生并安葬的小教堂前面的公共广场上揭幕。

第二,雨果·格劳修斯的刑罚观

格劳修斯著有《捕获法》《论海上自由》《战争与和平法》,其中以《战争与和平法》最为著名。在《战争与和平法》一书中,以第二十章论惩罚、第二十一章论惩罚的转承(就这两章的内容来看,惩罚应翻译为刑罚较为合适),格劳修斯阐述了自己的刑罚观,主要包括对刑罚本质和刑罚目的的看法。

关于刑罚本质,在于以惩罚为内容的正义。格劳秀斯从自然法则出发,与犯罪相联系定义了正义,正义即使任何犯罪人承受同等程度的痛苦是正当的。刑罚惩罚强调受难以作为刑罚惩罚邪恶行为的结果。刑罚惩罚之苦等于邪恶行为之恶,使任何犯下罪行的人承受同等程度的痛苦是正当的。刑罚惩罚与犯罪之间具有不可分割的联系,刑罚惩罚的对象是罪有应得的人。正义的首要原则之一是应在刑罚惩罚与罪行之间建立一种等量关系,使刑罚能够在与罪行相当的程度上实施,刑罚应该是严格正义的,而不是相对正义的。他解释说:"有一种观点认为,所有惩罚(刑罚)都可以被认为是严格符合正义的,因此,当我们说某人应受(刑罚)惩罚时,我们的意思只是说他受到(刑罚)惩罚是正当的;而且除了有权实施(刑罚)惩罚的人之外,任何其他人都不能采取惩罚措施。"[①]这表明,格劳修斯眼中的刑罚本质有两个含义,一是刑罚惩罚之苦等于行为之恶,二是刑罚惩罚由有权执行的人执行。格劳秀斯论证了"刑罚"与"复仇"的区别,复仇与犯罪伤害只是在程度上有差别,是不仁道德,所以应受共同谴责,因为对痛苦的复仇并不比可宽恕的罪行更好。如果刑罚是以复仇的心态实施的,那么就不符合公正的要求。

---

① [荷]格劳修斯著:《战争与和平法》,何勤华等译,上海人民出版社,2005年版,第278 – 279页。

关于刑罚目的,强调矫正、惩罚和偿付的三位一体。格劳修斯关注刑罚目的,认为仅仅对罪犯进行改造是不能成为唯一目标的。经过研究前人关于刑罚目的的观点,他把刑罚目的归纳为三个,即"矫治""惩罚"和"补偿"。刑罚的这三个目的不是孤立存在的,而是相互联系的有机整体。正义施加刑罚惩罚,不是为了已经实施且无法挽回的邪恶行为,相反是要阻止类似犯罪行为将来再次发生。刑罚矫治目的,是要医治邪恶行为这个病患,尽管刑罚是一种痛苦的治疗方式,"由于所有有意识的行为,经由频繁的重复,都会产生一种倾向,即将其转变为一种习惯,因此尽早矫正恶行的最好方法就是以随即的痛苦来剥夺其甜美的感觉"①。矫正性的刑罚不包括死刑,因为死刑对犯罪人没有益处。刑罚的惩罚目的,是让罪犯消失,或者使罪犯丧失作恶的能力,或者强迫罪犯形成遵循良好的思维和行为的习惯,但是并不是每种刑罚的惩罚都能产生这个效应。刑罚的补偿目的是要求犯罪人补偿犯罪行为造成的损害。

2. 本尼狄克特·德·斯宾诺莎(1632—1677年)的刑罚观

第一,本尼狄克特·德·斯宾诺莎简介

本尼狄克特·德·斯宾诺莎(Benedictus de Spinoza),1632年11月24日生于荷兰阿姆斯特丹的一个犹太商人家庭,1677年2月21日因肺病去世,终年45岁。他的祖先是犹太人,居住在西班牙,由于西班牙宗教法庭的迫害,在1492年逃亡到葡萄牙,后来又于1592年迁移到当时以信仰自由、容忍异族著称的阿姆斯特丹。他的祖父阿拉伯罕·德·斯宾诺莎是一位受人尊敬的犹太商人,曾在阿姆斯特丹犹太人公会里担任重要职务。他的父亲迈克尔·德·斯宾诺莎继承了祖父的事业,是阿姆斯特丹犹太教会学校的校长之一,曾多次担任犹太人公会的会长。1638年,斯宾诺莎刚满6岁时,他的母亲不幸去世。为了照顾小斯宾诺莎和其他两个异母兄妹的生活,他父亲娶了一位从里斯本逃亡出来的犹太女人。这位后母对孩子比较温和,她早年接受的天主教教义使她感到有一种宗教的义务来培养孩子,并且她的宗教信仰使她不竭力地鼓励年幼的斯宾诺莎以炽热的感情皈依犹太教,这对斯宾诺莎以后的人生道路有一定的影响。

斯宾诺莎早年进入犹太学校接受初等教育,对犹太典籍和《圣经》颇感兴

---

① [荷]格劳修斯著:《战争与和平法》,何勤华等译,上海人民出版社,2005年版,第282-283页。

趣。毕业后接替父兄到商界工作,因对经商不感兴趣,进入拉丁学校学习拉丁语,与此同时接触到了当时欧洲的进步思想家,如笛卡尔、培根、霍布斯、格劳修斯等人的著作,并亲眼目睹一些思想家因受迫害而避居荷兰等的重要政治事件,因而思想发生变化。1656年,斯宾诺莎因为怀疑上帝和天使的存在,主张思想自由而被犹太教开除,并且被驱逐出阿姆斯特丹,流放外地。从此以后,斯宾诺莎一生颠沛流离。1677年2月21日,斯宾诺莎终因肺病而过早离开人世。200年后,人们为了纪念他,在海牙他最后居住的房子附近竖立了一座铜像。斯宾诺莎的一生是为真理和自由而奋斗的一生,他为人公正、善良、满腔热忱,终身为人类进步和正义事业而斗争。德国哲学史家文德尔班在纪念斯宾诺莎逝世200周年时说:"为真理而死难,为真理而生更难。"斯宾诺莎追求真理,写下了诸多论著,主要著作有1658年出版的《略论神、人和人的幸福》、1661年的《知性改进论》、1663年的《笛卡尔哲学的原理》、1670年的《神学政治论》、1675年的《伦理学》和1676年的《政治论》。

第二,本尼狄克特·德·斯宾诺莎的刑罚观

他是近代欧洲资产阶级革命的著名启蒙思想家、英勇的无神论者和近代理性主义自然法的创始人之一。他用自己的全部理论为荷兰资产阶级争取政治自由和权利。他关于思想自由和言论自由的绝妙论述,为近代古典自由主义法学理论增添了最实质和最核心的内容。作为自由主义法学思想家,斯宾诺莎认为,自由的根基就是自然法与国家和法律的起源,提出了法律、法治原则,倡导天赋人权与思想自由和言论自由,从而为自由刑奠定了理论基础。

关于自由的根基。斯宾诺莎认为,在市民社会和国家产生以前,人类曾经长期生存在自然状态下,受自然法的支配。在自然状态下,人们为了享有天然的自然权利,就必然进行争斗。因此,为了获得安全与幸福,人们在理性,即自然法的帮助下订立契约,进入社会生活,并且依据自然法的指导,制定法律以自我保存。可见,斯宾诺莎关于国家和法律起源论充满了功利主义色彩。在斯宾诺莎看来,人类之所以要建立国家和法律,完全是出于人性趋利避害的要求。他说,人性的一条普遍规律是凡人判断为有利的,他必不会等闲视之,除非是希望获得更大的好处,或是出于害怕更大的祸患;人也不会忍受祸患,除非是为了避免更大的祸患,或获得更大的好处。"也就是说,人人是会权衡两利相权取其大,两害相权取其轻。"[1]斯宾诺莎从人性功利的角度论证国家与法律的起源,突破了封建神权法的思想束缚,论证了以自由为

---

[1] 洪汉鼎编:《斯宾诺莎读本》,中央编译出版社,2007年版,第121页。

根基的资产阶级政治法律制度的理论基础,推翻封建统治、建立资产阶级国家和法治是基于人性和自由本性要求的必然结果。

关于自由与法律、法治原则。斯宾诺莎认为,法律是人们为自己或别人设立的,为的是生活更安全、更方便或与此相类似的理由。他把法律分为自然法和成文法,自然法反映"物理之必然"①,成文法以命令形式反映人的目的。在这个基础上,他又把法律分为神法和人法。人的法律是指使个人和国家皆得安全的生活方案,神的法律以最高的善为唯一目的,这样的划分是为了论证人法的重要性。斯宾诺莎重视人法,主张制定完善的合乎人性的法律,主张服从法律,因为立法和服从法律是法治主义原则的本义。每个人都谋求个人利益,有些人对于欲求和效用的观念是为肉体的本能和情绪所支配,因此需要政府以法律的武力压抑人的欲望和无节制的冲动。总之,在斯宾诺莎看来,法律是人的理性的产物,是抑制人的欲望所必需的,服从法律是使人们过理性的社会生活的必然要求。

关于天赋人权与思想自由和言论自由。天赋人权论和自由论是斯宾诺莎自由主义法律思想的重要内容,斯宾诺莎虽不是最早提出天赋人权的西方思想家,却是第一位论证思想自由和言论自由属于天赋人权的思想家。他认为,思想自由和言论自由比任何事物都更为珍贵,第一次明确提出:"实在说来,政治的真正目的是自由。"②斯宾诺莎指出,自由是人的本性的一部分,自由的思考、自由的判断是天赋人权,人们在订立契约的时候,向共同体转让的仅仅是自由行动的权利,而不是也不可能是转让自由思想和自由发表言论的权利,因为每个人是他自己的思想的主人。"所以,思想分歧矛盾的人,若强迫他们只按最高当局的命令说话,是会有可悲的结果的。"③斯宾诺莎道出了这个理由,即"人的心是不可能完全由另一个人处置安排的,因为没有人会愿意和被迫把他的天赋的自由思考和判断之权转让与人的。因为这个道理,想法子控制人的心的政府,可以说是暴虐的政府,而且规定什么是真的要接受,什么是不真的不要接受,或者规定什么信仰以激发人们崇拜上帝,这可算是误用治权与篡夺人民之权"④。

斯宾诺莎进一步总结了政府力图控制思想言论自由产生的坏处。第一,会造成法律形同虚设的结果。如果禁止思想言论自由,"法律几乎永远是没

---

① 王振东著:《自由主义法学》,法律出版社,2005年版,第101页。
② 洪汉鼎编:《斯宾诺莎读本》,中央编译出版社,2007年版,第132页。
③ 洪汉鼎编:《斯宾诺莎读本》,中央编译出版社,2007年版,第132页。
④ 洪汉鼎编:《斯宾诺莎读本》,中央编译出版社,2007年版,第132页。

有用处的。因为认为被禁的意见是正确的那些人不可能遵守法律,而且那些已经以为那些意见是错误的人,把这种法律当作一种特权,以致即使后来当局想废止这项法律,也没有方法做到"①。第二,会危害国家。"强制言论一致是绝不可能的,因为,统治者越是设法削弱言论的自由,人越是顽强地抵抗他们"②。第三,会造成阿谀和背信弃义。即使思想言论自由可以禁止,也势必造成人们这样想而那样说,人们表面上看似赞成政府的说法,但心里却未必那样想,这只能产生阿谀和背信弃义,使人们变得诡计多端和世俗狡诈。第四,会造成扼杀科学与艺术的严重后果。斯宾诺莎指出:"鉴于思想自由其本身就是一种德行,不能禁绝⋯⋯更不用说这种自由对于科学与艺术是绝对必须的。因为若是一个人判断事物不能完全自由,没有拘束,则从事于科学与艺术,就不会有创获。"③

  政府根本控制不了人们的思想,禁止或限制思想言论自由会带来无穷的祸患,而反过来,政府如果保障思想自由和言论自由,则会得到无尽的好处。第一,可以使公民自觉遵守法律。只有充分地进行理性的思考,自由地发表意见,人们才能认识到法律原本就是合乎理性的,从而才能心甘情愿地遵守法律。第二,可以使政府免受攻击。"自由判断之权越受限制,我们离人类的天性越远,因此,政府变得越暴虐。"④政府越压制思想自由和言论自由,人们越容易把愤懑发泄在政府身上,政府受到攻击的可能性就越大。第三,可以避免党争,保障思想言论自由,使人们能够把分歧和矛盾摆在大庭广众之下,人们明争而不暗斗,"派别不起源于爱真理,爱真理是礼让与温文的源泉,而不是起源于过度的争权之念"⑤,从而也就使得党派之间不至于因为意见不一而你死我活,这样反而能够促使人民的团结。

  斯宾诺莎论证了思想自由和言论自由是天赋人权,保障思想自由和言论自由具有绝对性。同时,他也论证了思想自由和言论自由的相对性。他明确提出了思想自由和言论自由是有界限的,这就是,一个人尽管可以在自己的理性指导下发表任何思想言论,甚至可以发表反对当局的言论,但是,他却不能采取行动对抗合法政府。针对法律禁止思想的本质,斯宾诺莎一针见血地指出:"其实,若是法律侵入思辨的领域,把人的意见加以法律的审判、定罪,

---

① 洪汉鼎编:《斯宾诺莎读本》,中央编译出版社,2007年版,第135页。
② 洪汉鼎编:《斯宾诺莎读本》,中央编译出版社,2007年版,第135页。
③ 洪汉鼎编:《斯宾诺莎读本》,中央编译出版社,2007年版,第134-135页。
④ 洪汉鼎编:《斯宾诺莎读本》,中央编译出版社,2007年版,第134页。
⑤ 洪汉鼎编:《斯宾诺莎读本》,中央编译出版社,2007年版,第137页。

也就和罪恶一样了。"①虽然,斯宾诺莎没有直接明确具体地论述他的刑罚观念,他从国家、法律的层面阐述了不能禁止思想自由的正反两个方面的理由。不论是国家还是法律,最终落实到底的是刑罚,因而也可以说刑罚不能禁止思想自由,或者说刑罚不能剥夺思想自由,即不能设置思想刑。从这个角度来讲,斯宾诺莎的自由主义法学隐含了自己的刑罚观,即刑罚不能禁止思想自由或者说刑罚不能剥夺思想自由,不能设置思想刑,为近现代的刑罚理论和制度奠定了思想基础。

二、法国的刑罚观、监狱观

1. 查理·路易·孟德斯鸠(1689—1755年)的刑罚观

第一,查理·路易·孟德斯鸠简介

查理·路易·孟德斯鸠(Charles-Louis de Montesquieu),1689年1月18日出生于法国波尔多附近的拉布雷特庄园的贵族家庭,1755年2月10日病逝于巴黎。自幼受过良好教育,1707年19岁时获法学学士学位,从事律师职业,1714年开始担任波尔多法院顾问,1716年继承了波尔多法院院长(他的祖父、伯父一直占有这个职务)职务,并获男爵封号。1726年他辞去了世袭的波尔多法院院长职务,迁居巴黎,专心于写作和研究。漫游了欧洲许多国家,特别是在英国待了两年多,考察了英国的政治制度,认真学习了早期启蒙思想家的著作,1731年回到法国后潜心著述。孟德斯鸠博学多才,对法学、史学、哲学和自然科学都有很高的造诣,曾经撰写了许多相关论文。孟德斯鸠是18世纪法国著名的政治哲学家、启蒙思想家、社会学家,是西方国家学说和法学理论的奠基人,曾被选为波尔多科学院院士、法国科学院院士、英国皇家学会院士、柏林皇家科学院院士,主要著作有《波斯人信札》《罗马盛衰原因论》和《论法的精神》。

《论法的精神》一书,是孟德斯鸠最重要的著作,是他一生辛勤研究的最后成果,也是他理论的总结。该书出版后引起了巨大反响,不到两年就印行22次,并被译成多种语言出版。有的西方学者认为,该书堪与亚里士多德的《政治学》相媲美,是政治理论和法学史上的经典巨著,伏尔泰夸赞这本著作是"理性和自由的法典"。孟德斯鸠是法国以贵族身份首先公开批评封建统

---

① 洪汉鼎编:《斯宾诺莎读本》,中央编译出版社,2007年版,第99页。

治的思想家,批判"君权神授"观点,认为人民应享有宗教和政治自由,指出决定法的精神和法的内容对每个国家是至关重要的,保证法治的手段是"三权分立",即立法权、行政权和司法权分属于三个不同的国家机关,并且三者相互制约、权力均衡。"三权分立说"对1787年《美国宪法》、1791年至1795年《法国宪法》和1792年《普鲁士法典》的制定产生了重大影响。

第二,查理·路易·孟德斯鸠的刑罚观

孟德斯鸠以自己的学识素质、职业要求,考察当时法国的刑事司法制度,在《波斯人信札》和《论法的精神》中,尖锐地批判了法国当时的刑罚制度,提出了自己的刑罚观点。孟德斯鸠的刑罚观,不仅包括刑罚态度、刑罚确立、刑罚作用、刑罚目的,而且包括刑罚与犯罪的关系、刑罚的对象,还涉及刑讯。

关于刑罚态度,认为预防犯罪比刑罚惩罚犯罪更为重要。孟德斯鸠指出,"严厉的刑罚比较适合于以恐怖为原则的专制政体,绝不适合以荣誉和品德为原动力的君主政体和共和政体",而"在温和政体的国家,爱国心、耻辱心、畏惧心理都是某种约束力,都能阻止犯罪"。[①] 对恶劣行为最大的惩罚就是被认定为有罪。在政体宽和的国家里,有良知的立法者关心预防犯罪多于惩罚犯罪,注意激励良好的风格多于施用刑罚。立法者要注意培养公民的正直性格和品德,这样可以预防犯罪的产生,而不需要用严刑峻法来加以威慑。

关于刑罚确立,应当由立法明文规定。孟德斯鸠分析了"何种政体与何种案件下,法官应按已有法律明文规定办案"的问题,认为"专制国家中没有法律,法官本身就是法律。君主国家中有法律,而且各项条款都很清晰。君主国家的法官要按照法律行事;如果法律不清晰,法官会竭力研究法律的精神。共和国家的本质是要求法官按照法律明文规定做出判决"[②]。他推崇罗马及英国明文规定犯罪与刑罚的做法,如果人类社会要存在下去,就要遵守法律,用法律规定犯罪和刑罚。在政治温和的国家中,好的立法者会把各种各样的手段规定为刑罚,法律确定什么是刑罚,什么是有效的刑罚。

关于刑罚作用。孟德斯鸠认为,刑罚的作用是有限的,历史经验证明,刑罚轻微的国家的公民受到的影响,和刑罚严明的国家一样深刻。当一个国家产生弊端时,残暴的政府要建立一些更为残酷的新法律,以求阻止罪恶的蔓延。当人们适应了新刑罚,对刑罚的恐惧逐渐减轻后,各种犯罪又再次出现。理由很简单,人们已经习惯了用他们的生命冒险,将生死置之度外并视为光

---

① 孟德斯鸠著:《论法的精神》,袁岳编译,中国长安出版社,2010年版,第32页
② 孟德斯鸠著:《论法的精神》,袁岳编译,中国长安出版社,2010年版,第33页

荣的事情。"用法律管制人类,不该用极端的方式,对自然给予的统帅民众的种种手段的使用应该是谨慎的,如果追究人类放纵的原因就会发现,它来自于对犯罪的不加惩罚,而不是对犯罪的严厉惩罚。自然给我们以廉耻心,那我们就顺从自然,让使人蒙羞成为刑法的最重要组成部分。如果一个国家的刑罚不能让人产生廉耻之心的话,那一定是暴政引发的。如果一个国家的人民不敢轻举妄为是出于对酷刑的惧怕,由此可断定,政府对轻微的过错也实施了酷刑。"①孟德斯鸠认为,刑罚的作用源于有罪必罚,而不是有罪酷罚。进一步而言,孟德斯鸠也是反对酷刑的。

关于刑罚目的,刑罚惩罚犯罪应该以矫正犯罪人精神、恢复社会秩序为目的。扰乱公民安宁罪应按照案件的本质做出审判,采用与安宁有关的处罚办法,"如关押、剥夺公民权、流放等其他刑罚,使他们在精神上得到矫正,重新回到既定的秩序"②。古罗马人有禁止处死没到生育年龄女子的习俗,古罗马君主提贝留斯则先让刽子手奸污那些女子,然后再将其处死,这个暴君为了法律,竟然破坏了道德;日本官吏强迫妇女裸体,并在公共场合学野兽爬行,这让廉耻都为之战栗。孟德斯鸠声称他无法再说下去了。以考察惩罚犯罪时对廉耻的破坏为例,他指出纯粹为破坏人的廉耻之心而施用的刑罚,只能是对风俗的破坏,丝毫无助于对法律秩序的维护,刑罚"惩罚犯罪应以恢复秩序为目的"③。学法的知识铺垫、司法审判纷繁案件的累积、研究法律的求真精神,促使孟德斯鸠更加深入地全面探讨刑罚目的,他认为刑罚惩罚犯罪不能完全从报复层面出发,而应该着眼于未来,刑罚惩罚犯罪应该以矫正犯罪人精神、恢复社会秩序为目的。

关于刑罚对象,刑罚以犯罪为对象,反对刑罚惩罚思想、语言、文字。刑罚的对象是犯罪,绝不是思想、语言、文字。一句话可以有不同的解释,说话不慎被视为有恶意获刑的事例不胜枚举,但不慎与恶意之间的天壤之别显而易见,尽管它们所用的词则几乎没有区别。因此,不可能因为言语而被处以刑罚甚至极刑,除非法律明确规定哪些言语是应该被刑罚处罚的。言语构成犯罪仅存于思想中不可能被定为公开的犯罪,多数情况下言语本身并没有什么意思,绝对不等于行为或行动,只是通过说话的语气表达意思。人们经常讲相同的话,但每次表达出来的意思却不一定一样,因为意思与当时的环境和实物相联系,并由它们决定,而且没有引起什么实际变化。"言语只有在与

---

① 孟德斯鸠著:《论法的精神》,袁岳编译,中国长安出版社,2010年版,第35页。
② 孟德斯鸠著:《论法的精神》,袁岳编译,中国长安出版社,2010年版,第75页。
③ 孟德斯鸠著:《论法的精神》,袁岳编译,中国长安出版社,2010年版,第79页。

犯罪行为结合时才构成犯罪"①,进而孟德斯鸠尖锐地指出,任何将不当的言辞当成是法律条文的地方都没有自由,即使是自由的影子也看不见。人的思想并没有对社会和他人构成危害,更不应成为刑罚的对象。

相比于言语,文字可以长期原始地存在并且更有永久的价值。专制国家中,人们因为沮丧和无知,不懂得也不愿意去写讽刺性文章。君主国家与专制君主政体一样,都禁止讽刺性文章;而民主国家中,不禁止人们写作讽刺性文章。讽刺性文章一般是为了反对有权势的人,这迎合了人民对统治者的怨恨情绪。因此,君主国家将讽刺性文章视为治安问题而不是犯罪,因为讽刺能把怨恨转变为娱乐,让不满意的人得到安慰,减轻对官位的嫉妒,提高人民的承受能力,让他们能对痛苦一笑了之。但是,贵族政府无法忍受讽刺性文章,采取了严厉禁止的措施,因为那里的官吏道德低下,经不起咒骂。如果一个君主国的君主德行很高,是受不到讽刺文章的侵害的。"贵族政府会将讽刺性文章的作者处死"②,实际上这就等于把文字规定为刑罚的对象。至于把"邪术""异端"作为刑罚对象,孟德斯鸠指出要非常慎重,因为对这两项罪的判罚可能会让自由受到极大的破坏。"如果不对这种控告加以限制,它就会成为无穷尽的暴政的泉源。因为,这多数是根据公民的个性而形成的见解和观点。"③法律规定刑罚惩罚的是行为,如果法律将一些无关紧要的东西看作是必要的,那法律就犯了一个很大的错误,它会让人们觉得很有必要的东西变得无关紧要了。

关于刑罚与犯罪的关系,两者之间应保持适当的比例。孟德斯鸠阐述了"罪刑相适应"的观念,认为"罪与罚之间要有正确的比例。避免重度犯罪要好于轻度犯罪,避免社会危害较大的犯罪要好于社会危害较轻的犯罪"④。刑罚与犯罪两者之间应当保持适当的比例,犯罪有轻有重,防止严重的犯罪应该多于防止轻微的犯罪。如果不区分罪行轻重而判处同样的刑罚,或者重罪轻判、轻罪重判,都是不正确的。一个刑罚偏于严酷的国家,并不会使人们因此更加守法;而在刑罚较轻的国家,人们害怕刑罚,也不下于在刑罚严厉而暴虐的国家。无论政府温和或严酷,刑罚总有程度之分:按罪行大小,确定刑罚轻重。孟德斯鸠本人没见到人们为严刑重罚所慑服而更遵守法律,"相反,在上述各国,我看到产生不公与欺凌的某种源泉。我甚至发现那里的君主,

---

① 孟德斯鸠著:《论法的精神》,袁岳编译,中国长安出版社,2010年版,第78页。
② 孟德斯鸠著:《论法的精神》,袁岳编译,中国长安出版社,2010年版,第78页。
③ 孟德斯鸠著:《论法的精神》,袁岳编译,中国长安出版社,2010年版,第76页。
④ 孟德斯鸠著:《论法的精神》,袁岳编译,中国长安出版社,2010年版,第36页。

虽然本身便是法律,却比其他任何地方都更不能主宰一切"①。因此,为了保障社会安全,刑罚必须要有轻重区别,这是显而易见的。

关于刑讯,坚决反对刑讯拷问。孟德斯鸠认为,"拷问可能适合于专制国家,因凡是能够引起恐怖的任何东西都是吏制政体的最好的动力","在政体温和的国家中,拷问早已被摈弃,法律并未因此出现什么不便,所以拷问本身就性质而言是没有必要的"。②人有邪恶的一面,法律不得不假定人比实际情况要好些。在给犯罪人定罪的时候,有两个证人就够了,法律信赖证人,会把他们的话当作事实。法官如何审理案件呢?孟德斯鸠曾经应邀到一位法官家中吃晚饭,这位法官这样说:"我们这些法官,没必要以无用的知识来装填自己。我们要这些法律书籍有什么用?几乎所有的案情都是建立在假设的基础之上,而且背离一般的准则。"③裁判者审理案件有两种可能,一种可能推定被告是无辜的,另一种可能推定被告人有罪的,"如果拿不定主意,总是从严处理,这是一条定规,显然因为他们认为人性是恶的"④。这个定规就是刑讯拷问,这与无罪推定完全不同。刑讯拷问下,人会非死即伤,可能屈打成招,可能屈打不招,可能死也不招,无论如何只会增加国家暴政的恶名。虽然孟德斯鸠所言"有两个证人就够了"有点绝对,但反对刑讯拷问无疑是正确的。刑讯拷问得以落实的基础就是肉刑,所以肉刑也在孟德斯鸠的反对之列。

2. 让·雅克·卢梭(1712—1778年)的刑罚观

第一,让·雅克·卢梭简介

让·雅克·卢梭(Jean-Jacques Rousseau),1712年6月28日出生于瑞士日内瓦的一个钟表匠家庭,1778年7月2日患有"逼害性心理分裂症"的卢梭在巴黎东北面的阿蒙农维拉去世。他出生后第十天母亲就去世了。10岁那年,他的父亲为躲避法院下达的缉拿通知而离开了日内瓦,留下了孤苦伶仃的小卢梭。由于家境贫寒,他没有受过系统教育,但读了不少书,被父亲送去当学徒,先后学过公证、镂刻,后来因受不了苛待,16岁时逃离日内瓦去流浪。当过学徒、杂役、家庭书记、教师、流浪音乐家等,后又被通缉流亡国外,期间得到了华伦夫人的接济和关爱。

---

① [法]孟德斯鸠著:《波斯人信札》,商务印书馆,2009年版,第153页。
② [法]孟德斯鸠著:《论法的精神》,袁岳编译,中国长安出版社,2010年版,第36页。
③ [法]孟德斯鸠著:《波斯人信札》,商务印书馆,2009年版,第131页。
④ [法]孟德斯鸠著:《波斯人信札》,商务印书馆,2009年版,第53页。

1742年卢梭搬到巴黎,在巴黎期间与德尼·狄德罗相识,并从1749年起参与《百科全书》的撰写,这项工作由于狄德罗被捕而中断。卢梭四处向朋友求援,希望把狄德罗救出来,但收效甚微。卢梭经常前往狄德罗被关押的监狱探望他。卢梭专攻音乐,1750年,38岁的卢梭以《论科学与艺术》一文赢得第戎学区论文比赛首奖而一举成名,不过他最重要的贡献是其1755年写的关于政治经济学的文章。随后他又写作了许多其他著作,其中包括《论不平等的起源和基础》(1755)、《埃罗伊兹的故事》(1761)、《爱弥儿》(1762)、《社会契约论》(1762)和《忏悔录》,所有这些著作都提高了他的声望。此外,卢梭对音乐有浓厚的兴趣,写了两部歌剧:《爱情之歌》和《村里的预言家》。1778年7月2日,已患"逼害性心理分裂症"的卢梭在巴黎东北面的阿蒙农维拉去世,死时穷困潦倒,死前被马车撞翻,又被狗扑伤践踏。

卢梭生前遭人唾弃,死后却受人膜拜,被安葬于巴黎先贤祠。1791年12月21日,国民公会投票通过决议,给大革命的象征卢梭竖立雕像并金字题词为"自由的奠基人"。卢梭是法国伟大的启蒙思想家、哲学家、教育家、文学家,是18世纪法国大革命的思想先驱,杰出的民主政论家和浪漫主义文学流派的开创者,启蒙运动最卓越的代表人物之一。

第二,让·雅克·卢梭的刑罚观

在其所著的《论人类不平等的起源和基础》和《社会契约论》等书中,卢梭阐述了自己的刑罚观。卢梭的刑罚观主要包括几方面的内容:教育比刑罚更重要,刑罚功能有限,反对滥用死刑,反对酷刑。

关于教育,教育比刑罚更重要。卢梭反对严厉的刑罚,主张对公民进行教育,使他们真心守法,教育人们守法比刑罚惩罚更重要。以自己的亲身经历为例证,卢梭态度坚定地说:"不管一个人有多大的邪恶倾向,他的父亲呕心沥血给他的教育,是很难消失得一干二净的。"① 可见,卢梭认为人是可以教育的,对人的教育是普遍的,人的教育当然包括对犯罪人的教育,而且政府也"拥有无数的手段去启发人们热爱法律"。

关于刑罚功能,卢梭认为刑罚功能有限。在认识到教育比刑罚更为重要的基础上,卢梭认为刑罚功能是有限的,因而提出了反对动辄使用刑罚的观点,"刑罚频繁,表明政府的软弱和无能"②。在一个治理得很好的国家中,刑罚是很少见的,这倒不是因为赦免很多,而是因为犯罪的人很少。没有一个

---

① [法]卢梭著:《论人类不平等的起源和基础》,商务印书馆,2009年版,第27页。
② [法]卢梭著:《社会契约论》,商务印书馆,2011年版,第40页。

坏人是我们无法使之在任何一件事情上都不能做出善行的。刑罚惩罚并不能使人们完全遵守法律，只有发展起良心，人们才会自愿遵守法律，这才是最重要的，靠刑罚惩罚并不能达到这样的目的。"人一旦战胜了良心的责备，便不会怕那些并不是那么严厉且为时短暂而又有逃脱的希望的惩罚。无论做了怎样的防范，那些只求免于惩罚以便为非作歹的人，总会如愿以偿地找到逃避法律惩罚的方法。"①

关于反对滥刑，反对滥用死刑，反对酷刑。基于刑罚功能的有限，卢梭提出了反对滥刑的观点，包括反对滥用死刑、反对酷刑两个方面的内容。社会契约的目的是旨在保全缔约者，谁要达到目的，谁就需要有达到目的的手段，而手段同某些风险分不开，甚至同某些牺牲分不开。对犯人处以死刑，必须以绝对需要为基础。卢梭解释说："正是为了不至于成为凶手的牺牲品，所以人们才同意，如果自己成了凶手，自己也得死。"②虽然卢梭支持死刑，但他反对滥用死刑："我们没有权利擅用死刑，不能借口杀一儆百而杀罪犯，只有在保证他就不可能不给人们带来危险的情况下，我们才能处死他。"③在社会契约下，人们考虑的是如何保障自己的生命，死刑是不能滥用的。

严苛的刑罚不但不会使人们遵守法律，反而会导致相反的结果。严厉的刑罚只是一种无效的手段。"经常有人说，刑罚最重的国家，用刑的次数最多，所以刑罚的残酷只不过证明罪犯的众多；对任何事情都绳之以同等严厉的法律，往往会诱使自觉有罪的人去犯罪，以逃避应受的惩罚。"④

3. 马克西米利昂·德·罗伯斯庇尔（1758—1794年）的刑罚观

第一，马克西米利昂·德·罗伯斯庇尔简介

马克西米利昂·德·罗伯斯庇尔（Maximillien de Robespierr），1758年5月6日出生在法国北部加莱海峡省阿尔图瓦郡阿拉斯城的律师世家，1794年7月28日被政变者处死。祖父和父亲都是律师，他是家庭中四个孩子中的长子，是在父母婚礼4个月后出生的。罗伯斯庇尔6岁时，母亲因难产去世，父亲随后离家出走，到处游历，1777年死于德国曼海姆，他们几个孩子由外祖母和姑妈分别抚养。罗伯斯庇尔童年由外祖父抚养和教育，他勤奋好学，成绩

---

① [美]莫蒂默·艾德勒、查尔斯·范多伦编：《西方思想宝库》，吉林人民出版社，1988年版，第969页。
② [法]卢梭著：《社会契约论》，商务印书馆，2011年版，第39页。
③ [法]卢梭著：《社会契约论》，商务印书馆，2011年版，第40页。
④ [美]莫蒂默·艾德勒、查尔斯·范多伦编：《西方思想宝库》，吉林人民出版社，1988年版，第969页。

优异。1770年由阿拉斯当地神父给予奖学金名额,来到巴黎路易大王学院学习。1775年,国王路易十六和王后玛丽·安东尼特在登基典礼后经过学院,罗伯斯庇尔代表全校向国王背诵教师写好的拉丁文献辞。1778年进入巴黎大学学习法律,孜孜不倦地阅读启蒙思想家的著作,尤其喜欢读卢梭的著作,曾专程到爱尔曼诺尔拜访卢梭。罗伯斯庇尔学习勤奋,拉丁文和希腊文成绩优秀,得到"罗马人"的绰号。1780年从法学院毕业,1781年获得法学士学位,毕业后回到故乡。

在故乡,罗伯斯庇尔被阿拉斯法庭接纳,开始从事律师工作,1782年年初被任命为阿拉斯主教法庭五名法官之一。他受卢梭影响很深,经常为明显受到不公待遇的人们辩护,胜诉率较高。1783年,在阿拉斯附近居住的德·维塞尔因安装富兰克林发明的避雷针引起邻居抗议,罗伯斯庇尔在朋友及庇护人比萨尔的帮助下为其辩护并取得成功,案件引起全国关注。在阿拉斯的生活相对平静,罗伯斯庇尔经常结交当地一些律师和学者,并参与当地文艺活动,曾被阿拉斯科学院吸收为院士,后来还当选为阿拉斯文学院院长。在这一期间,他也结识了将在法国大革命中扮演重要角色的约瑟夫·富歇,以及他日后在公安委员会的同事拉扎尔·卡诺。

1789年,他被选为阿尔图瓦省第三等级出席三级会议的代表,出席国王召开的三级会议。1791年,罗伯斯庇尔成为雅各宾派的领导人,在制宪会议中领导反对国王、贵族和大资产阶级的斗争,取消了对工人和城市贫民的统治。1792年8月起义后,被选入巴黎市政府和国民公会,他坚决主张处死国王路易十六和抗击普奥的干涉军;1793年5月起义后,他领导雅各宾派政府,颁布1793年宪法,摧毁封建土地所有制,平息吉伦特派反革命叛乱,粉碎欧洲各君主国家的干涉,在保卫和推动法国资产阶级革命向前发展中起了很大作用。1794年6月4日,国民公会全体代表一致推举罗伯斯庇尔为主席。他深受群众拥戴,其威望空前高涨。7月27日,大资产者和大革命过程中发了横财的"新富人"发动"热月政变",罗伯斯庇尔被捕,第二天被送上断头台,死时只有36岁。罗伯斯庇尔虽然仅仅活了短暂的36年,但他是法国大革命时期重要的领袖人物之一,是雅各宾派政府的实际首脑之一。作为法国大革命时期的领袖人物,给后人留下了多篇重要论文和演说稿,主要涉及言论自由、出版自由、刑罚目的和公民权利等方面的内容。

第二,马克西米利昂·德·罗伯斯庇尔的刑罚观

作为法国大革命时期的一位革命者和革命领袖,1783年至1794年7月,罗伯斯庇尔发表了许多论文和演说。《革命法治和审判》一书收集了罗伯斯

庇尔这段时间所发表的一部分重要论文和演说,全书共23篇,在一定程度上反映了罗伯斯庇尔革命思想的形成和发展,集中反映了他的刑罚观。罗伯斯庇尔的刑罚观,包括刑罚目的、死刑、酷刑等内容。

关于刑罚目的,在于保护社会利益。制定法律不是为了一时之需,而是为了百年大计。在罗伯斯庇尔看来,"制定法律不是为了我们,而是为了世界;我们要表现出不愧为奠定自由基础的人,我们要始终不渝地遵循这个伟大的原则"①。服从法律是每个公民的义务,公民不服从法律规定,就有可能构成犯罪。使用刑罚不单纯是为了镇压社会中的犯罪,也是为了预防犯罪。罗伯斯庇尔指出,"刑罚的目的和方法,就是社会的利益"②。社会的利益是法律保护的对象,法律保护是以刑法规定针对犯罪的刑罚为措施手段的,因此刑罚的目的就是保护社会利益。

关于死刑,从力主废除到坚持保留并且反对滥用死刑。在革命胜利初期的1789年至1791年间,引证希腊历史的一些实例,罗伯斯庇尔主张"把规定杀人的血腥法律从法国人的法典中删去,因为公共利益比起理智和仁爱更禁止杀人",并阐述了废除死刑的理由:"第一死刑是极端不公正的,第二死刑不是最有镇压性的刑罚,与其说它能防止犯罪,不如说它更能促进犯罪事件的增加。"③对于死刑的极端不公正,以社会的各种权利原来属于每一个人为由,罗伯斯庇尔做了进一步论述:"但是在市民社会之内,当一切人的力量都来对付一个人的时候,有什么公正裁判的原则可以准许社会把他处死呢?请注意一下能解决问题的这样一种情况:在社会惩罚罪犯的时候,罪犯是没有能力伤害社会的!社会把他带上脚镣手铐,社会安然地裁判他,社会可以惩罚他,使他在将来再也不能叫人害怕。一个战胜者如果杀死他所俘虏的敌人,则称为野蛮人;一个成年人如果杀死他可以驯服和惩罚的坏孩子,则被人看作恶魔。"④以上他"关于死刑"的论述,当场就遭到了听众的反对,有的议员发出了不满的低语,而修道院长莫利直截了当地说:"请罗伯斯庇尔先生到匪窟里去说明自己的见解吧。"就当时而言,他从反对封建暴政的人道主义立场出发提出这个主张是具有进步意义的,客观上有利于广大劳动群众,因为在大资产阶级掌权的情况下,被处死刑的人绝大多数是劳动人民。

随着法国革命形势的深入发展,罗伯斯庇尔废除死刑的主张随之改变为

---

① [法]罗伯斯庇尔著:《革命法制和审判》,商务印书馆,1986年版,第65页。
② [法]罗伯斯庇尔著:《革命法制和审判》,商务印书馆,1986年版,第60页。
③ [法]罗伯斯庇尔著:《革命法制和审判》,商务印书馆,1986年版,第68页。
④ [法]罗伯斯庇尔著:《革命法制和审判》,商务印书馆,1986年版,第69页。

保留并反对滥用死刑的态度。在1792年年底审判路易十六期间，国王的反革命行径给他敲响了警钟，使他完全放弃了废除死刑的主张，坚决要求议会立即审判国王并处以死刑。到雅各宾专政时期，鉴于国内外反革命势力的猖狂进攻，他毅然倡导采取革命恐怖措施——死刑，来镇压反革命分子，保护革命和人民的利益。在《关于革命政府的各项原则》的演说中，他斩钉截铁地说："必须镇压共和国的内外敌人，不然就会与共和国同归于尽。在目前情况下，你们政策的第一条，应当是依靠理智来管理人民，借助恐怖来统治人民的敌人。"在这种情况下，恐怖就是"迅速的、严厉的、坚决的正义"①。路易十六应该死，因为祖国需要生存。罗伯斯庇尔在《关于审判路易十六的意见》中指出："一般来说，死刑是犯罪行为，而这只是从这样的一种考虑出发的，即按照自然的永恒不变的原则，只有在死刑对人们或社会的安全是必要的时候，它才能被认为是正当的；社会安全从来不要求对普通罪犯判处死刑，因为社会永远能够用其他方法来预防这种犯罪，并能使犯人不致危害社会。"②可见，即使在革命处于危机的紧要关头，罗伯斯庇尔仍然反对滥用死刑。

关于酷刑，坚决反对。罗伯斯庇尔不仅反对滥用死刑，也反对其他严酷的刑罚。刑罚的存在不是为了要使犯罪人受到痛苦，而是为了以对刑罚的惧怕来预防犯罪，所以严酷的刑罚是无益的。罗伯斯庇尔做了精辟的解释："切不可把刑罚的效力和过分的严厉性混淆起来：前者是与后者完全相反的。一切人都赞同公正的和温和的法律；一切人都反对残酷的法律。犯罪行为所激起的愤恨常被极端严厉的刑罚所引起的同情抵消。"③要堵塞犯罪的道路，就应该借助明智的法律，遵守比法律更强大的道义精神，而不是借助残酷的风习。"残酷的风习总是比它们可能防止的犯罪行为本身更加有害于社会的幸福。"④罗伯斯庇尔得出两点结论："（一）刑罚中任何过分的严厉都是对社会的犯罪行为；（二）任何专横形式和暴虐形式的法院判决都是对无辜者、对社会自由和个人自由的侵犯。"⑤也就是说，一方面要确保刑罚应当只指向犯罪人，不冤枉无辜者；另一方面确保刑罚不是酷刑，因为无论何时，暴虐既不能拯救国家，也不能拯救自由。

罗伯斯庇尔坚信："一个高尚的人能为国家牺牲财产、生命，甚至本性，但

---

① [法]罗伯斯庇尔著：《革命法制和审判》，商务印书馆，1986年版，第176页。
② [法]罗伯斯庇尔著：《革命法制和审判》，商务印书馆，1986年版，第113页。
③ [法]罗伯斯庇尔著：《革命法制和审判》，商务印书馆，1986年版，第73页。
④ [法]罗伯斯庇尔著：《革命法制和审判》，商务印书馆，1986年版，第11页。
⑤ [法]罗伯斯庇尔著：《革命法制和审判》，商务印书馆，1986年版，第98页。

是牺牲荣誉则万万不能。"①经历了大革命腥风血雨洗礼的他,在面临可能拼死一搏就可翻盘反败为胜的节骨眼上,他却选择了实践一个高尚人的诺言:以一人之死,换取多人的活。他见证的死太多了。

1792年8月10日,巴黎市民起义,攻入王宫并推翻了王权。9月2日,凡尔登被包围的消息传到巴黎后,巴黎民众担心监狱中的保王党和拒绝宣誓的教士报复,闯入监狱私刑处死了一千多名犯人,史称九月大屠杀。同年9月21日,法国成立新的国民公会,次日宣布成立共和国。罗伯斯庇尔作为巴黎代表中得票最多的候选人进入国民公会。12月,审讯国王,他发言11次,强烈要求处死国王路易十六。

1793年7月13日,马拉被保王党暗杀,26日公民公会授权公安委员会逮捕可疑分子,27日罗伯斯庇尔参加公安委员会,改组革命法庭,简化审判程序,实行雅各宾专政,以革命的恐怖政策惩罚罪犯和革命的叛徒,史称"恐怖统治"。许多无辜的人都被诬告并杀害,成千上万人被送上断头台,其中包括国王的亲属和大部分贵族。有人批评这种政策为"诛九族",违反人道。公安委员会新组建的革命军,一方面平定内乱,一方面抗击外国干涉军,先后击退普奥英荷联军。1794年2月,颁布"风月法令",没收"人民公敌"的财产,分配给爱国者。公安委员会在主张激进政策、要求扩大恐怖的埃贝尔派和主张宽容、放松镇压的丹东派之间保持平衡,将两派领袖分别送上断头台。

1794年7月27日,巴黎的天气炎热得令人窒息。正午过后,在国民公会的会场里,雅各宾派领袖罗伯斯庇尔筹划要掀起新一轮的风暴。一年前,他和他的激进派战友们彻底摧毁了温和的吉伦特派并将他们从肉体上予以消灭;几个月前,与他同一条战壕但渐行渐远的战友丹东、埃贝尔也被他送上了断头台。罗伯斯庇尔一心要把祖国打造成一个纯洁无瑕的乌托邦,狂热的使命感使他容忍不了任何与现实的妥协、任何道德上的污点。任何人,只要是阻碍他的崇高目标,除了死亡外没有其他选择——人类文明最伟大的进步无需顾忌什么牺牲和代价,罗伯斯庇尔坚信这一点。断头台上的4千多颗头颅还远远不够,今天,他将再一次纯洁自己的队伍,把一批败类从国民公会中清洗出去。

罗伯斯庇尔忠实的同志圣鞠斯特要求发言。如果是往常,整个议会都会在沉默中颤抖,没有人知道下一个牺牲者是不是自己,但今天却不一样。对死亡的恐惧超过了极限,反而变成拼死一搏的勇气,议员们大声吼叫,会场一

---

① [法]罗伯斯庇尔著:《革命法制和审判》,商务印书馆,1986年版,第6页。

片混乱,圣鞠斯特根本无法说话。罗伯斯庇尔站起身想控制住形势,但声音完全被压住,一瞬间,这个口若悬河的独裁领袖脸色苍白,喉咙哽住说不出话来。一个议员冲着他大吼:"暴君,是丹东的鲜血噎住了你的喉咙!"终于,一个人们等待了很久的声音响起:"我要求起诉罗伯斯庇尔!"会场顿时一片寂静,几乎可以听到沉重的呼吸声,议员们似乎被自己的勇气惊呆了,但他们很快明白已没有退路,随之而起的是同一个声音:"逮捕!逮捕!"逮捕罗伯斯庇尔及其一党的动议立即通过,宪兵把被起诉的雅各宾领袖们带出会场。离开会场时,罗伯斯庇尔只说了一句话:"这帮恶棍得手了,共和国完了。"并非一切都已尘埃落定。国民公会抛弃了罗伯斯庇尔,但掌握市政大权的巴黎市自治会仍然忠于他,并立即鸣响警钟,召集起市民义勇军准备与国民公会对抗。就实力而言,巴黎市可动员的兵力远远超过国民公会。罗伯斯庇尔等人先是被押送到市内各处监狱,但没有一处监狱打算收留这些犯人,毕竟谁也不知道他们明天是不是重新回到台上。负责押送的宪兵们不知所措,加上拥护雅各宾派的群众的鼓动,最后干脆把犯人们送到了市政厅,而正是在市政厅前的广场上,市民义勇军们枪炮俱全整装待发,正等着罗伯斯庇尔来发号施令。

罗伯斯庇尔有整整三个小时来拯救自己的生命,拯救自己的乌托邦,但他做了什么?什么也没有。是不是应该用超出法律之上的暴力手段来对抗由人民选举出来的议会?罗伯斯庇尔无论如何下不了决心,对于他来说,这等于用自己的手摧毁自己一生所追求的理念和信仰。在周围同志的竭力劝说下,罗伯斯庇尔一度改变了主意,接过呼吁人民起义的文件准备签名。但是,写下了自己姓名开头的三个字母"Rob"之后,罗伯斯庇尔犹豫再三,最后还是扔下了笔。人们催促他写下去,他环视了众人一眼,反问道:"以谁的名义?"罗伯斯庇尔的命运就这样由他自己决定了。这时,国民公会罢黜雅各宾一党的公告已经传到市政厅广场,加上市政厅内迟迟没有命令传达下来,市民义勇军们开始动摇。渐渐有人离开了队伍,先是一个两个,再是一群两群……当国民公会派遣的宪兵队到达市政厅时,广场上已经空空荡荡。几乎没有遭遇任何抵抗,宪兵们便冲进了雅各宾派领袖们聚集的房间。随后是一场大混乱,绝望之中有人开枪自杀,也有人跳窗摔断了腿骨。罗伯斯庇尔的下颚被手枪击碎,昏死过去,众人将他抬到一张大桌上放平,草草地包扎好伤口。过了一阵,罗伯斯庇尔清醒过来,挣扎着爬下桌子,坐到椅子上,弯下腰想把袜子重新穿好。看他摇摇欲倒的样子,身边的宪兵扶了一把,他含混不清地说了一句:谢谢,先生。这个温文儒雅的称谓,早已被国民公会视作旧时代的残余而宣布禁用,提案人正是罗伯斯庇尔。罗伯斯庇尔并非陷入昏乱状态说漏了嘴,他非常清醒,借着这个字眼表达出大势已去的无奈和自嘲:他所竭力缔造的乌托邦大厦已经轰然崩塌,他所否定的一切即将复活。

天亮之后,罗伯斯庇尔等一干人犯被移送到门房监狱。罗伯斯庇尔的单人牢房,就在7个月前被他送上断头台的王后玛丽·安东尼特的牢房隔壁,他所得到的待遇甚至还不如安东尼奈特:已经无法说话的他不断打手势希望得到纸和笔,但没有人理睬,不要说为自己辩护,他甚至丧失了留下一份遗嘱的权利。审判在匆忙中开始,其实根本谈不上什么审判,法官不过是花了30分钟来宣判22个被告的死刑,执行就在当天。5点过后,运送死刑囚犯的马车离开门房监狱,缓缓驶向革命广场。大部分犯人都已经在昨夜的冲突中受伤,即使这样,他们仍然被绑在囚车的栏杆上,被迫直立着示众,押送囚车的士兵时不时用剑背支起犯人的下颚:"看,这个就是圣鞠斯特!那个就是罗伯斯庇尔!……"从来还没有一个死刑囚,受到如此残忍和粗暴的侮辱。群众的咒骂声如潮水一般,特别是那些恐怖统治受害者的家属。一个年轻美貌的女子不顾被碾死的危险,死死抓住囚车栏杆不肯松手,声嘶力竭地叫喊:"进地狱吧,你们这群恶棍!记住,在地狱里你们也别想摆脱所有不幸的母亲和妻子们的诅咒!"囚车经过圣托莱诺大街罗伯斯庇尔家门口时,故意停留了片刻。门窗紧闭,罗伯斯庇尔的房东迪普莱一家——他们都是罗伯斯庇尔热烈的崇拜者——不是逃亡便是被捕,只有一群无赖汉在门前又唱又跳。罗伯斯庇尔闭上了眼睛,不知他是否想起走上刑场的丹东经过这里时所说的那句话:"下一个就是你!"当天晚上,暴民冲进监狱,强迫狱卒打开牢门,活生生把迪普莱太太吊死在窗帘杆上。在一个多小时的行进中,罗伯斯庇尔始终保持着往常的威严和冷峻,对咒骂和嘲笑充耳不闻,目光凝视远方。用来包扎下颚的白色绷带浸透了一层又一层鲜血,已经完全发黑,当他走上断头台俯身在刀刃之下,为了满足人们对复仇的渴望,充满恶意的刽子手狠狠撕下绷带,剧痛和愤怒击溃了这个意志坚强如钢铁的男人,他歇斯底里地咆哮,像一头绝望的野兽。刀刃落下,欢呼声持续了整整15分钟!

4. 弗雷德里克·奥古斯特·德梅①(1796—1873年)的监狱观

第一,弗雷德里克·奥古斯特·德梅简介

弗雷德里克·奥古斯特·德梅(Fredric Auguste Demetz),1796年出生于法国,1873年去世。德梅是法国地理学家,1821年担任塞纳州第一上诉法院

---

① 吴宗宪著:《西方犯罪学史》,警官教育出版社,1997年版,第125-126页。

代理法官,1833年至1840年担任皇家法庭顾问,后来致力于建立感化院和少年犯矫正活动,是感化院的早期设计者。英国的鲍斯特少年犯感化院就是以他的设计为模型建立的。

第二,弗雷德里克·奥古斯特·德梅的监狱观

1836年,德梅受法国政府委派去美国考察监狱制度,同时受派遣的还有圭劳姆·布卢埃。1839年,德梅写成了《关于感化院的调查报告》一书,作为他们考察的结果。在此之前,法国于1831年派遣政治家古斯塔夫·奥古斯特·德·博蒙、凡尔赛的法官亚历克西斯·德·托克维尔这两位杰出人士去美国进行考察研究,当时美国的宾州制和奥本制这两种监狱制度正值兴盛之际。1833年博蒙撰写了报告书《美国监狱制度及其在法国的应用》,作为他们考察的结果;而托克维尔则搜集自己感兴趣的政治资料,写成了后来使他驰名世界的《美国民主》一书。法国政府对1833年的考察报告不满意,因此又另派两人去考察。在《关于感化院的调查报告》中,德梅认为宾州制比奥本制更优越,赞成在法国推行宾州制。

德梅十分关注少年犯罪问题,对拘留所关押少年犯以及把成年犯与少年犯混合关押感到震惊。为此他辞掉法官职位,去考察欧洲各国,以寻求一种能使少年犯罪人重返社会的农业居住区模式。德国的约翰·亨利希·维歇恩于1833年在汉堡附近的霍恩建立的家庭式学校——劳赫家庭,给他留下了深刻的印象。回国后,他于1839年建立了一个小规模的"父亲协会",筹措资金支持他的少年犯感化事业。他很快得到富有地主、图赖讷的库特林的帮助,库特林在图尔附近的梅特雷为德梅提供了一片土地,德梅于1840年建立了梅特雷感化农场的第一座房屋,开始接收少年犯罪人,雇佣称职的教师担任工作人员。1841年5月又建成六栋房屋和一所小教堂。每栋房屋都分三层,第一层是作坊,第二层是餐厅、学校和部分宿舍,第三层主要是宿舍。他让少年犯分组居住在单独的院落内,派专人进行管理,让他们参加作坊劳动,还提供户外劳动、宗教活动、娱乐活动、接受初等教育的机会。每一组单独居住的少年犯都是一个家庭单位,以素质和性格为标准对少年犯进行分类;每个家庭都是一个自治组织,每日选出两位班长,他们以父亲或家长的身份执行奖惩制度,实行军事化的管理制度。

德梅相信,农业活动能发挥感化治疗作用,学校以"用土地耕作感化青少年"为校训。德梅在梅特雷的实验获得了广泛赞誉,为以后在欧洲大陆及英、美实行类似的制度奠定了基础。1864年,德梅被选为道德科学与政治学研究院通讯院士,他的刑罚学著作主要有1847年的《感化制度概论》、1856年的

《关于感化农场的调查报告》以及1862年的《梅特雷感化农场概况》等。

5. 阿尔努·博维纳尔·德·马尔桑基①（1802—1894年）的监狱观

第一，阿尔努·博维纳尔·德·马尔桑基简介

阿尔努·博维纳尔·德·马尔桑基（Arnould Bonneville de Marsangy），1802年出生于比利时的蒙斯，1894年去世。马尔桑基的父母均为法国人，他曾在巴黎攻读法律，后来成为凡尔赛著名的检察官和首席法官，曾任法国参议员。马尔桑基是19世纪法国刑罚改革领域中的著名人物，最大的贡献是促进了假释和不定期刑制度的发展。在美国和英国，通常把麦科诺基和克罗夫顿视为假释制度的创始人，而在欧洲大陆则把马尔桑基看成是假释之父。

第二，阿尔努·博维纳尔·德·马尔桑基的监狱观

马尔桑基的监狱观主要集中在"补充"监狱制度及刑罚制度上，特别是假释和刑事登记制度方面。在1847年出版的《论补充监狱制度的制度》一书中，他讨论了犯罪人赔偿、赦免权、假释、假释后安置服务和重返社会的问题，这本书被法国政府作为官方文件分发给上下两院的议员们阅读。

早在1846年，在兰斯的民事法庭开庭期间所做的演讲中，马尔桑基就口头阐述了一种假释制度，他称之为"预备释放"或"附条件释放"。他指出，假释是完全赦免和刑罚报告完备之间的一个中间期限。当犯人经过一段赎罪性的痛苦监禁之后，如果表现良好，法院就可以附条件地将犯人暂时释放；在此期间，如果犯人受到有根据的指控，那么犯人就必须回到监狱。假释是促进囚犯自我改造的有力动因，是能够检验和维持犯人良好行为的一种有益制度，有助于促进犯人的道德改善和在社会中重新生活。此外，也能增加国家的经济收入。

马尔桑基的假释制度可以分为两个阶段。第一是准释放阶段，这个阶段安排犯人从事工业或农业劳动，犯人可以在国有工厂或农场中劳动，也可以为私人劳动工作。犯人白天在开放的市场上劳动工作，晚上住在监狱里，这样做是为了让犯人为自由劳动竞争和重新适应社会生活做好准备。第二是附条件释放阶段，这个阶段将犯人假释，置于假释官的监督之下，由假释官指导、帮助和约束。同时，马尔桑基也预见到了累犯问题，因而在设计假释制度的时候，也创立了反应制度来应对累犯，其含义是在刑期届满之前"补充拘留"不接受改造的犯人。马尔桑基的假释制度对欧洲的刑事立法产生了重要

---

① 吴宗宪著：《西方犯罪学史》，警官教育出版社，1997年版，第126－128页。

影响。葡萄牙刑法典起草委员会在刑罚改革中,采纳了马尔桑基在其著作中设想的所有改良措施,并感谢马尔桑基的贡献。马尔桑基对假释制度的论述对美国也产生了一定影响,1870年美国第一届全国监狱大会的发起人和美国假释制度的倡导人伊诺克·科布·瓦因斯,在1867年将马尔桑基的"预备释放"论文翻译成英文,刊登在《纽约监狱协会报告》上。马尔桑基与克罗夫顿等一起参加了1870年的美国监狱协会辛辛那提会议,会议感谢马尔桑基、克罗夫顿和麦科诺基对假释制度的贡献。

马尔桑基对被害人赔偿制度的发展也做出了贡献。犯罪人对被害人的赔偿是一个古老问题,历来被当作民事问题对待。马尔桑基赞成在赔偿案件中把刑事和民事诉讼进行一定程度的结合,以便使被害人所受的损害得到有效的赔偿。不过,他强调公共责任的成分。例如,他提出赔偿被害人的责任应当是一种"刑事责任",应该在刑事法庭上由法官决定赔偿数量,进而他提出了国家被害人补偿计划的观点,这种观点对1963年新西兰、1964年英国和1965年美国加利福尼亚州的被害人补偿立法有一定的影响。

马尔桑基也是公认的刑事登记制度之父。1950年,在荷兰海牙举行的第11届国际刑罚与监狱会议上的二次全体会议曾讨论过这一问题,认为这个制度起源于一个世纪前的法国,即1850年马尔桑基设想出这个制度。自19世纪初以来,法律规定累犯行为是增加刑期的一种情节,是决定刑种、刑期、服刑监狱种类的主要因素,为此,就需要知道被告人以前是否被判过罪,因此马尔桑基发起了对犯罪人以前所有的有罪判决都加以记录的制度。他建议将这种记录保存在犯罪人出生地的法院中,无论犯罪人在哪里犯罪,在审判时都要到出生地法院调查这方面的记录。1850年,法国建立了刑事登记制度,随后各国竞相仿效。

6. 夏尔·吕卡①(1803—1889年)的监狱观

第一,夏尔·吕卡简介

夏尔·吕卡(Charles Lucas),1803年5月9日出生于法国的圣布里厄,1889年去世。吕卡青年时代在巴黎攻读法律,1825年获得法律学位。吕卡是19世纪中后期法国巴黎著名的律师、监狱官员和政治活动家,对法国及其他国家的刑罚改革产生了重大影响。1826年举行了两项有关死刑的合法性与效果问题的论文公开比赛,一项比赛是由日内瓦的塞伦伯爵主办的,另一

---

① 吴宗宪著:《西方犯罪学史》,警官教育出版社,1997年版,第128-130页。

项比赛是由巴黎基督教道德协会举办的。这两项论文比赛对吕卡的人生产生了重要影响。作为年轻的死刑废除论者,吕卡写了一篇废除死刑的论文提交给两项比赛的主办者,结果都获得了奖金。这篇论文于1827年发表后受到人们的注意,使吕卡成了政治界、知识界以及刑罚学领域里的著名人物,他终身致力于将各种刑罚统一到监禁刑的活动,反对死刑和流放刑。

第二,夏尔·吕卡的监狱观

从1827年起,吕卡把主要精力转向犯罪学,特别是刑罚学领域。从1828年至1830年,吕卡出版了三卷本的著作《欧洲和美国的监狱制度》,并将这部著作和一份要求在法国实行"感化院制度"的请求书送给法国上下两院的议员们,他所说的感化院制度是在美国费城樱桃街看守所中所实行的制度的翻版。以这部著作,吕卡获得了权威性的法兰西道德与政治科学研究院授予的蒙蒂约恩奖,他的著作在议会中也受到了称誉。法国下议院在1830年11月一致同意要求政府任命吕卡为行政官员,协助进行刑罚改革。因此,从1830年起,吕卡任法国监狱总监,直到1865年退休。在1836年至1838年,吕卡又写出了他的另一部有关监狱改革的三卷本著作《监狱改革或监禁理论》,明确反对费城的监狱制度,赞成经过修改的奥本监狱制度。这部著作使他在法国和其他国家赢得了极高的声誉,被视为欧洲"感化科学"诞生的标志,他本人也被1880年巴黎出版的《大百科全书》称为"感化科学的创始人"。1878年在斯德哥尔摩、1885年在罗马举行的国际刑罚与监狱大会称吕卡是"监狱改革的领导人和我们所有人的导师"。

在1789年以前的法国,监禁主要用作羁押审判及执行刑罚之前的犯罪嫌疑人和被告人的一种措施,而不是作为一种刑罚来使用的。把监禁作为一种刑罚的观点,与法国启蒙思想家如孟德斯鸠、卢梭、狄德罗、伏尔泰以及古典学派的犯罪学家贝卡里亚、霍华德、边沁和罗米利的思想分不开。法国在监禁制度的建立过程中,德梅、马尔桑基和吕卡等刑罚改革家都起到了重要作用。当1836年至1838年吕卡的《监狱改革或监禁理论》一书出版后,吕卡已经成了所有法国刑罚改革家中最杰出的人物之一。他认为,刑罚本身不应当是目的,而仅仅是刑事政策的一种工具,真正的目的应当是保卫社会,而实现这个目的的工具则是预防犯罪和矫正犯罪人,矫正就是把应受谴责的、难以管束的人转变成可以容忍的、可以接受的甚至是有用的公民。社会对犯罪人的行为是有责任的,因此他的刑罚哲学实际上是一种社会改善哲学。他进一步指出,社会发现犯罪人仅仅是治疗过程的第一步,由于犯罪人实际上是社会中一种有病的人,他们不仅应当受到医学治疗,而且也应当受到社会治疗,因此治疗犯罪人就是治疗社会本身。所以,吕卡认为教育是监狱制度中的一种有效手段,监狱教育的目标是补救社会教育的失败,监狱在某种意义上就是学校。

吕卡在意大利学派之前就已经把注意力从犯罪转向犯罪人,早在1827年他就提出了一个包括最高刑期和最低刑期的刑罚制度,将刑罚分为五个时段:5年以下监禁、5至10年监禁、10至15年监禁、15至20年监禁、20至25年监禁。法官可以根据犯罪人的犯罪情节来判处某一时段的刑罚。当犯人进入监狱后,授权"惩戒委员会"根据犯人的道德改善状况,评价每个犯人在监禁期间的进步,以便确定实际执行的刑罚,使法院判处的刑罚成为一种不定期刑。后来,吕卡又将监禁中的五个时段减为三个,即抗辩或刑罚级、审判或检验级、奖励或许可级。他提出,监狱官员应根据犯人的表现对犯人进行重新分类,为了对每个犯人进行公正的分类,他提出了"道德筛选"的概念,区分犯人中存在的"社会犯罪性",即在监狱外面形成的一般犯罪性和"习得犯罪性",即在监狱中形成的犯罪性。为了使监狱官员能对犯人进行正确的分类,他提出应由政府建立专门机构对监狱官员进行专门训练。

吕卡认为,对犯罪人的矫正比对犯罪人的惩罚更为重要。在他看来,由于犯罪意图的不同,犯罪人的堕落程度也不同,因此对犯罪人的矫正要考虑其堕落程度;刑罚期限长度应当与犯罪人的堕落程度相适应,而不应当与他们的犯罪行为本身相适应,因为两个实施了同样犯罪的犯罪人,由于其堕落程度不同,需要有不同时间的矫正监禁。如果刑罚仅仅与犯罪行为相适应,就会不恰当地拘禁一个已经得到矫正的人,而将没有改悔的人释放出狱。镇压性审判应当主要着眼于犯罪人,而不应当主要考虑犯罪行为。那么,采用怎样的制度能最有效地矫正犯罪人呢?吕卡认为,经过修正的奥本制更为合适,因为宾州制除了不利于犯人的社会性发展以外,还有三个缺点,即建造和使用监狱的费用太高、会增加犯人的身体和精神疾病、会增加累犯率。

吕卡关心少年犯的矫正,认为对少年犯的矫正是预防将来犯罪的根本性措施。早在1828年至1830年,他就主张建立少年犯"改造学校",将少年犯与成年犯分开。他在给议院的请求中就呼吁建立这样的特殊机构,并在机构中使用奥本制式的管理制度,对少年犯进行教育。他还强调,有必要为少年犯建立一个补充性的监狱后机构,称为"少年教养院"。这是一个类似于庇护所的机构,其任务是为出狱的少年提供帮助、指导和保护,这是现代"出外中途之家"的萌芽。1833年,吕卡和法国法律改革家贝朗热一起在巴黎创建了第一个少年之家协会。1834年,吕卡在波尔多建立了一所少年犯改造机构,并写了一本小册子倡议建立"感化农场",提出了"用土地改造儿童,用儿童改造土地"的著名口号。并且,他与德梅不约而同地做了这个实验,德梅从1839年开始在梅特雷建立农场,实行杂居制;吕卡从1843年开始在瓦尔迪沃建立感化农场,实行奥本制。1850年8月,一项关于少年犯教育与少年教养院的法律,确认了吕卡、贝朗热和德梅在这方面的工作。1872年,法国政府购买了吕卡在瓦尔迪沃的少年犯矫正机构,把更多的少年犯矫正机构置于政府领导之下。

三、意大利的刑罚观、监狱观

1. 切萨雷·贝卡利亚(1738—1794年)的监狱观

第一,切萨雷·贝卡利亚简介

切萨雷·贝卡利亚,1738—1794年,意大利经济学家、法理学家和刑罚改革者,他于1738年出生于米兰的没落贵族家庭。8岁时他进入帕尔马的一所耶稣会学校上学,16岁时贝卡利亚进入帕维亚大学攻读法律专业,于1758年获得法学学士学位。其后,23岁的他参加了经济学家彼得罗·韦里组织的进步青年小团体——拳头社,就是在这个社团的那段时间,在与朋友们的讨论中积累了他撰写的不朽著作——《论犯罪与刑罚》的素材,于1763年3月到1764年1月写出了《论犯罪与刑罚》,奠定了他刑事古典学派创始人的地位。

1768年贝卡利亚被授予米兰宫廷学校的政治经济学教授一职,1771年被任命为最高经济委员会顾问,几年后又担任了财政法官,接着又接受了朱塞培二世的任命,领导国务委员会第三厅的工作。虽然在此期间他写了几部美学和经济学的著作及一些有关刑法改革方面的咨询意见,但再也没有写出像《论犯罪与刑罚》那样的传世之作。《论犯罪与刑罚》在世界许多地区的版本和译本很多。1791年,根据奥地利皇帝利奥波德二世的指示,贝卡利亚被任命为伦巴第刑事立法改革委员会成员。1794年11月28日因中风在米兰的家中去世。

第二,切萨雷·贝卡利亚的监狱观

除了1764年1月的《论犯罪与刑罚》之外,贝卡利亚关于刑事立法的其他论著还有1790年的《论警察》、1789年至1791年的《改善被判刑人的命运》、1791年的《对政治犯罪的简略思考》、1791年的《论无期徒刑计划》、

1791年的《论管教所》①和1792年的《对死刑的表态》,《论犯罪与刑罚》以及上述论著都体现了贝卡利亚的监狱观,主要有监狱应该人道、监狱与看守所分离、监禁分级的观点。

关于监狱人道。监狱应该人道,通过考察刑罚历史,贝卡利亚发现以往的刑罚极其残酷,因而给予了猛烈抨击,并进而指出了监狱的残酷问题:"监狱的日益阴森恐怖。这一切应该惊动那些引导人类见解的司法官员。"②他指出超过保护被托管的公共安全的需要的刑罚必然是非正义的。从刑罚效果来看,只要刑罚的恶果大于犯罪所带来的好处,刑罚就可以收到它的效果。刑罚恶果应该包含刑罚的坚定性和犯罪既得利益的丧失,除此之外的一切都是多余的,因而也就是蛮横的。与犯罪阶梯相对应的刑罚阶梯中,有的国家最重刑罚是长期苦役,有的国家最重刑罚是轮刑③。随着刑场变得日益残酷,生机勃勃的欲望力量使得轮刑在经历了百年残酷之后,其威慑力量只相当于从前的监禁。残酷的刑罚造成了罪犯所面临的恶果越大也就越敢于规避刑罚的局面,为了摆脱对一次罪行的刑罚,人们会犯下更多的罪行。此外,残酷的刑罚还造成两个与预防犯罪宗旨相违背的有害结果,即不容易使犯罪与刑罚之间保持实质的对应关系,会造成犯罪不受处罚的情况。贝卡利亚以批判酷刑的方式,论证了刑罚宽和的必要,监狱人道是刑罚宽和的落实和兑现。随着刑罚变得宽和,随着怜悯和人道之风吹进牢门并影响那些铁石心肠的执法吏,监狱人道势在必行。

关于监狱与看守所分离。贝卡利亚明确指出,监禁是一种特殊的刑罚,它需要在宣布犯罪之前执行。一个被控犯了罪的人,经监禁而获释后,不应背上什么耻辱的名声。但是,在贝卡利亚生活的那个时代,对于先被监禁后被无罪释放的无辜者,其结局竟截然相反,这是为什么呢?贝卡利亚一针见血地道出了原因之所在:"因为在一些人的眼里,刑事制度中的强力和权威的观念比公正的观念更重要,因为受控告者和已决犯被不加区别地关在同一个秘密监狱里;因为监狱与其说是对罪犯的看守所,不如说是一个刑场。"④由此可见,在贝卡利亚看来,监狱是执行刑罚的场所并以对已决犯执行刑罚为己任;看守所则是审判前的临时羁押场所而不是执行刑罚场所,因此监狱与

---

① 在西方国家,有时监狱也被称为管教所,因为监狱改良运动前后提倡对服刑罪犯进行管教、感化教育故而得名。
② 贝卡利亚著:《论犯罪与刑罚》,黄风译,中国法制出版社,2009年版,第7页。
③ 轮刑是一种把犯人绑在车轮上,然后再将车轮固定在一根木柱顶上,让犯人在这种被绑缚状态中慢慢死去的酷刑。——译者注
④ 贝卡利亚著:《伦犯罪与刑罚》,黄风译,中国法制出版社,2009年版,第22页。

看守所应该分离。事实上人们公认：军事监禁并不像法庭监禁那样声名狼藉。一个多世纪以来，在民众、习俗和法律中仍保留着有辱国家现代文明的东西，仍保留着我们北方狩猎祖先的一些野蛮的痕迹和粗暴的观念。

关于监禁分级。通过论述走私犯罪不应适用耻辱刑的理由，贝卡利亚认为，对走私犯罪施以没收违禁品和随行财物是对走私者极为公正的刑罚，因为走私者在犯罪后没有引起公共舆论对他的羞辱。进而，他提出了应该让那些无财产可丧失的走私犯不受处罚的设问，他自问自答地说不能。这是因为"一些走私活动牵涉到纳税——它是优秀法制中如此重要和困难的部分——的本质，以致应对这样的犯罪处以引人注目的刑罚，直至监禁和苦役，不过，这种监禁和苦役应同犯罪的性质相符合"①。贝卡利亚举例做出了解释，对于烟草走私犯的监禁不应等同对刺客和盗贼的监禁。以此为逻辑推理下去，对轻罪犯人的监禁应不同于对重罪犯人的监禁，即犯罪越重，监禁越重，这不仅表现在监禁的时间长度上，而且反映在监禁的程度上。监禁分级，这应是罪刑相应的应有之意。

2. 切萨雷·龙勃罗梭②(1835—1909年)的监狱观

第一，切萨雷·龙勃罗梭简介

切萨雷·龙勃罗梭(Cesare Lombroso)，台湾地区学界译为龙布罗梭，1835年11月6日出身于意大利维罗纳一个富裕的犹太人家庭，1909年10月15日去世。在家中的五个孩子中，龙勃罗梭排行第二，母亲很有远见与抱负，一心想让自己的子女接受良好的教育，一家人先后在伦巴第、威尼斯和哈布斯堡王国统治下的几个城市生活。这些城市允许犹太人的孩子在耶稣会教士控制下的高级中学或公共中学读书。龙勃罗梭上中学时就对历史感兴趣，15岁时写了《论罗马共和国的历史》和《意大利古代农业概论》这两篇重要论文。1852年至1854年，龙勃罗梭在帕维亚大学学习语言和文学，受到著名畸胎学家和比较解剖学家巴特罗姆·帕尼扎的影响。1854年至1855年，龙勃罗梭在帕多瓦大学学习语言和文学，1855年至1856年在维也纳大学学习语言和文学，在维也纳大学时期深受当时著名的内科专家斯可达和病理学家罗基坦斯基的影响，对病理学产生了兴趣，促使他持久地对精神病学进行职业性研究，更使龙勃罗梭有可能对脑解剖学和脑生理学进行深入研究。

---

① 贝卡利亚著：《论犯罪与刑罚》，黄风译，中国法制出版社，2009年版，第99页。
② 吴宗宪著：《西方犯罪学史》，警官教育出版社，1997年版，第185-189页。

1858年，龙勃罗梭获得帕维亚大学的医学学位，此时他对流行于意大利北部地区达两个世纪之久的呆小病和糙皮病这两种地方病产生了浓厚兴趣。1859年，他发表了关于呆小病的初步研究。这项研究作为博士论文使龙勃罗梭在同年获得了热那亚大学的外科学学位。也是在1859年，意大利和奥地利之间发生战争，龙勃罗梭从军入伍，担任军医，直至1863年。在战争结束后，龙勃罗梭开始对3000名士兵进行系统的观察和测量，试图用测量方法分析和表达他在意大利不同地区的居民中已经注意到的身体差异。在此期间，他也对纹身，特别是对他觉得品质很差的士兵身上的淫秽标记做了观察。纹身后来成为龙勃罗梭识别犯罪人的特征之一。在军队驻扎帕维亚的和平时期，他有机会从事临床精神病学研究。经许可，他对圣尤菲米碰医院的精神病人做临床研究。1862年，龙勃罗梭任军医的同时，兼任帕维亚大学精神病学及病理学讲师，他在该大学做了一系列精神病学与人类学方面的演讲，1863年出版了《精神疾病临床教程导论》一书，首次系统论述了他所研究过的糙皮病、天才、犯罪与精神错乱的关系。1863年，龙勃罗梭辞去军医职务，但是讲师的薪金很少，不得不靠翻译外国著作补贴生活。

1864年，龙勃罗梭被任命为帕维亚大学精神病学教授。当教授后，他发表的第一篇论文是《天才与精神错乱》，这篇论文当年就被扩充为同名著作《天才与精神错乱》出版，得到好评，1894年出了第六版，并被译成多国文字出版。这篇论文也是他的代表作《犯罪人论》的前身，它的续篇《天才与退化》于1897年出版。从1863年起，龙勃罗梭也兼管帕维亚医学院中的精神病人，这使他有机会用人类学方法观察与测量精神病人和在精神病院中关押的犯罪人，并对他们进行比较研究，同时特别注意研究犯罪人的头盖骨和相貌。他也努力进行精神病和神经病的临床研究，1865年写成《精神病的临床研究》一书出版。1869年，34岁的龙勃罗梭与22岁的犹太姑娘亚历山德里娅结婚，婚后生育两个女儿波拉和吉娜，这两个女儿及她们的丈夫都对龙勃罗梭的研究给予了帮助，并且对龙勃罗梭产生了重要影响，他们将新颖的世界观带给了他们的父亲。

随着研究的深入，龙勃罗梭有了建立精神病人与犯罪人的人类学学说的想法。正巧，1870年他被任命为佩萨罗地方精神病院院长，当地的一个大监狱为龙勃罗梭研究犯罪人提供了可能。他用一年时间搜集了许多有关犯罪人的人类学资料，并在监狱中精心研究。1872年发表了题为《对400名威尼斯犯罪人的人体测量》的论文，提出了关于犯罪人生来就有犯罪本能的假说。同年，加罗法洛和菲利也发表了这方面有关犯罪行为的论文，因而有人把

1872年看成是犯罪人类学诞生的年份。

1876年,龙勃罗梭接受了都灵大学任命他为法医学和公共卫生学教授的职位,1896年又担任都灵大学的精神病学和临床精神病学教授,1906年任犯罪人类学教授。1876年在米兰出版他的代表著作《犯罪人:人类学、法理学和精神病学的思考》,简称《犯罪人论》。在都灵,龙勃罗梭兼任当地关押未决犯监狱的狱医,每年在监狱中研究200个左右的犯罪人,不断发表关于犯罪人研究的论著:1877年发表《尸体法医学》;1878年在都灵出版《犯罪人论》第二版,篇幅增至740页,这本书为龙勃罗梭在意大利之外赢得声誉;1879年发表《意大利犯罪的增加及其逮捕方法》。

1880年在菲利和加罗法洛的协助下,龙勃罗梭创办了《精神病学、犯罪人类学和刑罚学档案》,作为宣传犯罪人类学思想学说的阵地。1881年龙勃罗梭发表《自杀及犯罪的恋爱》,1885年出版《犯罪人论》第三版,1888年出版《太快!对新意大利刑法典的批评》和《监狱笔记》,1889年《犯罪人论》第四版出版并被扩充为两卷,1890年与拉司奇合著《法律及犯罪人类学中的政治犯罪与革命》,1893年发表《精神病及犯罪人类学最近的发现及其适用》,同年又与其女婿古列格莫·费雷罗合著《女性犯罪人、卖淫者及普通妇女》,1894年发表《与政府主义者》,1896年出版《犯罪人论》第五版的第一卷和第二卷,1897年出版《犯罪人论》第五版的第三卷。1896年至1897年出版的《犯罪人论》第五版共三卷是集中体现龙勃罗梭犯罪人理论的集大成著作,1899年龙勃罗梭《犯罪人论》第五版的第三卷被译成法文在巴黎出版,书名为《犯罪、原因与矫治》,1902年被译成德文在柏林出版。1910年由亨利·霍顿翻译成英文,1911年在美国出版的《犯罪及其原因和矫治》,就是根据《犯罪人论》第五版第三卷的法文版和德文版转译的,这也是龙勃罗梭《犯罪人论》一书的唯一的英译本,《犯罪人论》原书并没有出版过完整的英译本。1911年在美国出版的、由龙勃罗梭的女儿吉娜·龙勃罗梭·费雷罗用英文写作的《犯罪人:根据切萨雷·龙勃罗梭的分类》一书,是英语读者了解龙勃罗梭《犯罪人论》全书内容的权威性著作,龙勃罗梭本人为此书写了序言。

龙勃罗梭兴趣广泛。在都灵大学时代,他除了进行大量有关犯罪人的研究之外,还对精神病学、法医学等进行研究,成绩卓著,1873年出版《精神病的法理学》,1883年出版《精神病人反常的爱与早熟》,1886年出版《法医学讲义》,1890年出版《尸体法医学》第二版,同年又出版《精神错乱与变态》,1895年出版《笔迹学》,1902年发表《关于天才的新研究》,1902年出版《古代与近代的犯罪》,1905年出版《法律精神病学的诊断方法》,1905年发表《法律精神病学鉴定》,1908年出版《催眠及心理现象研究》。

1906年,龙勃罗梭获得法国政府授予的第三级法国荣誉勋位,并在法国创建了犯罪人类学博物馆。1908年5月,美国刑法与犯罪学研究所第一任所长、美国西北大学法学院院长约翰·威格莫尔拜访龙勃罗梭,推荐他担任1909年至1910年西北大学的哈里斯讲座演讲人,龙勃罗梭很有兴趣,但是由于年老未能成行。1909年10月9日清晨,龙勃罗梭这位伟大的犯罪学家安静离世,根据他的遗愿,他的遗体被送到法医学实验室进行尸体解剖,龙勃罗梭的脑被安放在解剖学研究所中。龙勃罗梭是意大利精神病学家、犯罪学家,是刑事人类学派的创始人、实证主义犯罪学学派的创始人和主要代表人物。龙勃罗梭是犯罪学史上最重要的开拓性研究者之一,被许多犯罪学家称为"犯罪学之父""近代犯罪学之父""生物实证主义学派的创建之父"。这些称号在一定程度上体现了龙勃罗梭所进行的犯罪学研究的价值,确立了他在犯罪学历史上所占据的位置,他提出的许多犯罪学研究结论和观点值得深入研究。

第二,切萨雷·龙勃罗梭的监狱观

龙勃罗梭的监狱观集中体现在1878年版的《犯罪人论》中。这一版本是由黄风直接从意大利文本翻译成汉语的,按照黄风自己的话说:"这是一个中间版本,比它前面的版本内容丰富和成熟,比其后的版本似乎更为繁简适中。"①我们看到的《犯罪人论》这个中译本,由引言和十八章正文组成。其中,第十七章"犯罪的返祖现象、刑罚",第十八章"对犯罪的防治",阐述了刑罚、监狱问题,反映了龙勃罗梭的监狱观。

关于刑罚,龙勃罗梭从医学、人类学的角度,研究犯罪和犯罪人,对刑罚提出了崭新的观点。通过以解剖犯罪人的方式,把人类学与法学结合起来,研究犯罪和犯罪人。龙勃罗梭指出:"总而言之,无论从统计学的角度看,还是从人类学的角度看,犯罪都是一种自然现象;用某些哲学家的话说,同出生、死亡、妊娠一样,是一种必然现象。这种关于犯罪必然性的观点,虽然看起来可能有些大胆,但并不像很多人可能认为的那样,是什么新观点,或者是背道离经的观点。"②龙勃罗梭认为,基于隔代遗传原因、自然因素、社会因素,社会存在犯罪是必然的,没有必要大惊小怪。犯罪存在的必然性和自然性,是刑罚存在的现实基础。龙勃罗梭批评流放的做法:"流放的道德益处是

---

① [意]切萨雷·龙勃罗梭著:《犯罪人论》,黄风译,中国法制出版社,2000年版,第387页。
② [意]切萨雷·龙勃罗梭著:《犯罪人论》,黄风译,中国法制出版社,2000年版,第319页。

很贫乏的,或者说是丝毫没有的。"①

关于刑罚理论,以前的刑罚奉行威慑论,刑罚极其残酷。例如,曾经竖立过耻辱柱,割去犯人的鼻子和耳朵,搞四马分尸,把人扔进油里或滚水中,把灼热的铅液滴在罪犯的脖子上,从活人身上割去腰肌。但是,结果怎么样呢?出现了更多、更残酷的犯罪,"因为,刑罚的频繁和严峻使人变得麻木。在罗伯斯庇尔时期,孩子们都做上断头台的游戏"②。如果说古人采用大量的酷刑只落得这样的结果,那么在人们已不再以酷刑示众并且监狱已变成某些人舒适的旅馆的今天,采用一些半拉子措施又能得到什么结果呢?龙勃罗梭反对威吓理论和酷刑,主张防卫论。防卫理论认为,刑罚是为维护秩序的安全而向作恶之人科处的合法恶果。

关于刑罚权,为什么国家能动用刑罚惩罚犯罪人呢?龙勃罗梭坚信,存在着犯罪的必然性,也就存在着防卫和处罚的必要性,"惩罚权应当以自然必要性和自我防卫权为基础,脱离了这样的基础,我不相信有哪种关于刑罚权的理论能够稳固地站住脚;……"③。龙勃罗梭把刑罚权表述为惩罚权,刑罚权的实质是惩罚权,在刑罚的防卫理论之下,刑罚权根源于国家的自我防卫权。龙勃罗梭认为,刑罚源于犯罪,刑法的必要性就在于刑罚的报复、赔偿作用上,并且明确提出"刑罚应当以矫正为基础"④。社会存在犯罪,不仅意味着要求国家必须设置刑罚以应对犯罪,而且意味着刑罚作用的有限性。"那些最恐怖的、最不人道的犯罪也有着生理上的、返祖的缘由,也起因于某些兽性的本能。教育、环境和对刑罚的惧怕,使这种本能在人身上减退,但是,当受到一定的环境影响时,它们就会突然萌发","返祖现象还能帮助我们理解刑罚的无效性"。⑤在龙勃罗梭看来,刑罚作用的有限性表现在两个方面:一方面,刑罚不能单独起作用,必须与教育、环境、社会因素相结合而发挥作用;另一方面,刑罚不可能对所有的人发挥作用,因而应根据犯罪人的不同情况,实施行刑个体化。

关于监狱,在犯罪的防治上,龙勃罗梭把监狱看作是犯罪治理的措施,阐述了个人的监狱观。龙勃罗梭的监狱观主要包括这样几方面内容:监狱类型、监外行刑、囚犯监管、释放后扶助、流放等。根据被关押人的情况,龙勃罗

---

① [意]切萨雷·龙勃罗梭著:《犯罪人论》,黄风译,中国法制出版社,2000年版,第363－364页。
② [意]切萨雷·龙勃罗梭著:《犯罪人论》,黄风译,中国法制出版社,2000年版,第325页。
③ [意]切萨雷·龙勃罗梭著:《犯罪人论》,黄风译,中国法制出版社,2000年版,第321页。
④ [意]切萨雷·龙勃罗梭著:《犯罪人论》,黄风译,中国法制出版社,2000年版,第323页。
⑤ [意]切萨雷·龙勃罗梭著:《犯罪人论》,黄风译,中国法制出版社,2000年版,第318页。

梭的监狱可分为教养院、独居监禁监狱、累犯监狱、老人犯监狱、青少年犯监狱、重刑犯监狱、轻刑犯监狱和刑事精神病院。

对于教养院，经过实地调查，龙勃罗梭做出了实事求是的评价，他客观地说："我现在不是在空谈理论，而是在对发生在教养院内外的情形进行了大量考察之后才讲这些话；我非常热情地赞赏那些由真正善良的慈善家开办的教养院，它们毫无疑问地应当受到称颂。我注意到，在一些优秀的教养院里，青少年们表现得活泼、愉快，也组织一些劳动以外的活动，人们并不过分地相信纪律约束。但是，对于其他许多教养院来说，情况并非如此，在那里，安宁只不过是表面的，而且，在虚伪的顺从之下掩藏着比以前更坏的恶习。即使是在最好的教养院中，所有的人在被问及入院的原因时都不说实话，甚至当着他们院长的面也不说实话，这说明他们对于自己以前的不良行为还没有真正反悔，还缺乏正确的认识。如果比较确定地追踪考察某些青少年出院后的表现并且向他们提出有关的问题，你所得到的回答和自述会告诉你：在那些优秀的教养院中也泛滥着最龌龊的恶习，如鸡奸、盗窃、秘密团体的活动，完全同监狱中的情形一样。这些恶习甚至会让某些毫不讲道德的人自己也感到厌恶，这些人曾向我描述过有关情况，并且后来也以自己的行为证明了他们在教养院中接受的有害影响：他们在极短的时间内就重新犯罪。"①在归属上，教养院有公立与私立之分，在监禁上有独居与群居之别，私立教养院、独居教养院更能减少累犯率。教养院有助于改善道德，但是它们开销巨大、社会需求量大，不仅使教养院很不够用，而且作用有限。教养院是专门关押青少年罪犯的场所，主要是为了慈善目的而建立，不太考虑犯罪人的本性，不设定教养院的容量，因而收效甚微。"对于教养院来说，当被收容者的数量超过了一百人（从经济角度看，不超过这一数字是困难的）时，效果会越来越差；……"②，他们不可能每个人都服从最精干的管教人员的监督和教育，因而违反最恰当的管教规范。龙勃罗梭调查发现，少数教养院由一些具有非凡的仁慈心和教育能力的人领导，这些人以自己的人格弥补了一切，米兰教养院是意大利的模范教养院，其累犯率只有10%，累犯常发生在获释的第三年之后。他认为，在院长的睿智帮助下，被收容人改掉了懒惰的习性，但并没有克服邪恶的倾向。

面对教养院的情况，龙勃罗梭提出了实质性的问题，政府采取什么办法

---

① ［意］切萨雷·龙勃罗梭著：《犯罪人论》，黄风译，中国法制出版社，2000年版，第338－339页。
② ［意］切萨雷·龙勃罗梭著：《犯罪人论》，黄风译，中国法制出版社，2000年版，第333页。

去改造教养院收押的犯罪人呢?他赞成教养院的容量限制,应接纳少量的个人,将他们按照阶层、年龄、习俗、才能、道德状况进行分组,并且至少在夜晚实行独居。对所有人进行监管,对他们进行文化、道德教育和宗教教诲,使他们接受真正称职的领导和老师的指导。与其徒劳无益地制定大量针对恶行的条例,不如去研究一下塑造、发掘和改造这些孩子的办法。当缺乏这样的办法时,当因人数太多而不能阻止各不同阶层之间的交往,并且也不能制止父母们的欺骗时,当不能为每个被收容人提供单人房间、学习技艺的工厂时,最好还是把需要矫正的孩子交给有道德的和有能力的家庭,让他们远离大城市的腐蚀中心。关于教养院的计划将是可以实现的和有益的,但如果不能,教养院就仍然会是一所犯罪大学。

对于独居制监狱,龙勃罗梭持赞成态度。龙勃罗梭清醒地认识到杂居制监狱的种种弊病,认为有必要建立独居制监狱,独居监禁罪行特别严重的犯罪人,尽量避免他们之间可能发生的任何交往。他也认识到"这种监狱本身并不能改造犯罪人,但可以不使他们在犯罪中越陷越深,至少部分地消除结伙犯罪的可能性"①。但这个优点却被巨额开支所冲淡。即使在独居制监狱中,囚犯不存在完全的孤立,想通过内部值勤隔绝与任何囚犯的联系,不耗费巨大的开支是不可能实现的。有时候这些内部值勤变成与其他人联系的媒介,此外囚犯想方设法利用种种机会彼此联系。

对于累犯监狱,龙勃罗梭认为再好的监狱制度也防止不了累犯的发生。杂居制监狱往往是导致累犯和团伙犯罪的原因。累犯是刑事制度下不断发生的永恒现象,对这种现象应当采取措施。龙勃罗梭明确提出:"在没有其他更有效方法的情况下,在犯罪人抗拒对他的监护并且10次20次地重新犯罪的情况下,社会不应期盼罪犯会通过再蹲一次监狱而自我悔改,而应当将其扣留起来,直到能够确认他已经悔改,或者说已经无力造成侵害之时。"②即设立累犯监狱,将他们关押在岛上,采用军事纪律加以约束,参加修路或整治沼泽地的劳动,他们可以接受亲属的来信,可以每天有几个小时自由活动,但是,在获得关于悔改的特殊证明之前,他们将不被释放。

针对监狱犯人,龙勃罗梭建议把心理学应用于监狱管理中。他把囚犯看作是道德病人,对他们应当刚柔兼施且更多地使用后者,因为他们好报复并且容易产生逆反心理,会把处罚看作是不正当的折磨,过于严格要求他们保

---

① [意]切萨雷·龙勃罗梭著:《犯罪人论》,黄风译,中国法制出版社,2000年版,第350页。
② [意]切萨雷·龙勃罗梭著:《犯罪人论》,黄风译,中国法制出版社,2000年版,第365页。

持沉默也可能有害于道德。强有力的纪律管束是必要的,但是过分诉诸强力和管制则弊大于利,因为管制能使囚犯屈服,但改造不了他们甚至会刺激他们并且使他们变得虚伪。龙勃罗梭引用一名老囚犯的话:"如果您对我们的过错睁一只眼闭一只眼,大家会畅所欲言,但几乎不会伤害道德;有时候大家话不多,却是在骂人并且搞阴谋。"①最坏的恶棍是监狱中最驯服的和表面上最反悔的那些人,这是公认的事实。如果想取得更多的收获,如果想把监狱变为治疗场所,至少在白天不能满足于绝对隔离。文化教育和劳动以增强囚犯所缺乏的体力和脑力为宗旨,他还主张传授美术以开发人的美感,这种美感很容易使人从善,还应当进行感情方面的教育,他给出的其理由是"人可以被剥夺生存条件,但不能被剥夺情感"②。情感激发他们弃旧图新的愿望。道德的抽象说教是徒劳无益的,必须通过实际的利益,如逐渐减轻刑罚使人从善,或者利用人们的虚荣心。龙勃罗梭充分肯定囚犯劳动的作用,劳动能重新激发囚犯的精力,调剂囚犯的服刑生活,帮助囚犯获释放后适应谋生职业。劳动可以作为监狱管理的一项措施,并且可以补偿国家对囚犯的开支费用。他明确提出,监狱不能把赚钱追求作为囚犯劳动的唯一目的,出于安全考虑,最好首先选择不需要使用可造成伤害的工具的劳动,劳动的囚犯应得到一定数额的报酬,劳动应当与囚犯的体力和本性相适应。他要求必须废除赦免权,因为这种权力不是鼓励犯罪人通过立功获得自由,而是使他们幻想通过他人的恩赐获得自由。通过犯人变好或变得更坏的正反两个方面的事例,他进一步阐述应当采取怎样的方法关心和教育囚犯:身教胜于言教,实际的道德行为胜过理论说教。

对于累进制,龙勃罗梭给予了极高评价。累进制使美德物质化,使经济学与犯罪心理学相结合,允许逐渐过渡到完全自由,并且把这种追求自由的永恒梦想变成管理和改造的手段,有助于消除公众对被释放者的不信任并且增强后者的自信心。在赞赏累进制的同时,他也提倡行刑个体化,即针对具体的个人采用特殊的惩处和管教方式,就像医生针对不同的病人开出特殊的禁食配方和治疗处方一样。

在监狱里,服刑的人杂居一起恶习相染,学会实施最有害的犯罪和团伙犯罪;而且多次入狱服刑的人和短时间入狱服刑的人得不到任何帮教,反而使他们在自己的同类中获得声望,有些犯罪人把自己被判刑的次数标注在帽

---

① [意]切萨雷·龙勃罗梭著:《犯罪人论》,黄风译,中国法制出版社,2000年版,第353页。
② [意]切萨雷·龙勃罗梭著:《犯罪人论》,黄风译,中国法制出版社,2000年版,第351页。

子上以示荣耀。由此,龙勃罗梭指责"监狱是犯罪的学校"①,提出在与文明相容的情况下改用一些真正可以渐进的身体刑,如禁食、浇冷水、强制劳动、监视居住、管制、流放、罚金,尤其是罚金有助于加强刑罚的感知度,可以根据富裕程度予以提高,同时可能有助于减少庞大的司法开支,并且从最要害的地方打击现代罪犯,即适用于有钱的罪犯、职业罪犯和以牟利为目的的罪犯。

为了预防出狱者重新犯罪,龙勃罗梭肯定道德保证金的做法。这项改革措施具有道德意义,涉及囚犯的储蓄,为防止囚犯把这些钱花在狱中大吃大喝、出狱时可能成为犯罪的资本,有学者建议,把这些钱寄存在道德机构、市镇当局或者接收囚犯的人手中,作为囚犯的道德保证金,并且作为强制性节约手段。对于出狱后的辅助机构,龙勃罗梭做了实事求是的分析。出狱后的辅助机构,有的称监护机构,有的叫收容所,还有的称救济所,对于成年犯罪人根本不起作用,往往助长天生的懒惰倾向,这些机构的领导人常常遭受那些刚刚出狱人的袭击和报复,为出狱者提供舒适的聚集点并且诱发他们的犯罪结伙。一般来说,不赞成建立实行非临时性收容,不赞成给予钱款救济,而只主张发给餐票,应当是对劳动报酬的预付。应当调查出狱人的品行并且适当安置他们,应当将那些不参加劳动、不到达为其指定的地点的人排除在外。

关于刑事精神病院,龙勃罗梭评价为这是有助于更好地协调人道与社会安全关系的一项制度。许多犯罪的精神病人被看作是懒汉、好斗者、邪恶者,而不被看作是精神病人。龙勃罗梭只考察了六所监狱,就发现了大量精神病人。监禁这些人是不正当的,释放他们又是危险的,龙勃罗梭批评说:"我们现在采取的一些有损于道德和安全的中间措施都不能很好地解决他们的问题。"②他认为,把这些人监禁在监狱里有损于社会道德,对监狱纪律和安全也是有害的;而且,这些人不可能在监狱中得到很好的医治,他们将成为不断闹事的原因;把这些人送进精神病院后将随之而产生其他灾难。设立刑事精神病院医治这些人,可以制止犯罪的遗传、犯罪结伙,可以防止累犯,减少诉讼的开支,可以使那些想假装精神病人的罪犯打消装假的念头,也不让那些辩护律师有机可乘。

3. 巴伦·拉斐尔·加罗法洛(1851—1934年)的刑罚观

第一,巴伦·拉斐尔·加罗法洛简介

巴伦·拉斐尔·加罗法洛(Baron Raffaele Garofalo),1851年11月18日

---

① [意]切萨雷·龙勃罗梭著:《犯罪人论》,黄风译,中国法制出版社,2000年版,第349页。
② [意]切萨雷·龙勃罗梭著:《犯罪人论》,黄风译,中国法制出版社,2000年版,第367页。

生于意大利那不勒斯城一个著名的西班牙血统家庭,1934年4月18日去世。青年时在大学学习法律,大学毕业后担任地方行政官。通过逐级晋升,他在相当年轻的时候就获得了很高的地位。他担任过的重要职位较多,例如有比萨民事法庭庭长,罗马上诉法院代理检察长,那不勒斯上诉法院庭长,威尼斯上诉法院的代理检察长,等等。此外,还担任过意大利参议院的参议员,那不勒斯大学刑法与刑事诉讼法副教授。在这些职位上,加罗法洛都取得了引人注目的成就和荣誉,这些个人荣誉包括司宗谱纹章委员会执行委员会成员、圣莫里斯勋位和圣拉扎勒斯勋位的官衔,并荣获意大利王国皇家勋章。被任命为参议员时,加罗法洛已经从事了很长时间的刑法修改工作。1903年应司法部长邀请,起草意大利刑事诉讼法典,由于政治方面的原因,意大利政府没有采用这个法典草案。加罗法洛曾经是那不勒斯皇家科学院的成员,也曾是总部设在巴黎的国际社会学研究所的成员。作为国际社会学研究所的所长,加罗法洛担任了1909年在瑞士伯尔尼举行的国际社会学大会主席,这次大会讨论的主题是"团结"。加罗法洛也曾被选为意大利社会学会的主席。

  加罗法洛是意大利法学家、犯罪学家、犯罪人类学的代表人物、现代犯罪学的创始人之一、犯罪实证学派的创始人和主要代表人物之一。加罗法洛是一位多产作者,撰写了大量法律、社会学和经济学方面的论著,尤其是有关犯罪及其处遇的论著。从1880年开始,加罗法洛发表了一系列有关犯罪和犯罪人方面的著作,如1880年出版的《论刑罚的实证标准》,1882年出版的《利用不适当方式进行的犯罪未遂》《审判和量刑的正确方式》,1887年出版的《对受犯罪侵害的人的赔偿》,1895年出版的《社会主义的迷信》,1909年出版的《镇压犯罪中的国际团结》。使加罗法洛享有国际声誉的著作是他于1885年在那不勒斯出版的《犯罪学》一书,该书是扩充《论刑罚的实证标准》一书而写成的。1891年《犯罪学》在都灵出版第二版。经过重大修改后,加罗法洛亲自将它译成法文出版,这个法文本发行了5版,当1905年出第五版时,加罗法洛做了全面修改。《犯罪学》一书由西班牙著名犯罪学家彼得罗·道拉多·蒙特罗译成西班牙文出版,由德·马托斯译成葡萄牙文出版。1914年,美国西北大学法学院教授罗伯特·温尼斯·米勒根据1905年的法文本并参照意大利文第二版译成英文版,由波士顿的小布朗公司出版,1968年由帕特森·史密斯出版公司重印。

  第二,巴伦·拉斐尔·加罗法洛的刑罚观

  加罗法洛的中文版《犯罪学》,由耿伟、王新根据英文版翻译,1996年由中国大百科全书出版社出版。加罗法洛的中文版《犯罪学》的正文分四篇,第一篇犯罪,包括第一章自然犯罪、第二章犯罪的法律概念;第二篇犯罪人,包括第一章犯罪异常、第二章社会影响、第三章法律影响;第三篇遏制犯罪,包括第一章适应法则、第二章当前的刑法理论、第三章现行刑事诉讼的缺陷、第四章合理的刑罚体系;第四篇国际刑法典所依据的原则纲领,包括第一部分总则、第二部分刑罚体系、第三部分程序。其中,第二篇中第三章法律影响的第二节刑事法律,第三篇遏制犯罪中第一章适应法则、第二章的第十三节现在的刑罚制度、第四章合理的刑罚体系,第四篇的第二部分刑罚体系,阐述了刑罚的有关内容,反映了加罗法洛的刑罚观。

关于刑罚功利的标准,从预防犯罪的层面出发,加罗法洛把刑罚视为直接手段,衡量刑罚功利的标准有六个因素,即区分不同种类的罪犯、刑罚轻缓的一般作用、犯罪形势、对刑罚的逃避、监禁判决的无效和累犯。刑罚不见得对所有罪犯都有作用,例如,对于既杀人又盗窃的无道德感罪犯,监禁没有多大效果;对于冲动性罪犯,刑罚会有恐吓作用;对勇敢面对危险的职业犯罪的罪犯,立法无法在预防上取得较大效果。

从预防的角度来看,严厉的刑罚对地区性犯罪有作用,罪恶的存在主要应归咎于刑罪的轻缓。在19世纪下半叶的刑罚体系改革中,刑罚不断轻缓,在监狱里任何犯人都不得被剥夺光线或被迫暂时失去食物。从刑罚减轻开始明显以来,意大利所有地方都出现了犯罪的普遍增长,在所有实行刑罚轻缓化的国家中都可以观察到这种现象,几乎遍及欧洲大陆的所有地方都经历着犯罪的普遍增长。何以如此呢?加罗法洛做了分析,"无疑,将19世纪欧洲几乎是普遍的犯罪增长仅仅归因于现代刑罚的轻宽是错误的。某些社会和立法原因也具有无可置疑的影响。但是显然,刑罚已变得不太有效了,而且刑罚的预防力量确实已经减弱了"①。

在犯罪形势上,犯罪越来越专门化,已变得有利可图且屡禁不止。加罗法洛把犯罪比作一种行业,引用塔尔德意义深远的话来分析犯罪形势严重的原因:首先,其收入必须倾向于不断增加;其次,其风险倾向于不断减少;最后,也是最重要的一点,其实施有不断增加的倾向和比较经常的必要性。所有这些因素结合起来,支持着这个特定行业在掠夺其他行业中存在。其利润不断增加的同时,风险也不断减少,以至于在任何文明国家扒窃、流浪、伪造、诈骗性破产等(不包括谋杀)都是厌恶劳动的人能够选择的最不危险而且效

---

① [意]加罗法洛著:《犯罪学》,中国大百科全书出版社,1996年版,第182—183页。

益最好的职业之一。① 意大利仅仅在一年中,公众遭受的经济损失就达1400万法郎。

对刑罚的逃避表明不受刑罚惩罚的机会太多了,所以很少能威慑住犯罪。加罗法洛说,逃避刑罚惩罚的罪犯人数据估计约占犯罪总数的60%,其原因或许是未被警察发现,或许是缺乏证据,或许是被错误地宣告无罪,即使在犯罪败露并被报告到警察局的情况下也是如此。犯罪被发现的危险很遥远,受到审判的危险同样遥远,受到刑罚惩罚的危险性就更遥远了。即使法院做出了有罪判决,也总是存在被最高上诉法院推翻继而在重新审理中被宣告无罪的可能性,而且罪犯还可以进一步希望执行温和的做法以减轻或更改判决。总之,在刑事司法的各个环节都存在有逃避刑罚惩罚的可能性。

进了监狱又会怎样呢?矫正监狱总是人满为患,但对惯犯、有权有势的犯罪人,3～6个月的监禁能起到什么作用呢?监禁判决无效。加罗法洛引用两首西西里歌曲,讽刺性地解释了监禁判决的威慑作用。一首这样唱道:"谁要是说维卡丽亚(巴勒莫的一个监狱)的坏话,谁的脸就活该被割成碎条。说监狱是惩罚场所的人真是一个大傻瓜。"另一首这样唱道:"只有在这里,你才能找到朋友、兄弟、金钱、美食和快乐的轻松,而在外面,敌人总是包围着你,你必须去工作,否则就会被饿死。"② 谁会相信再次受到同样刑罚的恐惧能够阻止这个人重复这种受到刑罚惩罚的行为呢?对于习惯性犯罪人来说,情况完全一样。监禁的威慑有什么意义呢?正如某些人所坚持的,监狱可能不制造罪犯,但它从来不影响这种制造,因而在罪犯服刑期间,使用轻缓刑罚是一个错误。

对于累犯,加罗法洛指出:"显然,今天到处盛行的宽大思想是累犯普遍增长的原因。"③但实际上,累犯增长的因素很多。大部分犯罪集中在某一个社会阶层中,此类犯罪的增加或减少必然取决于该阶层的个人是否认为有必要实施犯罪行为。而且,最严厉的刑罚惩罚的威慑力是否能对顽固罪犯起到任何制约作用,值得怀疑。释放出狱的人行为良好能持续多长时间,不得而知,而且他们没有被要求提供担保人。倒推回去,监狱中的良好行为无非就是安静和服从,为了达到减刑目的,这些特征也值得伪装。

关于刑罚方法,强调理论与应用。以达尔文《物种起源》的适者生存原则为指导,加罗法洛从遏制犯罪的高度,在刑罚消除和补偿、刑罚惩罚的不同概

---

① [意]加罗法洛著:《犯罪学》,中国大百科全书出版社,1996年版,第183页。
② [意]加罗法洛著:《犯罪学》,中国大百科全书出版社,1996年版,第186页。
③ [意]加罗法洛著:《犯罪学》,中国大百科全书出版社,1996年版,第188页。

念、刑罚威慑、选择、矫正主义理论五个方面,阐述了刑罚方法的适应法则。对于刑罚的消除和补偿,加罗法洛强调理论与应用。他认为,国家对于犯罪和犯法都应根据必要性运用严厉适度的刑罚惩罚方法,以发挥刑罚惩罚的威慑效应,国家依据自然法确定对犯罪的反应方式是有价值的。他提出了刑罚消除和遏制犯罪的逻辑格式,国家应把那些犯罪人驱逐出社会圈,具体采取刑罚消除的方法,其中包括死刑、流放、终身监禁和强制赔偿四种方法。加罗法洛把流放等同于死刑,对两者做了阐述:"死刑作为消除犯罪最简单和最有效的方法,是一种普通的威慑或报复方法,它已经适用于已决犯的反叛者。作为一个等值物,消除犯罪已经不得不诉诸流放,而流放也是放逐的一种形式,并且可能是现在文明国家所采取的唯一方式。但是,正如放逐一样,总的来看,流放没有完全剥夺罪犯的社会生活。"①另外一个等值物是终身监禁,然而逃跑或者赦免的可能性也经常存在,所以完全彻底消除的方法就是死刑。他也说明,消除并不意味着把罪犯排斥出他们所处的特定环境之外,例如,永远禁止他们从事与其行为不相配的职业,或者剥夺他们予以滥用的民事权利和政治权利。强制赔偿是遏制的一种方法,"罪犯可能被迫支付一定数额的金钱,或者为受害者的利益而工作,直至达到恢复原状的结果"②。

对于刑罚的消除和补偿,存在不同概念。加罗法洛指出,社会遏制犯罪是所有文明人的基本意识,尽管刑罚惩罚的明显目的是社会报复,即使罪犯承受与其所导致的后果基本相适应的损失;但是,可以清楚地看到,社会实际希望达到的结果,首先是把罪犯排斥出社会,其次是强迫罪犯尽可能赔偿其犯罪行为所造成的损失。在他看来,刑罚必然涉及报复、赎罪、消除。报复,意味着一切刑罚惩罚均源于个人报复的情感,以牙还牙就是明证。报复的情感现在依然存在,但具有了比较宽容的特征。世世代代的人已经习惯看到罪犯遭受到社会力量的刑罚惩罚,这是使报复观降低到最小程度的因素。赎罪,意味着只有使被告人痛苦才能洗清其罪孽,罪孽的必要后果是痛苦。痛苦有助于那些有悔恨心的人去悔改,有助于引起那些没有悔恨心的人去悔过。然而,悔改和悔恨的情况很复杂,有的人会悔改,有的人不悔改。消除是社会公正情感的要求,罪犯是普遍仇恨和反感的对象,要求解除与犯罪人可能存在的交往或关系,实现的方式就靠死刑和徒刑了,死刑是彻底的消除,徒刑只把罪犯隔离起来,因而是临时消除,表现为刑罚惩罚。

---

① [意]加罗法洛著:《犯罪学》,中国大百科全书出版社,1996年版,第186页。
② [意]加罗法洛著:《犯罪学》,中国大百科全书出版社,1996年版,第203页。

关于刑罚威慑,强调效果而非标准。从道德动机、畏惧动机和威慑实质三个方面,加罗法洛阐述了刑罚威慑的观点。在加罗法洛看来,道德动机是行为的内在源泉,刑事遏制在于通过抑制犯罪动机来鼓励道德动机,禁止行为的内在效果会引起道德强制。对于守法公民,刑罚效果是一种有助于保护道德意识的力量,"正是道德意识创造了法律,法律反过来也维持、加强和创造着道德意识"①。刑罚惩罚引起苦痛的事实,会加强诚实人们的道德动机,为道德意识提供一种新的抵抗力和持续力,给诚实的人们提供实际报偿。道德动机应该抑制恶行,鼓励善行。畏惧动机是指畏惧刑罚惩罚,对那些倾向于犯罪的人起作用。加罗法洛认为"甚至无法近似地去估算畏惧的效果"②,进而指出"威慑实质上是一种效果,而不是一种惩罚标准"。以威慑为基础构建刑事制度的想法,是最平庸的经验主义,因为完全缺乏科学标准。

加罗法洛认为,刑罚惩罚严厉或轻缓的这两种趋势都是有害的,如果仅在确定刑罚惩罚时才考虑到威慑的因素,那么宽大的刑罚方法是无效力的,容易导致重刑主义;必须承认死刑比其他惩罚方式具有更为广泛的震慑效果。心理强制的理论表明,除了刑罚消除以外,刑罚威慑从来没有起什么作用。一方面,道德观证明对犯罪做出严厉的反应是合理的;但是另一方面,道德观又阻止对犯罪做出过激的反应。加罗法洛鲜明地指出:"如果威慑被认作是(刑罚)惩罚的主要目的,社会就可以处死那些仍可以适应社会的被告,或者可以对他们实施无益的拷打;而且,侵犯被告权利所导致的损害小于被告违法行为所产生的自然结果。另外,如果为了威慑被告而对他们实施鞭打,或处以枷刑;如果为了恢复被告日常的生活习惯而使他们无约束,或者甚至像现在一样,对习惯性的罪犯只判处几个月或几年的监禁,那么,(刑罚)惩罚将达不到目的。"③刑罚惩罚是一种自然的反应,刑罚概念清晰地阐述了刑罚惩罚的威慑范围,刑罚威慑只是影响社会的有益效果,这种效果伴随着对缺乏适应能力的被告需要采取全部或部分的排斥。威慑不是刑罚目的,如果把威慑作为目的,那么刑罚目的是实现不了的,监禁恰恰正是给予罪犯一种坐食公费的义务。

对于刑罚选择,从效果上考虑,绝对消除,非死刑莫属。此外,也有相对消除的选择,即流放、监禁。对于典型的罪犯,可以通过绝对消除的方法达到选择的目的;对于不能进行新适应的人,用相对消除的方法——流放,就可以

---

① [意]加罗法洛著:《犯罪学》,中国大百科全书出版社,1996年版,第216页。
② [意]加罗法洛著:《犯罪学》,中国大百科全书出版社,1996年版,第219页。
③ [意]加罗法洛著:《犯罪学》,中国大百科全书出版社,1996年版,第222页。

完成相对选择的目的;对于那些显示出进行新适应可能的罪犯,用相对消除的方法——监禁就可以完成相对选择的目的,也就是说,把他们与关系到选择的环境隔离开来。

关于矫正主义理论,功能有限。从一般理论、教育的有限功效等几个方面,加罗法洛阐述了监狱行刑的矫正观点。加罗法洛认为,通过适当的教育方法,能克服邪恶的天性,罪犯能转变成诚实的人。某些心理学家明确提出了矫正观点,标志着矫正主义学派的诞生,它反对使用肉刑和贬低人格的刑罚惩罚制度,把改造罪犯看作是刑罚的真正目的。矫正主义学派认为,教育的方法有可能改变一个人的特性,除了一些具有特别难以矫治天性的人以外,所有的人,甚至包括那些似乎很残忍、非常缺乏优良情操的人,都可以正常地被改造,矫正主义要求思想和道德的教育必须与劳动相结合。接受罪犯可改造的基本理论,监禁的唯一功能是使囚犯的道德改造成为可能,他认为这种理论值得信奉。

针对矫正的观点,加罗法洛提出了两件事:"第一件事是所有的罪犯或者至少是某种类型的罪犯是否可以改造,这也是矫正主义学者应考虑的问题;第二件事是通过什么方法才可以达到改造的目的。矫正主义学者不是据此来考虑问题,而是建立矫正性监狱,强迫囚犯劳动。"① 显然,不论是矫正理论还是实践,孩子和青少年具有代表性,教育明显是一种仅对婴孩和青少年起作用的影响力。加罗法洛认为,教育是有助于性格构成的一种影响力,而性格一旦固定,就在生命的过程中不能进一步改变;甚至在少年时期,教育是否能创造一个所期望的道德秉性也是值得怀疑的。"教育"一词仍然不应以一种教学的意义予以采用,只意味着外部影响的进一步聚集。他明确指出,给予"教育"更加广泛的意义时,就不可能明确教育的效果,或者至少在任何方面都不可能评估教育的效果,不可能期望教育达到什么目的,不可能人为创造道德天性。加罗法洛还以累犯的存在为由,驳斥矫正主义理论。由于刑期越来越短暂,刑罚惩罚也越来越不严厉,因而累犯趋于增多,这是各国的普遍现象,表明了矫正主义理论的无效性。正如威勒特所说,这种做法"就仿佛是一个在规定的医院里治疗病人的医生,不顾病人的健康状况如何,就确定病人出院的确切日期"②。

关于合理的刑罚体系,注重罪刑相当。针对犯罪人的不同类型,提出了

---

① [意]加罗法洛著:《犯罪学》,中国大百科全书出版社,1996年版,第222页。
② [意]加罗法洛著:《犯罪学》,中国大百科全书出版社,1996年版,第240页。

不同的刑罚配置。加罗法洛把合理的刑罚体系建立在犯罪人分类和刑罚措施分类的基础上，体现罪刑相应的价值追求。谋杀犯是极端典型的罪犯，这种犯人缺乏道德意识和甚至最低程度的怜悯感，应适用死刑。在对暴力犯的刑罚中，杀人犯的刑罚应当是监禁刑，严重侵害人身或道德的罪犯应当流放孤岛。少年犯适用流放到孤岛的流放刑，仅缺乏道德修养或约束的罪犯能用强制补偿、监禁刑、罚金刑。对缺乏正直感的罪犯的刑罚中，天生的和习惯性的罪犯可适用流放刑，非习惯性的罪犯应适用监禁刑。对色情犯的刑罚是禁闭在收容所里。

关于"国际刑法典所依据的原则纲要"中的刑罚体系，提出了七种措施。以刑罚所导致的必不可少的效果为切入点，加罗法洛认为所有的刑罚至少应当产生下列两种效果之一：其一，消除那些已经查明不能与社会共存的罪犯，其二，由罪犯赔偿其所导致的损害，在此基础上提出了刑罚措施，主要有"绝对消除""相对消除""放逐到孤岛""终身拘留""不确定期限的拘留""强制劳动""强制赔偿"。

绝对消除，即应绝对消除谋杀犯，而能够实现绝对消除的唯一刑罚是死刑。相对消除，即应相对消除其他种类的罪犯，实现方式有放逐到孤岛、终身拘留在海外惩戒营地、不确定期限地拘留在海外惩戒营地、不确定期限地禁闭在收容所、强制在公共性企业中劳动。其中，不确定期限地禁闭在收容所，适用于患有精神病的人和慢性酒精中毒的受害者，强制在公共性企业中劳动而企业的工人是国家雇佣的，应对罪犯的劳动支付工资，名义上应与普通标准持平，主管的官员应当扣留罪犯的工资，用以支持为供养罪犯所花费的费用和赔偿受害人的损失。

放逐到孤岛的刑罚只应适用于那些天性倾向于杀戮的暴力犯和习惯性的盗贼，而且已经确认他们不能同化于文明的环境。然而，在对罪犯执行一定时期的拘留中，在证明他具有难以回复和危险的犯罪特性之前，不应宣布他不能同化于文明环境。应当在遥远的、完全与文明世界断绝联系的地区，执行这种刑罚。

终身拘留在海外惩戒营地的刑罚应当适用于习惯性的盗贼或职业盗贼，但对于在犯罪环境中生活的青少年，只有在不确定期限的拘留不成功之后，才对他们处以这种惩罚。

不确定期限的拘留可以适用于那些是累犯但不是职业犯的盗贼、伪造者、属于暴力犯的危险犯以及色情犯。在适用不确定期限刑罚的所有情况下，应当根据行为人堕落的程度，建立一定期限观察的制度，观察期限可以是

5年至10年,以便查明那些清楚地显示出罪犯能够适应社会生活的事实。婚姻,尤其是女犯生儿育女、壮年期或者老年期的到来,都应作为根本性改变罪犯特性的趋向予以考虑。罪犯不是通过言语,而是通过清楚明白的行为表现出来的赔偿受害人或其家庭的愿望,可以视为罪犯改过自新的唯一真实迹象,而罪犯的改过自新能够引起对他所处刑罚的终止。对于盗贼、接受被盗物品的人和通过欺诈手段获取金钱的人,更可取的刑罚方法应当是把他们拘留在一个新建立的殖民地中。殖民地的人口非常稀疏散乱,只有当他们养成劳动习惯和学会某些有益的手艺之后,才可以释放他们。如果这些罪犯在被拘留的地方实施犯罪活动,就应当终身拘留他们。

如果非累犯所实施的罪行主要归咎于游手好闲、无感情或者流浪,那就应当强制他到一家企业去劳动,应当有各种类型的工作适合每个人的年龄、性别、健康状况和教育程度。在这家企业中,假如他没有完成每天的定额工作量,那么就得不到食物。只有当罪犯履行了赔偿受害人的义务,并向国家支付了罚金,才可以被释放。如果罪犯应缴纳的全部赔偿金超出了他的财力,并且不能通过他的劳动收入来完全偿付,那么就可以根据具体情况予以调整,赔偿金可以是不完全的和部分的。释放罪犯时,主管官员可以向罪犯提供帮助,协助他在本国或者殖民地找到自由人的工作。主管官员也可以要求罪犯缴纳一定数额的保证金,如果罪犯实施了新罪,就可以没收这笔保证金。

强制赔偿,除了前面的规定以外,暴力犯和非累犯如果既不是危险犯,也有支付的财力,除了强制向受害人和国家赔偿之外,不应在其他方面再惩罚他们。强制赔偿可以采取双重罚金的形式,每一重罚金数额都应由法官确定。在确定数额时,如果罪犯拥有财产,法官就应当考虑罪犯的财产情况;如果罪犯没有财产,就应考虑罪犯通过劳动收入来交付罚金的可能性。如果在规定期限内没有履行交付双重罚金的义务,就应当强制他到企业中劳动,并强制他遵守企业为管理他而订立的规则。尽管罪犯由于向受害人和国家支付赔偿而被免除刑罚或得以释放,但仍然可以剥夺他的政治权利和从事特定行业或职业的权利。罪犯向国家交付的罚金数额应与他的社会地位和经济状况相适应。如果罪犯对受害人造成的损害不是金钱方面的损害,而是精神方面的损害,那么在确定赔偿金的数额时,就应当考虑罪犯和受害人两者的社会地位和经济状况。此外,国家应当设立赔偿基金,赔偿犯罪行为所侵害但不能从罪犯手中获得赔偿金的受害人,赔偿在起诉前已遭受监禁而根据法律所进行的审判宣告无罪的人。

4. 恩里科·菲利①(1856—1929年)的监狱观

第一,恩里科·菲利简介

恩里科·菲利(Enrico Ferri),1856年2月25日生于意大利曼托瓦省圣贝内德托的一个零售食盐和烟草的贫穷商人家庭,1929年4月12日在罗马去世。恩里科·菲利在曼图亚的一个学校接受了2年教育,他声称未学到任何东西,在一次跳级考试中不及格;此后转到另外一所学校学习,成为自行车运动的一名狂热分子,因为辍学几乎被开除。父亲把菲利从学校领回,威胁他要让他从事体力劳动,悔悟的菲利又回到学校,不久通过了期终考试,升入曼图亚维吉尔高中学习。在维吉尔高中,他受到以《作为实证科学的心理学》而著名的大师罗伯特·阿迪格的影响,而这个影响几乎决定了菲利后半生的科学研究方向。他的数学成绩很好,对拉丁文很感兴趣,但对希腊语不感兴趣,甚至被迫在期末考试中作弊。中学毕业之后,1874年菲利进入博洛尼亚大学,花在课外活动的精力太多,但选修了法医学和刑法学课程。到第三学年,才开始静下心来学习,构思了毕业论文,试图证明在现行刑法学中含糊不清的自由意志概念是一个虚构的概念,根据这一虚构概念建立的虚假的罪犯道义责任应当让位于社会责任或法律责任。菲利认为,每一个人都应当为其行为向社会负责的原因,是由于他是一个社会成员,而不是由于他能够选择非法行为。这篇论文于1877年成功地通过了答辩,菲利获得了博洛尼亚大学的学士学位。后来又到比萨大学学习了一年,菲利想当大学教授,为了给自己的教师生涯做准备,系统练习自己的演讲技巧,积极锻炼身体,修订学士学位论文并准备出版,到一年结束时做了一次关于犯罪未遂的讲座。②

1878年夏季,菲利22岁时出版了自己的学士学位论文《对自由意志的否定和归罪理论》。他寄给龙勃罗梭一本,龙勃罗梭在回信中对菲利给予了祝贺和鼓励。这本书为他赢得了一个到法国巴黎研究的机会,研究半个世纪以来法国犯罪的趋势和特征。1879年春天离开法国前,他申请到了都灵大学刑事诉讼讲师的职位,在都灵大学期间完成了对法国刑事司法统计资料的分析,写成题目为《对1826年至1878年间法国犯罪的研究》的论文,发表在1881年《统计年鉴》第21卷第2期上。在都灵大学,菲利师从龙勃罗梭,他作为龙勃罗梭的学生,经常去监狱、精神病院做调查。因为他确信,要确立关

---

① 吴宗宪著:《西方犯罪学史》,警官教育出版社,1997年版,第225-230页。[意]恩里科·菲利著:《犯罪社会学》,郭建安译,中国人民公安大学出版社,2004年版,第1-12页。

② 吴宗宪著:《西方犯罪学史》,警官教育出版社,1997年版,第225页。

于犯罪、刑罚和罪犯的原则,首当其冲的是研究罪犯和监狱,因为事实应当先于理论。龙勃罗梭主编的《精神病学档案》创刊号刊载了菲利的两篇文章,一篇是关于刑罚替代措施的,另一篇是关于犯罪人类学和刑法学之间关系的。在后一篇论文中,他首次提出了对犯罪人的分类,即天生犯罪人、精神病犯罪人、激情犯罪人、偶发性犯罪人和习惯性犯罪人。1880年12月,波伦亚大学聘任25岁的菲利为刑法教授,菲利以《刑法和刑事诉讼中的新见解》为题做了就职演说,1881年这个演讲稿被扩充为同名著作出版,1884年又出了第二版,1892年出第三版时更名为《犯罪社会学》。在波伦亚大学任教时,他带领学生参观刑罚机构和精神病院,确信未来的刑事司法制度必须由那些了解犯罪人的人们掌管,这样的实践教学以后就没有中断。1881年秋天,菲利先后研究了卡斯特弗兰克·艾米利亚和佩扎罗监狱中的699名犯人,波伦亚精神病院中的301名精神病人,波伦亚兵营中的711名军人,作为对照收集资料,最后撰写了著作《论杀人与自杀的法律责任》,该书1884年在罗马出版,1925年在都灵出第五版。

1882年,菲利被司法部长吉乌赛普·扎纳戴利任命为司法和公证统计委员会的成员,并担任这个职务达12年之久。同年,他离开波伦亚,受聘为锡耶纳大学的讲座教授长达4年,这期间写了一系列论文,如《作为一种社会机能的刑罚权》《刑法的实证主义学派》《集体财产与阶级斗争》《社会主义和犯罪》。1883年在都灵出版《社会主义与犯罪》。同年,他把在那不勒斯大学的三次演讲稿编辑为《刑法实证学派》出版,英译名为《实证主义犯罪学学派》,中译版由郭建安翻译为《实证派犯罪学》,并由中国政法大学出版社于1987年出版。1885年,菲利参加国际监狱大会和第一届犯罪人类学大会,发表了改革对宾州制,即独居监禁制和犯人劳动的意见。1886年3月,曼托瓦省的一群农民与地主发生纠纷而被控煽动内乱罪,菲利应邀担任被告方的律师。他在法庭上所做的社会经济方面的演讲,使法庭宣判农民无罪。1886年5月,曼托瓦省选菲利担任众议院议员,以后他11次连选连任,担任议员直到1924年。当上议员后,菲利移居罗马,与卡米拉·瓜涅利结婚,生育两儿一女。菲利辞去锡耶纳大学的教授职位,但继续以"自由教师"身份在罗马执教,并且以写作的方式宣传他的实证主义学派和履行他的议员职务。1890年,菲利被比萨大学聘为讲座教授,但是仅做了3年。1895年至1903年,菲利每隔一年都在布鲁塞尔大学开设讲座课程,1889年至1901年,在巴黎的高级社会研究学院讲课,还到荷兰和佛兰德的几所大学进行旅行演讲。同时,菲利还在社会上进行演讲,数次成为罗马大学刑法讲座教授和其他几所大学教授职位的候选人。1906年菲利终于被罗马大学聘为刑法讲座教授,1908年去南美洲进行旅行演讲,110多天中的80多场演讲取得了很大成功。两年后,菲利应几所大学的邀请重返南美,进行专业性演讲。去世之前,菲利还希望到美国去演讲。1892年,菲利创办法律杂志《实证学派》,为实证主义犯罪学家们提供宣传阵地,去世前一直担任《实证学派》杂志的主编或编委会主任。菲利强调,应该由受过训练的法官和专业人员处理犯罪或犯罪人,1912年在罗马创办《应用刑法与刑事诉讼法学院》,教授许多学生,有些学生甚至是从国外来的。

1919年,菲利少年时代的同学、司法部长莫塔拉邀请菲利担任刑法修改委员会主席,起草一部取代1889年《刑法典》的刑法典草案。这个刑法典草案具有明显的实证主义理论色彩和社会主义倾向,它否定道义责任,排斥刑法和报应的概念,强调应该由受过训练的专业人员处理犯罪人,被称为"菲利草案",但是被下议院否决。1924年,菲利拒绝再次参加议员选举,并退出议会。1925年菲利参加了国家监狱大会。1927年菲利再次成为新的刑法典起草委员会的成员之一,起草的新刑法典于1930年获得通过。菲利一生中的最后年代主要从事写作,1928年夏天撰写完成《刑法原理》。菲利用很多时间对他的《犯罪社会学》进行最后一次修订,并在去世之前完成了这项工作。在去世前几个月,菲利拒绝了对他上议院议员的任命。1929年4月12日,菲利去世,"犯罪学史上一位最多彩和最具影响的人物消失了"。

菲利毕生探索,取得了重大成就。22岁出版专著,被公认为实证派刑事科学的领袖。他还是一个非常成功的出庭律师和当时意大利最著名的法庭辩论家、国会议员、社会主义报纸的主编、公共演说家、大学教授、许多备受尊敬的学术著作的作者和一份影响巨大的杂志的创办者。他举办了2300多场学术讲座,600多场公共讲座,发表了数千场政治演说,涉及的题目有40多个。菲利是实证主义犯罪学派的创建人之一和二号代表人物,也是犯罪学史上最富有个性和影响力的人物之一,他不但发展了实证主义犯罪学理论,而且亲自参加实践活动,试图将自己的理论应用于实践,对社会及法律制度进行改革。

第二,恩里科·菲利的监狱观

如恩里科·菲利所著《犯罪社会学》的目录所列,正文是由第一章犯罪人类学资料、第二章犯罪统计学资料、第三章实际的改革共三章组成。第一章分为二节,即第一节犯罪社会学的起源、第二节犯罪人类学资料只适用于惯犯和天生犯罪人,第二章分为二节,即第一节犯罪统计学的价值、第二节刑罚的替代措施,第三章分为五节,即第一节犯罪社会学与刑事立法、第二节犯罪与罪犯、第三节陪审团、第四节现行监狱制度的失败、第五节犯罪精神病院。菲利的监狱观主要集中在四个方面,其一刑罚作用,其二刑罚的替代措施,其三监狱制度的评价,其四犯罪精神病院。

关于刑罚,刑罚作用有限。菲利用犯罪社会学理论,通过区分不同类型的犯人,进行调查统计,研究刑罚的作用。他得出的结论表明,司法镇压措施越来越重,而犯罪也越来越多,这一事实足以驳倒加重刑罚是有效的犯罪抑制措施的观念,除非事先消除或者至少减少犯罪的社会因素,刑罚不是预防犯罪的有效措施。菲利把犯罪的总体结果与导致犯罪产生的人类学、自然和社会因素的不同特征进行比较,发现刑罚对犯罪的结果只不过略微有些影响。他明确指出,"自称为一种能够消除所有犯罪因素的简便并且有效的救治措施的刑罚,只不过是一种徒负盛名的万灵药"①。因为刑罚仅凭其作为心理力量的法律威慑的特殊作用,显然不能抵消气候、习惯、人口增长、农业生产及经济和政治危机等因素的持续作用。统计资料一直表明,这些因素的作用是导致犯罪增加或减少的最有力的原因;而刑罚作为一种心理力量,只能抵消犯罪产生的心理因素,而且实际上只能抵消那些偶然的和不太有力的因素。刑罚效力很有限,这个结论是事实强加的,但是公众舆论甚至法官和立法者却不认同,所以在犯罪现象产生或增长的时候,立法者、法学家和公众只想到加重刑罚作为补救办法。

在菲利看来,制约刑罚作用有限的因素很多,既有刑罚方法不同的影响,也有人们复仇情感的左右,还有历史习惯、不同社会阶层的生物心理、公众心理态度和犯罪学家等因素。作为镇压手段之一的刑罚,具有一种消极价值,它对不同人类学类型罪犯的作用不一样,它的适用仅会消除由于免除刑罚而产生的严重危害,而不能将一个反社会性的人变成一个社会性的人。刑罚与教育一样,它的改造力量通常都被夸大了。尽管免除刑罚和教育的后果是严重并且有害的,但这仍然不能反过来证明刑罚和教育在现实中就具有人们通常归功于它们的那样的积极效果。

关于死刑,菲利主张废止。意大利从1876年开始,实际上废除了死刑(军事犯罪除外),1890年1月1日颁布了宣告废除死刑的第一部《刑法典》。实证派学者认为,死刑是公正的,但对死刑的实际效果有分歧。以提出"对于

---

① [意]恩里科·菲利著:《犯罪社会学》,郭建安译,中国人民公安大学出版社,2004年版,第177页。

实施了非常严重犯罪的人,死刑是不是社会用以防卫反社会阶层侵害的最合适和最有效的手段"的基本问题为切入点,菲利展开了对死刑的论述,表达了反对死刑的鲜明立场,"我无疑没有勇气要求恢复中世纪消除罪犯的方式,因此我仍然是一个诚服的死刑废除论者,尤其是在意大利这样一个人为的和表面的公众舆论强烈反对死刑的国家里"①。

首先,菲利认为死刑是自然的产物,它不违背正义,因为当另一个人的死绝对必要时,死刑就是合法的,就像无论是个人还是社会进行合法的正当防卫都是合法的一样。死亡是不断淘汰的结果,在人类社会中有自然和人为两种。死刑是人为方式,"死刑不违背人类社会应当通过消除反社会的和不适应社会的个人的方式来进行人为的淘汰这一自然法则"②。但是,尽管死刑本身是正确的,却会导致过分的结论。

其次,承认死刑作为一种例外的极端措施,并不等于承认它在正常社会生活中是必需的。"如果罪犯告诉我们他怕死,这仅仅意味着他只是暂时担心死刑,但这种担心不足以阻止他犯罪,因为由于同一心理倾向,他在此只受犯罪的刺激。"③他举例论述死刑的预防和威慑效果值得怀疑。统计资料表明,严重罪行的周期性变化与判处和执行死刑的数量无关,因为它是由完全不同的原因决定的。死刑是一种简单的万灵药,很容易产生杀掉不能改造的罪犯和天生犯罪人的思想,但是死刑解决不了严重犯罪这样复杂的问题。

再次,死刑有替代措施。在正常时期,死刑没必要,而且对能够发生威慑效应的那部分人又不能适用,因此只能废除死刑。对于实施了最严重犯罪的天生犯罪人,两种方式可供选择,即终身流放和不定期隔离。但实际上,废除死刑后,终身监禁刑适用于最严重的犯罪。

关于刑罚的替代措施,需要全社会的努力。菲利用事实说话,力排众议,尖锐地指出刑罚对犯罪的威慑作用是很有限的,因而力主在实际研究中寻找其他的社会防卫手段,"如果刑罚的抵御难免要与犯罪行为相对立,用其他间接的更有效的手段防止和减少这种行为对社会秩序更有益"④。他称这些

---

① [意]恩里科·菲利著:《犯罪社会学》,郭建安译,中国人民公安大学出版社,2004年版,第302页。
② [意]恩里科·菲利著:《犯罪社会学》,郭建安译,中国人民公安大学出版社,2004年版,第297页。
③ [意]恩里科·菲利著:《犯罪社会学》,郭建安译,中国人民公安大学出版社,2004年版,第298页。
④ [意]恩里科·菲利著:《犯罪社会学》,郭建安译,中国人民公安大学出版社,2004年版,第193页。

间接的防卫手段为刑罚的替代措施,进而阐述了刑罚替代措施的基本思想,"在各种立法、政治、经济、行政和刑罚手段中,从最大的机构到最小的单位,社会体制将会得到调整,从而使人类行为并不总是无益地为镇压所威慑而被不知不觉地导向非犯罪的轨道上去,为在最小限度地导致暴力滋扰和违法机会的条件下发挥个人能力和满足个人需要留下充分的余地"①。应当牢记这一基本思想,而不是替代措施本身,这是刑罚替代措施的理论价值和实践价值。

至于每种具体刑罚替代措施的效果,菲利至少在某种意义上很乐意承认人们对它们的片面批评。大多数犯罪社会学家都明确接受了刑罚替代措施,这个理论并不是作为一个绝对的医治犯罪的灵丹妙药,而是在与刑罚镇压相结合的意义上,在不是只相信镇压对防护社会免受犯罪侵害的效果的基础上被接受的。经济领域、政治领域、科学领域、立法和行政领域、教育领域里的替代措施与时而进,取得成功的事例不胜枚举,而不能仅靠刑罚来一劳永逸。

研究犯罪,尤其是偶然犯罪自然原因的犯罪生物学和犯罪社会学理论广泛传播开来之前,作为预防犯罪手段的社会科学只能是一种理论,而不能付诸实践。刑罚替代措施的实证理论,确切目的在于为立法者的智力训练提供教材,使他们认识到在犯罪祸患达到顶点,使其不可能再采取像想象得那么容易的镇压措施之前,应当首先采取社会预防措施是他们的责任,无论这样做多么困难。应当使立法者确信,社会改良在预防犯罪浪潮方面比刑法典更为有益,通过对社会改良和犯罪自然因素的研究提出的其他措施在预防犯罪中的效力最大。应当相信的重要一点是,对社会预防犯罪就像对公民提高道德水准一样,关于预防犯罪措施的改革哪怕只进步一点,也比出版一部完整的刑法典的效力要高一百倍。如果我们通过减少犯罪的社会因素可以影响犯罪,尤其是偶犯生成的说法是正确的,那么不幸的是,在每一种社会环境中,由于其他生物学因素和自然因素的影响,都总是在最低程度上存在导致无法避免的犯罪产生的因素的说法也是正确的。面对种种批评,菲利解释并回答说:"刑罚替代措施的目标不是使所有重罪和轻罪都不可能产生,而是在任何特定的自然和社会环境下都力争将它们减少到最小的数量。"②至于刑罚执行,尽管是应当与其他社会功能协调而实现的社会防卫功能中的一个次

---

① [意]恩里科·菲利著:《犯罪社会学》,郭建安译,中国人民公安大学出版社,2004年版,第194页。
② [意]恩里科·菲利著:《犯罪社会学》,郭建安译,中国人民公安大学出版社,2004年版,第212页。

要的组成部分,却总是最后的、不可避免的辅助手段。

关于现行监狱制度的评判,主张实证和科学。现代刑罚制度是以能够测量罪犯道义责任的假设以及在一定程度上根据罪犯一般都可以改造的幻想为基础建立起来的,而实际上通过监禁和独居制度绝对不能保护社会免遭犯罪侵害,菲利认为这需要进一步证明。首先,他指出了根据古典派刑法理论和古典派监狱规则建立起来的制度具有缺陷,"确定荒谬的道义责任标准;完全无视或忽视罪犯的生理心理学类型;一方面裁决与判决之间有空隙,另一方面判决与执行之间又有空隙,结果便会滥用宽赦;监狱中犯人退化和相互交往造成的实际后果严重;造成数以百万计的人被处以愚蠢和荒谬的短期监禁;造成累犯难以抑制地增加"①。这是现代刑事司法完全非人格化所造成的,现行刑事司法是一部庞大的机器,吞食并吐出大量的人,这些人轮番失去生命、荣誉、道德感和健康,因而留下不能消除的创伤,流入不断增加的职业犯罪和累犯的队伍中去,一般没有希望复原。总结诸多建议,菲利归纳成三项基本标准:其一,不确定罪犯隔离时间;其二,具有公共和社会性质的强制赔偿;其三,对各种罪犯都适用防卫措施。

其一,不确定罪犯隔离时间。对任何一起犯罪,应当根据违法及其造成的损害实际情况和罪犯的人类学类型的个人情况,视其是否被认为可以回归社会,确定是否有必要永久、长期或短期隔离,或者是否强制他严格赔偿他所造成的损失。不定期隔离原则认为,刑罚不应当是对犯罪的报应,而应当是社会用以防卫罪犯威胁的手段,这与法律基本原则要求根据社会存在的需要做出限制是一致的。例如,对最重的累犯加重刑罚应当与累犯的次数成比例,罪犯具有改过的迹象时,允许在服完判决规定的监禁期限之前附条件地享有自由,对那些并不改过反而仍然具有很大危险的罪犯延长监禁期限。愉快与痛苦的生理学理论和奖惩理论有密切关系,刑罚应当是痛苦的,只要不损害罪犯的健康就行。

附条件释放对狡猾的罪犯无效,帮助释放罪犯的团体仍然是慈善而无效的。原因是它们忘记了考虑罪犯的类型不同,而且习惯于对所有释放罪犯都予以无私的帮助,并不管这些罪犯是否可以矫正。菲利提醒说:"此外,绝不能忘记,当有数百万诚实的工人比释放罪犯还不幸的时候,不应当夸大对这些犯罪分子的帮助。尽管罪犯帮助团体对此很伤感,但我认为如果一个工头

---

① [意]恩里科·菲利著:《犯罪社会学》,郭建安译,中国人民公安大学出版社,2004年版,第265-266页。

选择一个诚实的工人而不选择一个释放罪犯来补其车间的空额,这不管怎么说都是合理的。"①

其二,具有公共和社会性质的强制赔偿。菲利认为,赔偿犯罪被害者所遭受的损失可以从三点考虑:一是罪犯对被害者应尽的责任;二是轻罪偶犯所处监禁刑的替代措施;三是国家具有保护被害人利益的同时防卫社会的职能。他主张不应当将民事措施与刑事措施截然分开,而应当共同适用这种措施,以避免由民事法官重新审理而造成的拖延和不幸。犯罪被害者知道要想取得赔偿就不得不诉诸法庭,又担心为此要付民事诉讼费,便被迫放弃索赔的希望,因此,便会与罪犯做某些大度让步的妥协,或者进行私人报复,并且不再信赖社会司法的补偿作用。赔偿可以采取两种形式:一种是付给国家的罚金或赔偿,另一种是付给犯罪被害人的赔偿。国家应当对被害人的权利负责,并且使被害人的权利及时得到满足,尤其是对暴力犯罪,国家还应当收取法定费用。

其三,对各种罪犯都适用防卫措施。菲利提出的社会防卫制度要求,对各种犯罪采取不同的防范措施。监禁刑的均衡性是荒谬的,因为它忽视了罪犯种类不同这一重要事实。犯罪祸患与其救治措施之间必须统一起来,必须避免走向两个极端,一个极端是刑罚的均衡性,另一个极端是刑罚个别化。在对罪犯的个性以及导致其犯罪的环境进行生理的和心理的调查研究之后,对每个罪犯都适用专门的矫正措施很理想,但是如果罪犯的数量很大而且管理人员不具备足够的犯罪生理学和犯罪心理学知识,就难以实施了。菲利举例解释了刑罚个别化的实施问题:"一个监狱长怎么能使四五百个犯人的矫正都适合其个性呢?而且,将罪犯个人倾向的特征降低到最小限度的单独监禁制度(用常规和沉默的一致性把罪犯等同起来)不就使观察和了解每个罪犯的特性以便使惩罚个别化不可能实现了吗?我们该到哪里去寻找懂得怎样去履行这项困难职责的监狱长和看守人呢?"②在一种有独创性而且比较协调的监狱制度下,监狱长有心理学常识时,矫正或刑罚场所的情况就很好;当他违反心理学规律时,矫正或刑罚场所就会失去活力。但是,如果没有相应的管理人员来执行也没有价值。况且,由于财政原因引起的管理人员的问题一直很严重。

---

① [意]恩里科·菲利著:《犯罪社会学》,郭建安译,中国人民公安大学出版社,2004年版,第212页。

② [意]恩里科·菲利著:《犯罪社会学》,郭建安译,中国人民公安大学出版社,2004年版,第286页。

他认为,应当用同样有效而且更容易实行的分类制度来代替不切实际的刑罚个别化观念,并且提出了两个普遍适用的原则。首先,必须注意隔离不应当是懒惰的犯罪人群体的避难所,而是一种剥夺。已决犯监狱不应当很舒适,以至于引起诚实的人和住在农舍中耕种的贫苦农民或住在阁楼中的憔悴的工人的忌妒,可能会诱发莫大的非正义和轻率行为。其次,监狱监禁的罪犯除生病者外都应当实行强制劳动,囚犯不仅应当向国家支付所用的烟酒钱,而且应当支付衣食住的费用,其余劳动所得应当用以赔偿被害者。对于国家负担犯罪人在监狱服刑期间的一切费用而把负担转嫁给社会守法公民的做法,菲利坚决反对,明确表态说:"无论是从道德上还是从法律上讲,我都不同意犯罪可以免除罪犯在犯罪之前曾一直承担而且所有诚实的人也为此受许多苦的日常生活用品的负担。"①否则,这等于表明:一个人尽管贫穷和不幸,但只要他保持诚实,国家就不努力保证其以劳动谋生的手段;但是,任何人,只要一犯罪,国家就认为它有义务给他最好的照顾,保证他住宿舒服、食品丰盛、劳动轻微! 而且,所有这一切都是在永恒的因果报应的名义之下进行的。菲利大声疾呼:"我很想将下述在全世界都适用的格言刻在监狱大门上:'不劳动者不得食。'"②

关于独居监禁制,菲利主张废止。他认为,单人牢房是针对杂居监禁毁坏同住犯人生理和心理的产物,也有虔诚和宗教怜悯精神的因素。单独监禁或称独居监禁,在单人牢房不分昼夜、绝对的、连续的隔离,甚至给罪犯戴上了善意的头罩和面具。由于无助于矫正罪犯,随后便放松监禁,但仍然是昼夜隔离,只是允许牧师、地方长官和罪犯帮护协会的代表前来会见罪犯。以后,又加以改进,便出现了夜间在单身牢房中隔离、白天在一起劳动并保持沉默的奥本制。菲利明确指出:"独居制这种无益的、愚蠢的、不人道的、耗费很大的'活人坟墓',即使意大利新《刑法》将其缩小到最低期限(议会接受了我的修改意见,规定完全隔离的期限为 7 年)时,也必须废除它。"③

单独监禁不人道,因为它抹煞或削弱了罪犯本来就已经很微弱的社会意识,因为它不可避免地会导致罪犯癫狂或患肺结核。单独监禁对于改造犯人起不到任何作用,因为如果不改善社会环境,犯人一离开监狱就又回到导致

---

① [意]恩里科·菲利著:《犯罪社会学》,郭建安译,中国人民公安大学出版社,2004 年版,第 288 页。

② [意]恩里科·菲利著:《犯罪社会学》,郭建安译,中国人民公安大学出版社,2004 年版,第 288-289 页。

③ [意]恩里科·菲利著:《犯罪社会学》,郭建安译,中国人民公安大学出版社,2004 年版,第 314 页。

其犯罪的同一环境之中去,监狱再关注犯人也没用。独居制在适用上是不平等的,因为种族的不同对其有很大影响。况且,独居制的成本很大,建造许许多多的独居制监狱耗资巨大。谋杀犯在非常舒适的单身牢房,而不幸的诚实者却不公正地住在农舍或穷人的阁楼中,形成了令人痛心的有害对比。独居制下的劳动与自由和诚实劳动者的劳动竞争,使社会工人遭受损失。基于这些原因,不能将独居制作为监狱制度的一种模式。在监狱里,对罪犯只在夜间隔离就足够了,而只在夜间隔离所要求的建筑比独居制监狱所要求的建筑要简单和节省得多;对囚犯来说,户外劳动是唯一有益的监狱体制的基础。

关于犯罪精神病院,菲利力主建立。英格兰在1786年采纳了建立犯罪精神病院的建议,伯利恒收容院在1815年开始接收犯罪精神病人,布罗德莫尔精神病院在1863年建立。以后,世界有些国家先后建立了类似的精神病院,法国在盖隆监狱为精神病犯人单独安排了一间边房;荷兰将精神病犯人集中在布拉邦特的博斯马伦收容院;德国在沃尔德海姆、布鲁克塞尔、哈雷和汉堡的刑罚机构中都设置了精神病犯人牢房;意大利于1876年在阿维萨累犯监狱里设置精神病犯人牢房之后,又将托斯卡纳区蒙特鲁普的阿姆布鲁亚纳监狱改造成专门收容精神病犯人和因精神不健全而接受观察的罪犯的收容院。

菲利认为,建立犯罪精神病院是社会防卫的一项措施,针对不赞成的反对意见,给予了反驳。从财政上看,在对防范具有犯罪倾向的精神病人没有任何保证的现行制度之下,对其予以管理的费用比这些人造成的损失要大得多。从管理结果上,实践表明,犯罪精神病院中由于在具有专业知识的管理人员的指导下,根据罪犯的倾向性进行分类,能够防止精神病犯人的暴行;而在普通精神病院中,几个精神病犯人就足以使其秩序难以维持,精神病犯人的骚扰对其他病人产生不良影响,因为用同样的管理人员来满足普通精神病人和犯罪精神病人的不同治疗与训练的需要是很困难的。可见,普通精神病院最严重和最常见的困难恰恰在其社会防卫职能的原则。从精神病人来看,有些人同时既有精神病,还实施了犯罪,那么逻辑结果不能排除犯罪精神病人就应当进入专门为他们这类精神病人准备的特别精神病院。菲利以纪律程度为标准,把犯罪精神病院分为两种,一种是收容那些实施了杀人、放火、强奸等严重和危险犯罪的精神病犯,另一种是收容那些实施了简单盗窃、暴力威胁和有伤风化等轻罪的精神病犯。

四、德国的刑罚观、监狱观

1. 伊曼努尔·康德(1724—1804年)的监狱观

第一,伊曼努尔·康德简介

伊曼努尔·康德(Immanuel Kant),1724年4月22日生于东普鲁士首府哥尼斯堡(今天的俄罗斯加里宁格勒)的一个家境贫寒、子女众多的马鞍匠家庭,1804年2月12日逝世。他的祖辈是17世纪从苏格兰迁来欧洲大陆生活的,家人都是虔诚的新教徒。康德1740年进入哥尼斯堡大学学习,1745年大学毕业后到乡下一个贵族家庭做家庭教师。1755年康德重返哥尼斯堡大学任讲师,1770年被评为教授,讲授逻辑和形而上学课程,1786年升任校长,在校期间他先后当选为柏林科学院、彼得堡科学院和科恩科学院的院士,1797年康德辞去大学的教职。康德的生活十分有规律,以至于当地的居民以他每天下午3点半散步经过时来对表,或许正是得益于这种有规律的生活方式,他很少得病。康德好交际、健谈,经常邀请客人与他共进晚餐,但他终身未婚,于1804年2月12日逝世,人们为他举行了隆重的葬礼。

康德是德国思想家、哲学家、天文学家、星云说的创立者之一,德国古典哲学的创始人。其学说深刻影响了此后的哲学,开启了德国唯心主义和康德主义诸多流派,被认为是对现代欧洲最具影响力的思想家之一。康德一生著述丰厚,其中核心的三峡合称"三大批判",即《纯粹理性批判》《实践理性批判》和《判断力批判》,系统地阐述了他的知识学、伦理学和美学思想。康德在宗教哲学、法律哲学和历史哲学方面也有重要论著。如果以1770年为划分界限,那么康德的一生可以分为前后两个时期。在前期,他主要研究自然科学,重点是数学、天文学和化学,主要成就有正负数理论和星云学说,在其他学科方面也造诣颇深;后期他则主要研究哲学、法学,还涉及宗教、逻辑学和人类学等领域。尽管在自然科学上创造了许多辉煌的业绩,但康德还是以哲学家的面目出现在大多数后人的视野内,他关于法学理论的主要著作是1797年出版的《法的形而上学原理》。

第二,伊曼努尔·康德的刑罚观

康德所著《法的形而上学原理》在目录上包括序言和正文两个部分,序言分为道德形而上学总导言和道德形而上学总分类两个标题,正文以"权利科学"为标题分为两部分,即第一部分"私人权利"和第二部分"公共权利",

阐述了他自己的法学思想;其中,"公共权利"中"(5)惩罚和赦免的权利",阐述了他的刑罚观点,"惩罚"二字应当翻译为刑罚更为合适。康德的刑罚观包含在他的法学思想中,主要包括刑罚权、刑罚性质、刑罪关系、死刑、赦免等方面的内容。

关于刑罚权,源于社会契约。深受卢梭等资产阶级启蒙思想家的影响,康德接受了"社会契约论"。康德认为,人有自己的人性,"每个人都享有由于人性而具有的独一无二的、原生的、生来就有的权利"①。这种权利是不受别人约束的,是人人都公平享有的,就是生来就有的自由权,即天赋人权。同时,基于社会性,人人需要与他人交往相处,基于非社会性,人人需要满足个人利益、实施个人行为,从而形成不可避免的生存竞争。国家必须制定规则,将这种竞争限制在一定的范围内,这也就是要求有一种超越于个人之上的社会权力。"人们首先不得不做的事,就是接受一条原则:必须离开自然状态,并和所有那些不免要互相来往的人组成一个联合体,大家共同服从由公共强制性法律所规定的外部限制。"②于是,自然状态中的个人就通过一种决定来组成一个文明联合体,即民族国家,并由后者确立具有公共强制性的法律,来限制个人非社会性动因的消极作用,并由国家法律的强制力来保证各个社会成员自己根据法律所拥有的权利。社会因此而由自然状态进入文明的状态,个人也因此由自然状态而进入国家公民的状态。"人民根据一项法规把自己组成一个国家,这种法规叫作最初的契约。"③按照康德的理解,人民组成国家,看上去是放弃了他们的外在自由,而事实上为的是立刻再获得作为一个共同体成员的自由。因此,个人的自由在所组成的国家中并没有减少,而"只是完全抛弃了那种粗野的、无法律状态的自由,以此来再次获得他并未减少的全部恰当的自由"④。可见,社会契约是国家权力产生的根据,当然也是刑罚权产生的渊源。这是因为,康德认为国家权力包括"立法权、执行权和司法权,执行权力具体化为执行法律的统治者个人"⑤,执行刑罚"(惩罚)是统治者的权力,他作为最高权力,对一个臣民,由于他犯了罪而加(刑罚惩罚制造)痛苦于他"⑥。社会契约产生国家权力,刑罚权属于国家权力的内容之一,执行刑罚权属于刑罚权的内容,因此,刑罚权以社会契约为母体。

---

① [德]康德著:《法的形而上学原理》,商务印书馆,1991年版,第50页。
② [德]康德著:《法的形而上学原理》,商务印书馆,1991年版,第138页。
③ [德]康德著:《法的形而上学原理》,商务印书馆,1991年版,第143页。
④ [德]康德著:《法的形而上学原理》,商务印书馆,1991年版,第143页。
⑤ [德]康德著:《法的形而上学原理》,商务印书馆,1991年版,第140页。
⑥ [德]康德著:《法的形而上学原理》,商务印书馆,1991年版,第164页。

关于刑罚性质,主张绝对报复论。国家动用刑罚,究竟是作为实现其他目的的一种手段,还是只能是一种纯粹的报复犯罪的方法?这是事关刑罚性质的基本理论问题,历来在法学界有相对主义和绝对主义之争。按照自己的自由意志学说和道德法则,康德认为刑罚只能是对犯罪行为所造成的危害进行报复的方法,而不能有任何其他的目的与要求。康德明确说:"刑(惩)罚绝对不能仅仅作为促进另一种善的手段,不论是对犯罪者本人或者对公民社会。刑(惩)罚在任何情况下,必须只是由于一个人已经犯了一种罪才加刑于他。因为一个人绝对不应该仅仅作为一种手段去达到他人的目的,也不能与物权的对象混淆。"① 这是因为,在康德看来,人的本质是人性,人性的基础是人有自由意志、有理性,基于人性人人都有与生俱来的人的自由权利和尊严,人的自由权利和尊严必须受到他人包括社会的尊重。所以,人在任何时候都只应当作目的,而不能主要作为实现其他目的的手段。即使犯人也不能作为一种手段去实现刑罚目的,刑罚在性质上仅仅是报复犯罪。

关于刑罪关系,主张同质等量报复。刑罚与犯罪之间的关系,康德提出应该用公共的正义作为原则来衡量,"这就是平等的原则。根据这个原则,在公正天平上的指针就不会偏向一边,换句话说,任何一个人对人民当中的某个个人所作的恶行,可以看作他对他自己作恶"②。这就是康德对刑罚与犯罪之间关系尺度所做的界定。刑罚的惩罚必须对应于犯罪之恶行,二者之间达到同样的公平,也才能使刑罚的惩罚体现正义的要求。刑与罪之间的公平原则要求刑罚与犯罪之间应该同质等量,针对犯罪"根据此原则可以明确地决定在质和量两方面都公正的刑罚。所有其他的标准都是摇摆不定的,出于其他方面考虑的标准,都不包含任何与'纯粹而又严格的公正判决'一致的原则"③。在康德看来,刑罚惩罚的对象内容,与犯罪侵害的对象,应当有性质同一、数量一致的公平要求,可以命对命、物对物为最简单的事例。

对于死刑,康德持赞成的态度。他根据自己提出的同质等量报复的公正原则,认为对谋杀罪犯必须处以死刑而不能用其他刑罚代替,只有这样才能真正体现刑罪平等,从而实现刑罚正义。"谋杀人者必须处死,在这种情况下,没有什么法律的替换品或代替物能够用它们的增或减来满足正义的原则。没有类似生命的东西,也不能在生命之间进行比较,不管如何痛苦,只有死。因此,在谋杀罪与谋杀的报复之间没有平等问题,只有依法对犯人执行

---

① [德]康德著:《法的形而上学原理》,商务印书馆,1991年版,第164页。
② [德]康德著:《法的形而上学原理》,商务印书馆,1991年版,第165页。
③ [德]康德著:《法的形而上学原理》,商务印书馆,1991年版,第165页。

死刑。"①而且,他还以极端的设想和事例论证死刑与杀人犯罪之间的绝对性和灵活性。

康德认为:"假定有一个公民社会,经过他所有成员的同意,决定解散这个社会,并假定这些人是住在一个海岛上,决定彼此分开散居到世界各地,可是,如果监狱里还有最后一个谋杀犯,也应该处死他之后,才执行他们解散的决定。"②这表明,监狱是国家和社会所必需的,以保护守法公民的自由和权利为宗旨,监狱以关押和处决谋杀犯为天职。这是因为,在康德看来,对于守法公民自由和权利的最大侵害莫过于谋杀犯,所以监狱必须关押和处决谋杀犯,即使是在国家解体之前,以反映死刑的绝对性。

对于多人共同参与谋杀一个人的案件,一般也应对所有的共犯处以死刑,而不能在刑罚上区别对待。但是,参与一件谋杀案的谋杀犯其数目可能甚多,以致国家考虑处死这些犯人时,很可能产生许多不良后果。因此,康德主张"在这种情况下,往往必须应允许统治者运用他的权力,在必要时参与他有责任过问的审判,并做出决定:对那些罪犯不判处死刑而判处其他刑罚(法),从而保存人民中一大批人的性命"③。可见,康德在坚持死刑绝对性的同时,在一定程度上允许国家在相应案件的量刑时,基于社会效果、民众情绪等因素的影响,考虑判处非死刑的其他刑罚,体现死刑的灵活性并保证公正。

对于反对死刑的观点,康德予以批驳。例如,贝卡利亚公开反对死刑,而康德公开赞成死刑。出于人类感情的同情心,以社会公民在最早签订社会契约、组成国家时并没有同意国家可以剥夺自己的生命为由,贝卡里亚认为所有的死刑本身都是不对的和不公正的,坚决主张废止死刑。康德则批驳了贝卡里亚反对死刑的观点,明确指出"他的说法完全是诡辩的和对权利的颠倒"④。在康德看来,诡辩昭然若揭,因为"没有人忍受刑罚是由于他愿意受刑罚,而是由于他曾经决心肯定一种应受刑罚的行为"⑤。也就是说,刑罚惩罚罪犯是对其所实施的犯罪的报复,刑罚报复是基于正义的要求,而绝对不是于犯罪者本人同意;权利颠倒显而易见,除了社会契约的签订者之外,这个犯人成了"我们所说的权利的执行者,同时也是这个权利的审判者,即这两种人结合成为一个人了"⑥。而实际上,犯人是法官审判权、监狱行刑的被审判

---

① [德]康德著:《法的形而上学原理》,商务印书馆,1991年版,第166页。
② [德]康德著:《法的形而上学原理》,商务印书馆,1991年版,第167页。
③ [德]康德著:《法的形而上学原理》,商务印书馆,1991年版,第167页。
④ [德]康德著:《法的形而上学原理》,商务印书馆,1991年版,第168-169页。
⑤ [德]康德著:《法的形而上学原理》,商务印书馆,1991年版,第169页。
⑥ [德]康德著:《法的形而上学原理》,商务印书馆,1991年版,第169页。

人和被行刑人。

关于赦免权,有利有弊。从犯人的角度,从统治者的高度,从社会影响范围,康德全面分析了赦免权。从犯人的关系来看,赦免权是一种减刑或完全免除对他的刑罚的权力。从统治者一方来看,赦免权是所有权力中最微妙的权力,因为行使赦免权,可以为他的尊严添加光彩,但也犯下大错。这种权力的行使,不能用在臣民彼此间侵犯的罪行上,因为这可能是对臣民的不公正。只有对偶然发生的某种有损于统治者本人的叛逆罪,应该行使赦免权。总之,如果人民的安全将会受到危害,那么就不应该行使赦免权。赦免权是唯一值得称为"君主的权力"①。

2. 乔治·威廉·弗里德里希·黑格尔(1770—1831年)的刑罚观

第一,黑格尔简介

乔治·威廉·弗里德里希·黑格尔(George Wilhelm Friedrich Hegel),1770年8月27日生于德国符腾堡公国首府斯图加特的一个官吏家庭,1831年11月14日在柏林死于霍乱。1780年就读于该城文科中学,1788年10月黑格尔18岁进入图宾根神学院学习哲学和神学,并为斯宾诺莎、康德、卢梭等人的著作和法国大革命所深深吸引。1801年到当时德国哲学和文学的中心耶拿,1805年获得副教授职,1816年到海德堡任哲学教授,开始享有盛誉。1818年普鲁士国王任命黑格尔为柏林大学教授,1822年被任命为大学评议会委员,1829年10月被选为柏林大学校长并兼任政府代表。1831年黑格尔被授予三级红鹰勋章,同年夏,他的《论英国改革法案》一文发表,因普鲁士国王下令中止,文章只发表了前半部分。

黑格尔是德国近代客观唯心主义哲学的代表、政治哲学家,他对德国资产阶级的国家哲学做了最系统、最丰富和最完整的阐述。主要著作包括《精神现象学》《逻辑学》《哲学全书》(其中包括逻辑学、自然哲学、精神哲学三部分)《法哲学原理》《美学讲演录》《哲学史讲演录》《历史哲学讲演录》等。黑格尔的政治思想是西方近代资产阶级革命时期政治理论的终结,它深刻反映了资产阶级革命的基本政治要求,他的整体国家观对19世纪末20世纪初的新自由主义产生了深远的影响。

第二,黑格尔的刑罚观

在所著《法哲学原理》一书中,第一编"抽象法"中第三章"不法"的第三

---

① [德]康德著:《法的形而上学原理》,商务印书馆,1991年版,第172页。

节"犯罪"中,黑格尔以五小节的篇幅阐述了自己的刑罚观。第三节虽然以"犯罪"为标题,但黑格尔论及的内容基本是刑罚。在抽象法的内容中,黑格尔把不法分为非故意的不法、欺诈、犯罪,其中犯罪是不承认有法,视法律不存在,从根本上否定了法律,是真正的不法。黑格尔认为,仅用温和手段来对抗犯罪是没有任何效力的,只有采用强制手段,即运用刑罚,才能维护人们的自由。至此在抽象法中,黑格尔运用辩证法由犯罪过渡到了刑罚,实现了肯定—否定—否定之否定的过程。黑格尔的刑罚观主要包括刑罚概念、刑罚目的、刑罪关系等内容。

关于刑罚概念,黑格尔毫不遮掩地指出,在当时关于实定法的研究中,刑罚理论的研究最薄弱,因而最令人失望。如有人把刑罚定义为祸害,这是"因为对刑罚的研究只是侧重与应用,而对其理论研究不够,存在着肤浅认识"①。黑格尔运用辩证法,把犯罪作为切入点,进行分析,阐述了刑罚概念。犯罪是对法的侵犯,犯罪作为一种不法,是对法的一种违背和否定,"而刑罚则是对犯罪的惩罚与否定"②。可见,黑格尔认为刑罚是对否定法的犯罪的惩罚和否定;而且,主张罪刑法定,犯罪理应受到刑罚惩罚,"但是,至于怎样处罚,处罚多少,这是法律的事情"③。黑格尔还科学地预言了刑罚的轻缓化发展趋势,随着人类文明程度的提高,对犯罪的刑罚处罚会逐渐变轻。

当时,关于刑罚目的,主要有"预防说、儆戒说、威吓说、矫正说等"④。黑格尔不同意这些刑罚目的观点,提出了刑罚目的正义论。在黑格尔看来,以上观点把正义的考察搁置一边,把刑罚表象所产生的结果,如预防、儆戒、威吓、矫正作为刑罚目的是不合适的,刑罚目的在于追求正义。刑罚是否定之否定,通过刑罚对犯罪的否定,恢复和追求正义。"就正义的实在形式来说,它在国家中所具有的形式,即刑罚,当然不是它的唯一形式,国家也不是正义本身的前提条件。"⑤也就是说,国家以刑罚的方式,针对犯罪,并追求维护正义,正义以犯罪为前提条件。

关于刑罪关系,黑格尔认为,刑罪关系有三个方面的内容。第一,刑罚启动机制是报复。黑格尔认为,刑罚是作为对犯罪的报复而存在启动的,报复就是具有不同现象和互不相同的外在实存的两个规定之间的内在联系和同

---

① [德]黑格尔著:《法哲学原理》,商务印书馆,2007年版,第46页。
② [德]黑格尔著:《法哲学原理》,商务印书馆,2007年版,第46页。
③ [德]黑格尔著:《法哲学原理》,商务印书馆,2007年版,第46页。
④ [德]黑格尔著:《法哲学原理》,商务印书馆,2007年版,第101页。
⑤ [德]黑格尔著:《法哲学原理》,商务印书馆,2007年版,第103-104页。

一性,"刑罚毕竟只是犯罪的显示,这就是说,它是必然以前一半为其前提的后一半","报复只是指犯罪所采取的形态回头来反对它自己"①。所以,犯罪行为是自食其果,是以其人之道还治其人之身,这是尊重犯罪人的理性。黑格尔给出了这样的解释:"认为刑罚既被包含着犯人自己的法,所以处罚他,正是尊敬他是理性的存在。"②刑罚与犯罪具有法定的必然联系,对于刑罚的到来,犯罪人心知肚明,因为是他以内在意志和外在行为所招致的。但是,刑罚的报复不同于复仇,黑格尔认为"复仇是一种新的侵害",而刑罚的报复是正义的。

刑罚必须与犯罪价值等同。黑格尔认为,犯罪具有一定的质和量,因此,否定犯罪的刑罚也同样应该具有一定质和量的内在规定,即刑罚与犯罪之间必须价值等同,"寻求刑罚和犯罪接近于这种价值上的等同,是属于理智范围内的事"③。由此逻辑前提,自然而然地得出了保留死刑的观点。黑格尔认为,在杀人场合要讲究刑种的等同性,针对杀人犯罪的只能是死刑,"生命是无价之宝,——而只能在于剥夺杀人者的生命"④。与其他人极力反对死刑的观点截然相反,黑格尔从辩证法出发,肯定死刑的存在,死刑符合刑罪等价的内在要求,残害生命只对应于剥夺生命的死刑,杀人犯罪必须处以死刑才是正义的。

3. 保罗·约翰·安塞姆·里特尔·冯·费尔巴哈(1775—1833年)的刑罚观

第一,保罗·约翰·安塞姆·里特尔·冯·费尔巴哈简介

保罗·约翰·安塞姆·里特尔·冯·费尔巴哈,1775年11月14日出生于德国利耶拿的海尼星村庄,1833年5月29日在德国莱茵河畔的法兰克福去世。1792年12月他进入耶拿大学法学院学习,曾热心研究哲学,后来转而研究刑法学。1798年6月16日与爱娃·威廉明妮·特勒斯特结婚,生育有8个孩子。1799年1月获得法学博士学位,同年夏在耶拿大学担任讲师,1801年晋升为教授。1802年转任基尔大学教授,1804年又转任兰茨胡特大学教授,1805年秋辞去兰茨胡特大学教授,1805年任枢密院高级候补文官,担任法典编纂委员会委员,起草了所谓费尔巴哈刑法典草案。1808年正式成为慕尼黑政府枢密院顾问。根据刑法典草案,1813年完成以新刑罚理论为基

---

① [德]黑格尔著:《法哲学原理》,商务印书馆,2007年版,第106页。
② [德]黑格尔著:《法哲学原理》,商务印书馆,2007年版,第103页。
③ [德]黑格尔著:《法哲学原理》,商务印书馆,2007年版,第103页。
④ [德]黑格尔著:《法哲学原理》,商务印书馆,2007年版,第106页。

础的《巴伐利亚王国刑法典》的起草。这部刑法典对1851年《普鲁士刑法典》和1871年《德国刑法典》都有很大影响。1814年,费尔巴哈担任巴姆贝格上诉法院第二院长,1817年担任安斯巴赫上诉法院院长。1830年10月,作为法院院长还指挥了公开执行死刑。1833年5月29日费尔巴哈逝世后被安葬在法兰克福,1925年11月4日,在费尔巴哈诞生150周年纪念日之际,安斯巴赫地方法院院长发起在该法院中建立费尔巴哈纪念碑,碑上紧接费尔巴哈的姓名之下写着"纪念思想家、立法者和法官",表达后人对他的评价和怀念。

费尔巴哈曾做过德国刑法教师、法官,是刑法科学的创始人、自由—法治国家刑罚理念的创始人和人本主义者,是刑罚目的报应论的创始人,也是犯罪心理学的创始人,曾起草了1813年巴伐利亚《刑法典》,是近代刑法思想的奠基人,被西方刑法学者誉为"近代刑法学之祖"或"近代刑法学之父"。作为德国刑法典新的创始人,费尔巴哈在任慕尼黑司法部官员期间,废除了刑讯。此外,他还要求法庭公开审理,以保护被告人免受不公正对待。作为作者,费尔巴哈因其"证据确凿地描述值得注意的犯罪"而闻名于世,其中,他甚至致力于阐明犯罪行为的心理动机。费尔巴哈善于从哲学上思考,著述丰硕且影响深远,主要著有1795年《反对自然法的存在及妥当性之唯一可能的论据》、1796年《作为自然法学确定的预备工作的自然法批判》、1797年《反霍布斯论、特别命令、最高权力的界限及关于市民对元首有强制权的论考》、1798年《关于大逆罪之哲学的、法学的研究》、1799年和1800年《实定刑法原理及基本概念的省察》(上、下卷)、1801年《现行德国普通刑法教书》、1832年《小论文集》和1801年《德国刑法教科书》等。

第二,保罗·约翰·安塞姆·里特尔·冯·费尔巴哈的刑罚观

费尔巴哈的著作中以《德国刑法教科书》最为著名,该书在1801年首次出版后到1832年即费尔巴哈生前重版出到第十一版,他逝世后继续出版,直至1847年出第十四版。1833年费尔巴哈去世后,该书经由其得意门生米特迈尔博士修订,于1847年出版了第十四版。汉译本《德国刑法教科书》是由中国政法大学徐久生教授根据第十四版翻译的,之所以选择第十四版翻译是因为德国刑法学界普遍认为第十四版最能反映费尔巴哈生前的刑法思想。《德国刑法教科书》由三编组成,第一编刑法哲学或者总论,第二编成文刑法或者刑法分则,第三编刑法的适用。第一编刑法哲学或者总论,第一部概论、刑法的最高原则,第一章国家心理强制的必要性,第二章心理强制的可能性,第三章刑法的最高原则;第二部总论中派生的法律原则,第一章关于犯罪的

本质,第二章刑法的特征及刑法的适用,第三章刑罚的本质及种类。第二编成文刑法或者刑法的分则,第一部普通犯罪,第一章针对国家的犯罪,第二章针对个人的犯罪;第二部关于不确定犯罪,第一章实体的不确定犯罪,第二章形式的不确定犯罪,第三章违警罪,第四章特定身份的犯罪。第三编刑法的适用,第一章刑法适用概述,第二章刑事诉讼。其中,第一编刑法哲学或者总论中,第一部概论、刑法的最高原则下分的三章,即第一章国家心理强制的必要性、第二章心理强制的可能性、第三章刑法的最高原则,第二部总论中派生的法律原则中第三章刑罚的本质及种类下分的三节,即第一节刑罚概述及刑罚的分类、第二节刑罚适用的规则、第三节德国常用的刑罚方法,对刑罚论进行了全面研究,集中体现了费尔巴哈的刑罚观。费尔巴哈的刑罚理论,从刑罚的概念、本质和目的等基本理论到对具体刑罚,特别是死刑等,都阐述了他自己的特有看法。

  关于刑罚概念,突出害的含义。在《德国刑法教科书》一书中,费尔巴哈表述的刑罚概念有两处,一处是在"第二章心理强制的可能性"中提到"由国家通过法律规定并依据该法律科处的恶便是世俗刑罚"[①]。另一处是在"第三章刑法的最高原则"中提到"国家的每一部法律中的刑罚都是一个为维护外在权利而构成的,对违法给予感官上(内心)的恶的法律后果"[②]。前者是费尔巴哈从心理强制可能性的角度表述的刑罚概念,强调犯罪人心目中刑罚的恶感受;后者是费尔巴哈从刑法最高原则的层面表述的刑罚概念,强调刑法对违法的恶性法律后果。因此,对于费尔巴哈的刑罚概念,从任何一个角度理解都是不全面的,应该结合以上两个方面来理解。根据心理强制说与罪刑法定主义,费尔巴哈的刑罚概念可表述为:刑罚是由国家通过刑法规定并依据该法律对违法给予感官上的恶的法律后果。

  这个刑罚概念揭示了他所主张的刑罚特点。其一强调法定刑罚,当时自然刑法、道德制裁、私刑等与刑罚混用,而出现了概念不清的现象,为了明确刑罚的概念,需要把刑罚区别于自然刑法、道德制裁、私刑等概念,因而需要强调刑罚是国家通过制定刑法而规定的,费尔巴哈在刑罚前加"世俗"的修饰词,仅表此意而已。其二强调刑罚予以威慑的感受恶害,他认为犯罪侵害他人是一种恶害,犯罪原因是感性的冲动,为抑制这种感性冲动,必须依据感性

[①]［德］安塞姆·里特尔·冯·费尔巴哈著:《德国刑法教科书》,中国方正出版社,2010年版,第29页。

[②]［德］安塞姆·里特尔·冯·费尔巴哈著:《德国刑法教科书》,中国方正出版社,2010年版,第31页。

本身,使犯罪人感受刑罚之恶,从而施加威慑以抑制犯罪意念,这是心理强制说的本意。当然,在公正的法律上,刑罚是恶害,需要预先公布即预先威慑。其三强调刑罚针对权利侵害,犯罪必然侵害权利,权利需要保护,刑法规定刑罚意在维护权利,刑罚以权利侵害为对象,有权利侵害,就有刑罚。

刑罚本质,在于痛苦。费尔巴哈认为,刑罚的本质就是刑罚给违法者造成痛苦。刑罚是国家要求犯罪人做出的补偿,要求适用刑罚的权力属于国家权力。因此,费尔巴哈明确指出:"就刑罚的本质而言,每一种国家处罚,通过使违法者忍受刑罚处罚痛苦实现对法的补偿,都是痛苦的。"①因此,刑罚适用,不受因犯罪产生的私权影响,即刑罚不排除损害赔偿。刑罚处罚与犯罪联系在一起,就是刑罚与私罚相对,刑罚也区别于民事处罚。

关于罪刑法定,如何把罪与刑联系起来呢?费尔巴哈认为,只有法律堪当此任,并且具体上升为刑法的最高原则,即"国家的每一部法律中的刑罚都是一个为维护外在权利而构成的,对违法给予感官上(内心)的恶的法律后果"②。法律是连接犯罪与刑罚的唯一载体,从这个最高原则可推导出下列从属原则。第一无法无刑,法无明文规定不处刑。法律只用刑罚处罚行为前法律规定加以刑罚处罚的行为,也就是说,只有法律规定了刑罚的概念和法定的可能性,才可能有作为恶的刑罚的适用可能性。第二无法无罪,法无明文规定不为罪。法律规定对特定类型的行为给予刑罚威慑,是法律上适用刑罚的必要前提条件。第三有罪必罚,法律规定对特定的违法给予刑罚之恶,刑罚之恶是犯罪的必要法定后果。刑罚作用的机制,是国家的心理强制,既有必要又有可能。在费尔巴哈看来,个人是有意志和力量的,个人构成了社会,社会接受集体意志并由宪法组织起来就形成了国家,国家的目的就是维护法律秩序、保护守法公民。由于违法违背国家目的,国家有权利和义务做准备以避免发生违法现象。费尔巴哈明确说:"国家要做的准备必须是强制性的准备,属于这种强制性准备的首先是国家的心理强制,它从两个方面消除违法现象:Ⅰ.预先地阻止尚未实施完毕的侮辱行为,且a.通过强制提供有利于受威胁之人的安全保障,b.通过直接消除用于违法现象的侮辱人的体力;Ⅱ.事后强制,即强制侮辱人提供赔偿或者补偿。"③只有当国家知道发生

---

① [德]安塞姆·里特尔·冯·费尔巴哈著:《德国刑法教科书》,中国方正出版社,2010年版,第135页。
② [德]安塞姆·里特尔·冯·费尔巴哈著:《德国刑法教科书》,中国方正出版社,2010年版,第31页。
③ [德]安塞姆·里特尔·冯·费尔巴哈著:《德国刑法教科书》,中国方正出版社,2010年版,第27页。

违法的必定性或者可能性时,采取预先的强制才有可能,而事后的身体强制只有在违法发生后才采取。如果想防止违法,必须由国家实施心理强制。

费尔巴哈认为,人的违法行为在感性上都有其心理学上的起因,人的贪欲在一定程度上会因对行为的乐趣或者产生于行为的乐趣得到强化。他明确指出了心理强制的可能性:"这种内心的动机通过下列方式加以消除:让每个人知道,在其行为之后必然有一个恶在等待着自己,且这种恶要大于源自于未满足的行为动机的恶。"①为了建立这种恶与违法行为之间的必然联系的一般信念,必须在法律上将这种恶作为行为的必然后果加以规定即法定威慑,为了实现法律规定的理想联系,让所有人理解:在现实生活中一旦发生违法行为,就应当立即给予法律规定的恶即执行判决。由此,威慑目的的执行权和立法权的协调有效,构成了心理强制。

关于刑罚目的,有必要目的和次要目的。首先,费尔巴哈强调指出,由法律规定的国家刑罚目的和根据是有限制的:"不具有下列目的和法律根据:Ⅰ.预防具体的违法者将来的违法行为,因为它不是刑罚,且表明不是此等事先预防的法律根据;Ⅱ.不是道德上的报应,因为它属于道德秩序,而非法律秩序,因此在自然界是不可能的;不是通过给予违法者以恶所产生的痛苦来直接对他人进行威慑,因为这不是法;Ⅲ.不是道德上的改善,因为它是惩罚的目的,但不是刑罚的目的。"②预防具体的违法者将来的违法行为,是具体部门、具体制度应做的工作,而且也不可能办到,因而不是刑罚目的。道德报应属于道德秩序,不是法律秩序,不能作为刑罚目的。道德改善是任何惩罚的目的,但不是法定刑罚的目的。

费尔巴哈把刑罚目的区分为两种,一种是必要目的,另一种是次要目的。"每一个刑罚都有其必要的(主要)目的,通过其威慑来阻吓所有人犯罪。刑法规定的刑罚越是能够实现更多的和更重要的次要目的,这样的刑罚也就越是适当的。"③就刑罚目的本身而言,既是刑罚的整体目的,也是刑罚的个体目的。刑罚目的的实现方式则是以刑罚威慑来消除人们内心的违法动机,这是出于维护所有人彼此之间的自由的必要;在刑罚目的内容上,必要目的是预防所有人犯罪,即"通过其威慑来阻吓所有人犯罪"。他进一步指出了刑罚

---

① [德]安塞姆·里特尔·冯·费尔巴哈著:《德国刑法教科书》,中国方正出版社,2010年版,第28页。

② [德]安塞姆·里特尔·冯·费尔巴哈著:《德国刑法教科书》,中国方正出版社,2010年版,第30页。

③ [德]安塞姆·里特尔·冯·费尔巴哈著:《德国刑法教科书》,中国方正出版社,2010年版,第134页。

次要目的的内容,通过目睹刑罚的适用实现直接阻吓,保障国家免受被刑罚处罚之犯罪人的侵害,实现对被刑罚处罚者的法律矫正。可见,刑罚的必要目的是防止全社会的人犯罪;刑罚的次要目的,一则预防目睹者犯罪,二则预防受刑人犯罪,三则为法律矫正受刑人。

在费尔巴哈眼中,刑罚目的是动态运行的,体现为刑罚效果。法律规定刑罚即立刑的动态运行,费尔巴哈表述为:"法律中的刑罚威慑的目的是对潜在违法者的所有人的威慑,警告其不要违法。"法院裁量刑罚及量刑的动态运行,费尔巴哈表述为:"科处刑罚的目的是为了证明法律规定的刑罚威慑的效果,在不适用刑罚的情况下,刑罚威慑将是无效的。"刑罚执行即兑刑的动态运行,费尔巴哈表述为:"刑罚的执行才能给予法律以效力。"因此,费尔巴哈得出结论"适用刑罚的间接目的(最终目的)无不同样是单纯用法律威慑公民"①。当然,适用刑罚应当理解为动用刑罚,其实就是立刑威慑、量刑威慑和行刑威慑。

关于德国常用的刑罚方法,首先,费尔巴哈坚决主张法官只能科处法律规定的刑罚,法官无权创制新刑罚:"即使在不确定刑情况下,法官也只有权在法律规定的刑罚种类中加以选择,或者选择得到有根据的习惯所认可的刑罚方法。"②并且强调到这是现代刑法理论的急迫事务的程度。其次,对刑罚分类,基于罪刑法定。费尔巴哈说,刑罚是由刑罚法规加以规定的,因此刑罚法规的不同会改变对刑罚的规定。以法律是否做出明确规定为标准,可以把刑罚区分为三种,他分析说:"如果法律对刑罚做出了绝对确定的规定,这样的刑罚叫作绝对确定的法定刑,如果法律对刑罚做出了相对确定的规定,这样的刑罚叫作相对确定的法定刑,如果法律对刑罚仅做出了不确定的规定,这样的刑罚叫作任意的法定刑。"③以刑罚是否具名为标准,可以分为具名刑罚和不具名刑罚,费尔巴哈没有定义具名刑罚,而是把不具名刑罚解释为"属于后者的有丧失特定的权利或者禁止为特定的行为和行业,例如,不得从事某种行业、不得担任公职"④。根据刑罚对人产生痛苦的方式,刑罚可以分为

---

① [德]安塞姆·里特尔·冯·费尔巴哈著:《德国刑法教科书》,中国方正出版社,2010年版,第134页。
② [德]安塞姆·里特尔·冯·费尔巴哈著:《德国刑法教科书》,中国方正出版社,2010年版,第138页。
③ [德]安塞姆·里特尔·冯·费尔巴哈著:《德国刑法教科书》,中国方正出版社,2010年版,第134-135页。
④ [德]安塞姆·里特尔·冯·费尔巴哈著:《德国刑法教科书》,中国方正出版社,2010年版,第139页。

心理上的刑罚、机械的身体的刑罚。心理上的刑罚是指借助于单纯的观念使人产生不快的感觉,包括名誉刑和财产刑两类;机械的身体的刑罚是指主要通过对人的身体施加影响使得受刑之人感到痛苦,包括死刑、肉体刑、体罚刑和自由刑四类。

名誉刑是指侮辱人的名誉的刑罚,包括狭义名誉刑和剥夺名誉刑。狭义名誉刑暂时性地侮辱人的名誉感,一则是单纯使人感到羞耻的刑罚,有忏悔、警告、道歉、收回和辩解几种;二则是同时具有辱骂性质的刑罚,如普通的铁枷或者刑柱等。剥夺名誉刑是指同时限制或者剥夺全部名誉权,一则是单纯剥夺重要的名誉,如不得担任公职、剥夺立宪国家的贵族权、剥夺人民代表的选举权等;二则是同时剥夺普通的名誉权和好的名声、不名誉。名誉权的丧失,要么是其他刑罚的必要后果,要么作为独立的刑罚存在;既可以独立适用,也可以与其他刑罚一起同时适用。名誉权的丧失途径有,单纯因为法官的宣告,因为国家的象征性行为,后者涉及不名誉的产生方式,如绑在刑柱上示众、打上烙印、公开打碎贵族徽章、将名字刻在绞刑架上、不名誉的葬礼。

财产刑分为罚金刑和充公。罚金刑即犯罪人将会失去特定数量的现金,充公即犯罪人失去的财产被收归国库。充公既可以将犯罪人的全部财产收归国有,也可以仅将犯罪人的部分财产收归国有,充公以法律有明确规定为前提。

费尔巴哈把死刑区分为一般死刑和加重死刑,区分的根据是看剥夺人的生命是否与附加的刑罚结合在一起。枭首、绞刑和溺死属于一般死刑,其中把人装入袋中在水中溺毙的溺死已不再流行。他把加重死刑评价为"残酷的死刑",大多数已经不再使用了。加重死刑分为两种,一种是内在的残酷,有车裂、火刑、四马分尸、刺刑、活埋;另一种是外在的残酷,分为行刑前的痛苦,如将死囚拖拉至法庭,用烧红的钳子夹烫死囚。行刑后的痛苦,如将死囚的脑袋钉在木桩上、枭首后火烧尸体、砍下尸体上的手、脚等。以上表明了他对死刑的态度,即赞成死刑但反对残酷死刑。

费尔巴哈称肉体刑为使人残废的刑罚,可见他是反对肉体刑的。肉体刑主要有砍手、截指或者割舌、挖眼等,人性和智慧促使人类都不再使用这些刑罚了。他把体罚刑称为狭义的体罚,刑具包括鞭子和树枝,刽子手的帮手公开用鞭子惩罚被判刑人,由法庭勤务人员或者监狱看守秘密地或者公开地用枝条或者棍棒抽打被判刑人。

自由刑包括广义上的流放和狭义上的自由刑或者广义上的监禁刑。广义的流放分为限制居住和狭义的流放,又叫作流放州外、流放省外或者流放市外。狭义上的自由刑或者广义上的监禁刑又可细分为普通监禁刑(仅消极地限制自由使犯罪人不能再为所欲为),重惩役和劳改营强迫。被判刑人从事特定劳动,公开劳动是指为有利于国家,必须将犯人严密看管并且令其在公共场所劳动。

关于刑罚之间的关系,严格分等级。费尔巴哈认为,某种刑罚包含的痛苦越多,该刑罚就越严厉。他进而分两种情况加以阐述,一种情况是刑罚所包含的痛苦越直接刺激感情能力,或者其结果与人的目的越矛盾,刑罚就越严厉;另一种情况是刑罚中所包含的痛苦种类越多,刑罚就越严厉。因此,费尔巴哈把死刑列为所有刑罚中最严厉的刑罚,除死刑之外,把其他刑罚按照刑罚的严厉程度由高到低做了排序:"一剥夺终身自由的刑罚,二使人残废刑,三与身体上的疼痛相联系的剥夺名誉刑(如鞭刑和在脸上打上烙印),四没有身体上痛苦的名誉刑(刑柱、耻辱柱),五没收全部财产,六终身驱逐出境,七普通的体罚,八有期限的剥夺自由,九一定期限的流放,十名誉刑,十一罚金刑。"①以上是刑种之间的排序,在同种刑罚中,刑罚之间的关系,一则由附带痛苦的期限决定,二则由附带痛苦的大小决定。

从刑罚种类之间的关系来说,没有一个刑罚与其他刑罚完全相同。那么,法官不得不用一种刑罚与另一种刑罚互换时,有何办法呢?费尔巴哈提出了刑罚质量的概念,即刑罚痛苦和严厉程度的质量,从而解决了刑罚变更问题,即"法官将特定的刑罚视为在质量上相同的刑罚,但从刑罚种类来看,属于不同的刑罚,这种情况叫作刑罚的变更"②。接着费尔巴哈说明了刑罚变更可能的情况,如果适用法定的刑罚在身体上不可能,就变更刑罚;适用规定的刑罚以特定的条件为前提,而当前的案件不具备这样的条件,就变更刑罚。

关于刑罚适用的规则,包括刑罚实在、刑罚对象、执行方式和执行依据。费尔巴哈从四个方面表述了刑罚适用规则。第一对于违法者,科处的刑罚应当是实在的痛苦。进而得出这样的结论:刑罚对犯罪人必须是不利的影响,否则不能适用于该犯罪人,这不违背法律目的;如果犯罪人不能感受到刑罚是一种痛苦,那么就不应当对该犯罪人执行刑罚。第二刑罚只能适用于犯罪人,不得适用于无罪责的人,一则法官在适用任意的刑罚时不得为了达到处

---

① [德]安塞姆·里特尔·冯·费尔巴哈著:《德国刑法教科书》,中国方正出版社,2010年版,第149页。
② [德]安塞姆·里特尔·冯·费尔巴哈著:《德国刑法教科书》,中国方正出版社,2010年版,第149页。

罚真正犯罪人的目的而对无罪责者科处刑罚,二则不得同时对有罪责人和无罪责人科处刑罚。在组织的所有成员犯罪或者大多数成员犯罪的情况下,刑罚不是针对组织本身,而是仅限于针对组织中有罪责的成员。第三刑罚执行应考虑强化法律在人们心目中的地位,一则刑罚必须公开执行,二则允许且必须部分地秘密执行刑罚。第四刑罚执行都必须以法官的判决为依据,判决规定了所科处刑罚的种类和刑度,任何人受到的刑罚痛苦均不得大于其犯罪所得之快乐。法官在选择适当的刑罚的时候,不仅要考虑到公正性,而且也要在政治上考虑到国家利益。

关于刑讯,费尔巴哈持反对态度。以学者的理性、立法者的高度、法官的实务操作三合一的身份,费尔巴哈深入研究了刑讯,明确指出"它违背理性和人性"[①],可见费尔巴哈是反对刑讯的,而且法律禁止刑讯,就连存在于刑讯的准备过程中能够引起被告人内心强烈恐惧感的恐吓,费尔巴哈也斥之为"法官的这种令人鄙视的调查真实性的方法实为欺骗,是司法实践的发明"[②],随着刑讯逼供本身的消亡而不复存在。他把刑讯定义为"引起身体上痛楚的拷问、折磨、令人苦恼等问题"的审问,通过这些途径,从被告人嘴里获得特定的对其不利的陈述。法律没有具体规定刑讯的不同种类、刑讯的工具和程度以及刑讯的时间等,实践中刑讯的时间被控制在一小时以内,刑讯的程度取决于痛苦的大小和所使用的刑讯工具而分为三等。刑讯之下会出现几种法律效果,如果经受住了拷问的被告人不招供,则所有针对他的嫌疑被视为已经消除,无罪释放被告人;如果被告人在拷问中招供,则在特定的法定条件下,被视同于自愿坦白,被科处任何一种刑罚。

在刑讯下招供的法律效力,法律是有要求的:刽子手遵照法官的命令停止刑讯后,录取口供,而不是在拷打过程招供;供述的具体情节包含无辜者不可能轻易知道的事实;供述的事实本身有极大可能性,根据仔细调查,被认为是真实的;被拷打两天或者数天后,在刑讯室以外的地方,在刑事法庭,供述得到了被告人的确认。刑讯可以继续或者重复且可以升级,一旦被刑讯者拒绝承认刑讯期间的供述,或者发现供述中有虚假的,或者被告人不愿意确认供述,那么不可能保证用刑讯获得的陈述具有自愿坦白的真实性和可靠性。

关于赦免,费尔巴哈持肯定态度。他指出,所有国家赦免权都属于最高

---

① [德]安塞姆·里特尔·冯·费尔巴哈著:《德国刑法教科书》,中国方正出版社,2010年版,第462页。

② [德]安塞姆·里特尔·冯·费尔巴哈著:《德国刑法教科书》,中国方正出版社,2010年版,第464页。

元首,因而赦免权可能受到哲学的怀疑,却得到成文法的肯定。为什么会赦免?他举出了这样几个理由:为了消除程序上有效的法律与实体上有效的法律之间的矛盾;在发生紧迫的危险情况下,确定不能以正规措施来面对时,为了维持法律秩序的需要;在法过于严厉,并因此导致人们在情感上厌恶法律,或者对刑罚抱无所谓态度的时候,为了维护法律威慑性的权威。当然,赦免权的实施必须考虑公正。

4. 尼古拉斯·海因里希·尤利乌斯①(1783—1862年)的监狱观

尼古拉斯·海因里希·尤利乌斯(Nicolaus Heinrich Julius),1783年出生,1862年逝世,是德国早期的监狱改革家。他最初曾在汉堡贫民院任医生,在工作中逐渐对监狱产生兴趣。19世纪20年代,美国监狱改良的浪潮波及德国,德国掀起了一场如何改造监狱、如何关心和矫正犯人的大讨论,这场讨论引起了社会各界的极大关注和兴趣。受英国监狱改革家约翰·霍华德考察欧洲大陆监狱的影响,尤利乌斯步其后尘也在欧洲各国考察监狱情况。1827年他回到柏林时,首先针对监狱问题做了11次公开演讲,这些演讲稿于1828年以《监狱学演讲集》的书名出版,引起社会轰动,普鲁士王储、随后即位的威廉四世也躬身前往聆听尤利乌斯的讲课,可见影响之大。尤利乌斯将《监狱学演讲集》呈送给皇太子弗雷德里克·威廉,这本书于1831年出版法文本,取书名为《监狱学》。1829年至1833年,尤利乌斯出版了10卷《监狱学与教养所年鉴》,继续倡导监狱改革。可见,尤利乌斯最先提出了监狱学的概念,并且最先出版了以监狱学命名的学术专著,可称为监狱学的鼻祖。

1833年,尤利乌斯将博蒙和托克维尔对美国监狱的考察报告译成德文出版,取名为《美国教养制度》。当该报告的英文版出版后,尤利乌斯又在《年鉴》上介绍利贝尔的英译本和译者在英译本中所写的论文。1834年至1836年,尤利乌斯到美国考察并研究监狱,在美国期间他访问了费城。他是作为奥本制的一名拥护者夫美国的,但是在回国后,却成为宾州制的坚定支持者。他将在美国的经历写成《北美道德风尚状况》一书,于1839年在莱比锡出版。在这本书中,他论述了支持宾州制的理由,并赞同迅速将这一制度介绍到德国。1840年至1849年,在普鲁士,尤利乌斯任监狱视察员,这是一个由首相私人任命的半官方职位。1842年至1849年,他通过出版11卷《监狱学与教养所年鉴》,继续为监狱改革做宣传倡导工作。后来,在柏林大学,尤利乌斯

---

① 吴宗宪著:《西方犯罪学史》,警官教育出版社,1997年版,第130页。

任犯罪学教授。对于普鲁士及其他德语系国家的监狱改革,尤利乌斯的宣传倡导工作产生了很大影响。到1865年时,德国已有众多的监狱学报刊、杂志问世。在尤利乌斯的影响下,人们从伦理上和刑罚理论上论证对每个犯人进行"单独治疗"的必要性,而"单独治疗"首先就要实行"单独监禁"的监狱制度,因此产生了"矫正理论"。

5. 弗朗西斯·利贝尔①(1800—1872年)的监狱观

第一,弗朗西斯·利贝尔简介

弗朗西斯·利贝尔(Francis Lieber),1800年出生,1872年去世,是沟通美国和德国监狱改革的重要人物。利贝尔生于柏林,15岁时参加普鲁士军队,在布吕歇尔元帅率领的军队服役。1820年在耶拿经布吕歇尔同意,利贝尔参加了希腊独立战争。后来,他从军队中退役,成为一名自由人士,却遭到普鲁士当局的迫害,因而在1827年逃到美国,在纽约定居。他在美国的第一部有影响的著作是13卷本的《美国百科全书》,于1829年至1833年间在美国费城出版。1833年,他将法国监狱改革家博蒙和托克维尔考察美国监狱制度后写的报告——《美国监狱制度及其在法国的应用》(1833)译成英文,在美国费城出版,并在英译本中附了一篇自己另写的论文。1835年至1856年,在南加利福尼亚大学,利贝尔任历史与政治科学教授,写出了两部政治学名著《政治伦理学手册》(2卷)和《论公民自由和自治政府》(2卷),在美国产生了重大影响。1857年,他受聘担任纽约市哥伦比亚大学教授,直到去世。

第二,弗朗西斯·利贝尔的监狱观

利贝尔的兴趣相当广泛,他是杰出的政治哲学家和法学家、监狱改革家。1831年,他认识了在美国考察监狱的两位法国人博蒙和托克维尔,并在同年参观考察了宾夕法尼亚东部感化院。随后,通过参观考察东部各州的监狱,进行监狱研究,他坚定地赞成宾州制的监狱制度——独居监禁制。他支持独居监禁制,还有他自身的独特缘由,因为在1819年和1824年,他由于从事政治活动而在德国整整被独居监禁了10个月。1833年,当他把博蒙和托克维尔的法文报告译成英文出版时,这个译本在美国受到了重视。1835年,利贝尔写信给普鲁士的司法部长卡普茨,建议在波恩附近建立一座独居式监狱,"作为刑事学家和一般政府官员的道德实习所"。

利贝尔是公认的英文"刑罚学"一词的创造者。早在1834年,他就在日

---

① 吴宗宪著:《西方犯罪学史》,警官教育出版社,1997年版,第130-131页。

记中谈到了刑罚学一词。后来他在给托克维尔的信中,给这个词下了定义,认为刑罚学是犯罪科学的分支,刑罚学研究针对犯罪人的刑罚,而不研究属于刑法和刑事诉讼程序的犯罪定义、责任及对犯罪的证明。1838年,利贝尔出版了他在刑罚学领域中最主要的著作《刑法问题与从事劳动的连续独居监禁短论》。在这本书中,他首次公开使用了他创造的"刑罚学"一词,这本书是他写给1834年调查在费城的东部感化院管理制度委员会主席查尔斯·彭罗斯的信件,书中讨论了宾州制的优缺点,他仔细列举了该制度的19个优点,而所列举的缺点仅有4个。1838年,他访问普鲁士,在会见威廉四世时,他极力向威廉四世宣传独居监禁制的优越性。利贝尔在访问中还会见了与他通信数年的海德堡大学著名的刑法学教授卡尔·约瑟夫·安东·米特迈尔,米特迈尔后来于1848年成为第一届德国议会议长。利贝尔还对德国著名的监狱改革家卡尔·罗德产生了很大影响。由此可见,利贝尔虽然移居美国,但是通过多种途径,仍然对德国的监狱改革产生了重要的影响。

6. 卡尔·戴维·奥古斯特·罗德①(1806—1879年)的监狱观

第一,卡尔·戴维·奥古斯特·罗德简介

卡尔·戴维·奥古斯特·罗德(Karl David August Roeder),1806年6月23日生于德国的达姆施塔特,1879年12月20日在海德堡去世,是19世纪德国著名的犯罪学家和监狱改革家。罗德1822年进入哥廷根大学学习,后来到海德堡大学继续学习法律。毕业后,在黑森州担任公职两年,然后继续从事学习,1830年获吉森大学法律学博士学位。随后,罗德以私人身份讲授刑法理论,由于被认为具有革命性质而被禁止。1839年罗德成为海德堡大学刑法讲师,1842年回到海德堡大学任教,1879年成为名誉教授,在海德堡大学度过余生。

第二,卡尔·戴维·奥古斯特·罗德的监狱观

罗德的思想深受克劳泽的影响。戴维·琼斯认为,理想主义者们的监狱改革观念来自贝卡利亚和克劳泽的理论。卡尔·克里斯丁·弗里德里希·克劳泽是德国哲学家,在19世纪20年代克劳泽撰写了《法哲学体系》一书,这本书是涉及有关法律、犯罪与刑罚问题的著作,由罗德修订后于1874年出版。罗德在序言中说,他曾听过一次克劳泽的讲课,40多年后仍然对克劳泽的讲课有深刻的印象。克劳泽曾在德国的许多大学讲课,是一个学术"流浪

---

① 吴宗宪著:《西方犯罪学史》,警官教育出版社,1997年版,第130-131页。

汉",他开发出了一种综合性的分析方法,通过理性理论、心理学、自然哲学、人类学、宗教哲学分析人的自我意识,强调个人的发展,把个人看成是整个宇宙的整体生活的一部分。在《法哲学体系》一书中,克劳泽认为,通过教育措施进行的改造,是通过改变犯罪人的心灵影响犯人的唯一可能的方式;刑罚无非是训练识字不多的人的一种正当行为。克劳泽指出,犯罪的原因不在于邪恶的意志,而在于缺乏教育、贫穷、难以抗拒的冲动或疯狂。克劳泽提出的犯罪对策包括:破除犯罪人心理中邪恶的内在基础,消除邪恶和不正当性格的外部条件,通过理性推理影响犯罪人的心理,从而改变犯罪人的习惯,用足够的代表国家的力量禁止邪恶的意图变成现实。克劳泽的一个基本观点认为,刑罚权仅仅是一种教育权,这对儿童和成人都是一样的,这些观点有力地启发和影响了罗德的思想。对罗德的思想产生影响的人士还有弗朗西斯·利贝尔、尼古拉斯·海因里希、尤利乌斯、格奥格·迈考尔·奥伯迈尔以及法国的托克维尔。奥伯迈尔在1830年担任德国巴伐利亚州凯撒斯劳滕监狱的监狱长,1842年担任慕尼黑一座监狱的监狱长,他批评了奥本制和宾州制的缺点,提出了一种避免这两种监狱制度缺陷的监狱制度。

　　罗德改良监狱的活动,主要通过两种方式进行,即著述和交流。罗德撰写了大量论著讨论宾州制的优点,倡导通过增进犯人道德抗力来恢复犯人意志的一种行刑制度。他在1855年撰写的《通过独居监禁改革监狱特性》一书中,希望普鲁士政府能够正式讨论监狱改革。他认为,独居监禁制可以通过唤起和发展思考、感情和意志,可以通过教育活动对犯人的精神发展产生强烈影响,可以进行个别化处遇,可以改变监狱职员与犯人之间的关系,来影响犯人的内在精神。对犯人的教育措施包括,在监狱中设立教堂和学校,通过与监狱长和来访者的谈话进行影响,阅读良好的图书。在1863年出版的《根据法律精神执行判决》一书中,罗德更详细地讨论了独居监禁的优势,认为国家必须认识到监狱对犯罪人所承担的监护人职责,犯罪人因为犯罪行为而失去了自由,但是不能让犯罪人遭受精神或身体上的痛苦;监狱的条件不能损害犯人的健康,如果可能的话,应当增强犯人的身体和道义力量,给犯人提供良好的未来和前途;只有在最后,才能根据经济上的考虑,决定让犯人选择劳动工作。在1864年的《作为法律需要的改造刑和改造刑监狱》一书中,罗德论述了监禁,特别是独居监禁的特征,认为它能使野蛮的人摆脱在不良朋友和过多的诱惑下所产生的冲动以及以前的无益生活方式,将他们置于良好的环境中,使他们掌握与以前完全相反的道德生活方式,使道德生活方式逐渐成为犯罪人的第二天性。

　　罗德通过参加会议、广交国内外朋友的方式宣传和推动实行宾州制。他参加了1846年在法兰克福举行的第一届国际监狱大会,这次大会的主席是海德堡大学刑法学家卡尔·米特迈尔,参加者中有许多国际知名的刑罚学家和监狱官员。例如,美国奥本制的倡导者路易斯·德怀特,德国的尼古拉斯·海因里希·尤利乌斯和奥伯迈尔,比利时的爱德华·迪克佩蒂奥等,会议决定将独居制引入欧洲。1857年于法兰克福举行的第三届国际监狱大会上,专门讨论了博爱、矫正和慈善问题。在第三届国际监狱大会上,罗德认为,刑罚目的只能是改造而不是传统的三种内容成分:赎罪、威慑和改造。罗德坚决主张进一步完善独居制,不能独居监禁12岁以下的儿童,必须完全独居监禁成年犯人,他们只有在生病时才能减免独居监禁。他提出特殊对待政治犯的建议,因为政治犯不是真正的犯人,他也谈了劳动和教育对犯人的有益影响。

在有关监狱的学术讨论中,罗德发挥了积极作用,他是对19世纪末刑罚学发挥了重大影响的那些刑法教授中的领导成员之一,罗德的活动对德国及其他欧洲国家的监狱改革产生了重要影响。罗德的著作对1842年德国皇帝威廉的决定产生了一定作用,该决定提出将宾州制引入普鲁士监狱,这项决定于1849年在柏林新建的莫贝特监狱中得到实施。罗德的著作也对1848年在巴登建成、1851年投入使用的第一座真正实行宾州制的德国新监狱——布鲁沙尔监狱产生了重大影响。1869年德国法学家大会做出决议,把独居监禁制作为服监禁刑的正式方式。1871年德国《刑法典》规定每个犯人服刑的头3年必须实行独居监禁,这也是罗德影响的一个例证。罗德对西班牙的监狱改革产生了强烈影响,这与克劳泽的哲学在西班牙刑法学界的盛行有关。罗德的几部著作被翻译成西班牙文,对19世纪后半期西班牙的监狱改革产生了巨大影响,并通过西班牙对其在拉丁美洲殖民地国家的监狱改革产生了影响。罗德还对意大利、荷兰、奥地利的监狱改革产生了影响,欧洲及美国的一些著名犯罪学家在其著作中,都提到了罗德对刑罚学的发展做出的贡献。

7. 弗朗茨·冯·李斯特(1851—1919年)的刑罚观

第一,弗朗茨·冯·李斯特简介

弗朗茨·冯·李斯特(Franz von Liszt),简称李斯特,1851年3月2日出生于奥地利维也纳,1919年6月21日在德国塞海姆-尤根海姆去世。他的基本学术思想和理论观点,对当代刑法和刑法理论仍然具有重要的影响。李斯特的父亲爱德华·冯·李斯特是一位法学家,曾担任19世纪中叶奥地利新设置的帝国检察长。李斯特从1869年起在维也纳大学学习,师从耶林并深受其影响,他在1883年撰写的《法律中的目的思想》一文中把耶林《为权利战斗》一书的思想应用到刑法学上,充实了现代刑法学上的"法益"含义。1874年取得法学博士学位后,李斯特积极投身于学术生涯,1876年在奥地利格拉兹完成教授资格论文,以后曾在诸多大学工作,从1879年起在德国吉森大学任教,1882年起在马堡大学任教,1889年起在哈勒大学任教,最后从1898年起直到1917年在当时德意志帝国首都大学——柏林大学法律系担任刑法和国际法教授,同时担任当时德意志帝国进步国民党的普鲁士邦议员与帝国议会议员。

李斯特的职业生涯可分为两个时段。在第一时段,他几乎只致力于学术研究,1882年在马堡大学开设了德国第一门犯罪学专题课程刑事政策学并成为德国迄今仍最顶尖的刑法学期刊《整体刑事法杂志》的创办成员,他的思想蔚为风潮,与其学生共同形成了德国刑法学界的"马堡学派"。第二个时段他从事政治工作,到了柏林之后,积极参加进步国民党,很快成为柏林市议会中代表柏林—夏洛滕堡区的市议员,1908年成为普鲁士邦议会议员,1912年被选为德意志帝国议会议员。在政治上他不属于领导人物,甚至是行政部门眼中的刺,因为他总是发表异议。然而,在学术上,他取得了非凡成就,是德国刑法学家、刑事社会学派的创始人,是集犯罪学和刑法学研究于一身并取得显赫成果的学术大师。在马堡大学和哈勒大学他都很出色,到柏林后他很快成为教职最高阶的"大教授",成为德国科学会的授勋会员,获得德意志皇帝颁发的私人顾问头衔,是德意志帝国"政治教授"的最后几位代表人物之一,主要著作有1881年的《德国刑法教科书》、1882年的《刑法的目的观念》、1906年至1909年的《德国和外国执行刑法的比较情况》、1894年至1899年的《从比较法律说明现代刑法的刑事法制》和1898年的《国际公法的系统说明》。

第二,弗兰茨·冯·李斯特的刑罚观

1881年出版的《刑法教科书》是李斯特最重要的代表作之一,先后被译成法、日、俄、西班牙、葡萄牙、芬兰、塞尔维亚等多种文字出版,在国际上广泛流传、影响很大。中文版是由中国政法大学徐久生研究员根据1931年该书的第二十六版翻译的,而且只是第1卷绪论和总论,第2卷分论没有译出。按照该修订版主编埃贝哈德·施密特博士的说法,他之所以把《刑法教科书》第二十六版分成总论和分论两卷出版,是因为"外国只对教科书的总论部分感兴趣"。同样基于这种考虑,徐久生研究员只翻译了第一卷绪论和总论。第二十六版原封不动地保留了李斯特对犯罪和刑法基本思想及其独特的刑事政策倾向方面的内容,足以使人们了解李斯特本人的思想观点。在中文版《刑法教科书》中,第一编"绪论"的第一章"犯罪的反社会性和刑罚的社会功能",第二部"刑罚及保安处分"的第一章"引言"、第二章"刑罚制度"、第四章"法律和判决中的置刑标准"、第五章"国家刑罚要求之免除"、第六章"恢复原状",李斯特以实证主义和决定论的哲学理论为基础,运用社会学的观点和方法研究,在认识论和方法上主张与"理性人"相反的"经验人",阐述了自己的刑罚理论,其中"教育刑论"或称"目的刑论"是其刑罚理论的核心。

  关于刑罚强制力,更多地在于刑罚执行上。李斯特认为,法律规范的背后是国家强制力,因而法律规范是强制性规范。法制不仅仅是和平秩序而且是斗争秩序,针对已然不法行为,国家强制力表现为:判处罪犯生命刑或自由刑、名誉刑或财产刑并执行这些刑罚。刑罚具有警告和威胁作用,但刑罚强制力更多地体现在刑罚执行上,表现在通过刑罚的强制力来实现法律意志上。"刑罚的强制力表现为:(1)对于全体公民产生影响。它一方面通过威慑力量抑制犯罪倾向,另一方面通过反复的和日益强烈的责难,强化和稳定公民的法律意识(一般预防)。(2)对于被害人产生影响。它确保侵犯被害人权益的行为一定会受到制裁。(3)对于犯罪人的影响尤为重要(特殊预防)。刑罚执行对于罪犯的作用随着刑罚的内容和范围的不同而不同。a. 刑罚的任务是将罪犯改造成为一个对社会有用之才(非自然的、人为的对社会适应)。这里首先涉及一个问题,即增强罪犯的恐惧心理还是改变其性格,回答了这个问题,我们就可以区分刑罚效果究竟是威慑还是矫正。b. 另外,刑罚的任务还在于可以永远地,或者于一定期限内,从身体上剥夺那些对社会无用的罪犯继续犯罪的可能性,将其从社会中剔除出去(人为的筛选)。这也就是人们所说的使罪犯不再危害社会。"[①]李斯特不仅提出了刑罚强制力,而且细化了它的表现。对全体公民,在于抑制犯罪倾向、强化法律意识即一般预防;对被害人,在于制裁侵犯被害人权益的行为;对犯罪人,在于特殊预防,刑罚的任务一则将罪犯改造成为对社会有用的人,二则永远或一定期限内从身体上剥夺罪犯继续犯罪的可能性。如何发挥刑罚强制力达到目的呢?李斯特提出了刑事政策的概念:"刑事政策的要求在于充分利用刑罚的功能作为达到目的的手段,并根据个案的实际需要来调整刑罚的强度。"[②]根据犯罪人的个人情况,用刑事政策来调整刑罚的强度,以发挥刑罚效能,实现目的。

  关于刑罚概念,在于痛苦和否定。李斯特言简意赅地定义了刑罚:"刑罚

[①] [德]李斯特著:《德国刑法教科书》,徐久生译,法律出版社,2006年版,第9页。
[②] [德]李斯特著:《德国刑法教科书》,徐久生译,法律出版社,2006年版,第9—10页。

是刑事法官根据现行法律就犯罪人的犯罪行为而给予犯罪人的痛苦,以表达社会对行为及行为人的否定评价。"①他认为,刑罚概念有两个内容:其一,行为人侵害了受法律保护的法益,意寓刑罚的特殊预防作用;其二,刑罚是对行为及行为人的指责,意寓刑罚的一般预防作用。由此得出结论:刑罚是犯罪人必须承受的一种痛苦,从本质上区别于损害赔偿;刑罚是对犯罪人法益的侵犯,涉及其自身利益;刑罚是由国家通过其刑事司法机关判处的。

关于刑罚制度,意指刑罚种类。根据犯罪人对法益的侵害,李斯特将法益分为生命、自由、财产、名誉等,以此为对象确定的刑罚有两大类,即主刑和附加刑。主刑中,死刑针对生命,重监禁、监禁、要塞监禁、拘禁针对自由,罚金刑针对财产;附加刑中,警察监督、移交州警察局、驱逐出德意志帝国针对自由,没收故意犯重罪或轻罪而获得之物品或为实施此等故意犯罪而使用或准备使用之物品针对财产;剥夺全部名誉、剥夺具体的公民权、宣布不得从事某种职业、给被判刑人打上烙印针对名誉。死刑在现代刑法中已退居自由刑和罚金刑之后,以斩首、枪决两种方式执行死刑。李斯特指出,现代自由刑的本质特征有两个方面:其一,犯罪人在自由刑的执行中感受到它是一种痛苦;其二,国家把它用作矫正和教育犯罪人并使他们重新回到有秩序的社会的一个极其重要的方法。

《德国刑法》规定的自由刑有重监禁、监禁、拘役、要塞监禁四种:重监禁也称重惩役,是严厉、剥夺名誉并要强制劳动的刑罚;监禁是中度严厉、不剥夺名誉但要强制劳动的刑罚;拘役是最轻的、不剥夺名誉、一般也不要求强制劳动的刑罚;要塞监禁是最重的、不剥夺名誉不要求强制劳动的刑罚。重监禁适用于重罪,监禁适用于轻罪,拘役适用于越轨行为,要塞监禁既可由重监禁又可由普通监禁代替且适用于一系列的政治犯。重监禁和要塞监禁是终身或有期最低1年、最高15年,普通监禁最高5年,拘役最高6周。重监禁以整月计算,其他自由刑以整天计算。强制劳动与重监禁联结在一起,在与自由劳动者隔离的情况下,允许犯人在狱外劳动。普通监禁的犯人可从事与其能力和情况相适应的劳动,只有经犯人本人同意,才能让他们在狱外劳动。要塞监禁,在例外情况下排除强制劳动。轻监禁,如流浪汉、乞丐、懒汉、不劳动者、娼妓等强制劳动。

关于自由刑的执行,注重矫正与安全。李斯特认为,自由刑执行的内容安排取决于刑罚执行的目的。"通过执行自由刑,犯人应当习惯于秩序和劳

---

① [德]李斯特著:《德国刑法教科书》,徐久生译,法律出版社,2006年版,第401页。

动,不再重新犯罪"成为法定内容,将统一的教育学精神根植于刑罚执行机构。要实现这个目标,只能尽可能依靠各监狱经过特别培训而能够胜任教育工作的官员队伍。培训监狱官员队伍是非常重要的任务。就以教育影响为目的的刑罚执行,监禁方式的技术起着特别重要的作用。主要有三种基本监禁方式,即单独监禁、监舍监禁和集体监禁,实施累进制,"针对每个犯人的实际情况安排最符合目的的监禁方式,在实践中还是完全可能的"①。当然,刑罚执行的质量不仅仅取决于安置方式,犯人是否被矫正主要看在狱内对该犯人的治疗质量如何,只有对具体犯人的治疗与对他的教育影响相适应,国家才能指望刑罚执行能够取得成效。

为此,应当特别重视犯人劳动,虽然犯人的劳动意味着惩罚,但犯人劳动是犯人最重要的再社会化方法。自由刑的刑罚痛苦,在于几乎完全剥夺了犯人的活动自由和自决权,在于改变了犯人至今所熟悉的生活和工作环境,在于阻断了犯人与外界的联系等。这些刑罚痛苦自然而然地作用于犯人,但如果刑罚执行所造成的损害不应当多于创造的利益,应当给予犯人尽可能无阻碍地重新找到重返自由社会之路的机会,应满足他们一些特定的要求和给予他们事实上的继续发展的可能性。为了实现这一目的,给犯人授课,让犯人于工余时间在监狱图书馆阅读书籍和报刊,使他们能够与外界交往。为维持和确保监狱秩序,实施严格的、确实得到遵守的监规纪律。只有保护和尊重犯人的自尊心,只有提高犯人的道德水平,只有犯人自觉遵守监规纪律、尊重监狱官员,只有犯人能够自我尊重,只有没有任何感伤的犯人和刑释人员得到合理的帮助,通过为其寻找工作岗位等尽可能地促进被判刑人的再社会化,这个目的才能实现。在李斯特看来,刑罚矫正犯罪人目的的实现取决于诸多条件,而这些条件绝对不是监狱全不具备的,需要刑事政策乃至于社会政策的全力支持和配合,也仅仅只是具备了单纯的条件而已。

关于政策下的刑罚,李斯特主张刑罚个体化。他指出,用法制与犯罪作斗争要想取得成效,必须具备两个条件:一是正确认识犯罪原因,二是正确认识国家刑罚可能达到的效果。这涉及社会政策和刑事政策:"社会政策的使命是消除或限制产生犯罪的社会条件;而刑事政策首先是通过对犯罪人个体的影响来与犯罪作斗争的。"②刑事政策要求社会防卫,作为目的刑的刑罚在刑种和刑度上均应适合犯罪人的特点,才能防止其将来继续实施犯罪行为。

---

① [德]李斯特著:《德国刑法教科书》,徐久生译,法律出版社,2006年版,第430页。
② [德]李斯特著:《德国刑法教科书》,徐久生译,法律出版社,2006年版,第15页。

以这个要求为基础,可找到可靠标准评价现行法律,可以找到未来立法规划发展的出发点,李斯特提出了两个要求:"能矫正的罪犯应当予以矫正;不能矫正的罪犯应使其不致再危害社会。目的刑必须根据不同的犯罪类型而作不同的规定和发展。"①李斯特认为,现代立法过多地使用刑罚武器,有必要考虑"轻打不如不打"这句古话,尤其应当考虑给予偶犯缓刑处遇。

　　认识到刑事司法与刑罚执行的固定的有机联系是所有刑事政策富有成效的不可缺少的前提条件。再社会化刑罚的执行应注重社会教育,先进的刑罚执行制度是适应个体教育的最适当形式,对所有从事刑事司法的人员进行职业培训是自觉与犯罪作斗争的先决条件。"最终达成了这样一个共识:在与犯罪作斗争中,刑罚既非唯一的,也非最安全的措施。"②这是现代刑事政策研究方面的一个重大成就,对刑罚的效能必须批判性地进行评估。如何看待刑罚对犯罪人的效果呢?李斯特认为,不可忽视刑罚对社会的反作用,即对整个社会的影响:"过分强调矫正思想对于全民的法律意识及国家的生存,都会造成灾难性的后果,如同对偶犯处罚过于严厉,对不可矫正的罪犯处罚过于残酷会带来灾难一样。"③目的刑思想有其界限,不考虑所要达到的目的,而一味地强调自我保护,永远也不会收到满意的效果。无论对个人还是对社会,预防犯罪行为的发生要比处罚已经发生的犯罪行为更有价值、更为重要。

　　针对执行刑罚结束后的问题,李斯特提出了恢复原状的基本思想:"对行为人判处刑罚意味着对行为人做出了社会之否定评价。这种社会之否定评价,将在刑罚执行完毕以后,长时间地对被判刑人造成压力,并与因刑罚而产生的权利的丧失和与可能的名誉附加刑一起,导致很难消除的被判刑人的社会地位的降低。"④面对这个事实,立法者应该首先关注,必须坚持可感觉到的社会伦理良知,解决不公正问题。释放人遭受的不公正,正是由于法律上和道德上的名誉降低,常常阻碍被释放人的再社会化。如果被释放人竭尽全力想成为对社会有用之才,那么立法者必须在特定的先决条件下重新赋予被释放人因被判刑而失去的或其被剥夺的资格和权利,此外国家还可以从国家犯罪登记中删除刑罚记录。

---

① [德]李斯特著:《德国刑法教科书》,徐久生译,法律出版社,2006年版,第16页。
② [德]李斯特著:《德国刑法教科书》,徐久生译,法律出版社,2006年版,第22页。
③ [德]李斯特著:《德国刑法教科书》,徐久生译,法律出版社,2006年版,第23页。
④ [德]李斯特著:《德国刑法教科书》,徐久生译,法律出版社,2006年版,第509页。

8. 古斯塔夫·拉德布鲁赫(1878—1949年)的监狱观

第一，古斯塔夫·拉德布鲁赫简介

古斯塔夫·拉德布鲁赫，1878年11月21日出生，1949年11月23日去世，是德国20世纪最伟大、影响最深远的法哲学家和刑法学家之一。他一生著作等身，涉猎广泛，曾两度出任魏玛共和国司法部长，又长期遭到纳粹政权的排挤和压迫。他的法哲学源于新康德主义哲学，是海德堡学派在法哲学方面的代表人物，主要著作有《法学导论》《法哲学要义》《社会主义文化论》和《法哲学》。

作者的一生是一个法律思想家、哲学家和社会民主主义者的人生，在当代法律思想史上，他已被公认为一代法学大师。他以哲学上的二元论为出发点所阐发的实证相对主义法律思想，在半个多世纪以来，对世界范围内的法律思想界产生了相当大的影响，他终其一生都在现象公正和事实公正、表面理性和客观理性之间探求真正的公正和理性。

第二，古斯塔夫·拉德布鲁赫的监狱观

受英国和荷兰监狱改革的影响，德国监狱制度从17世纪初就开始了向现代监狱制度的过渡，出现了执行自由刑的监狱。那时的监狱就是过去的地牢、市政厅的地下室和城堡式监狱。服刑犯人与羁押待审的未决犯关在一起，他们没有任何自由，手脚被镣铐锁住或被绑在木桩上，只配给少得可怜的食物。这种自由刑被评价为一种变相的"中世纪的肉体刑"，执行的监狱一直延续至18世纪末。①1804年德国开始监狱改革，公布了《关于采取更好的刑事审判规则并改善监狱和劳改场所的总体规划》。按照规划的规定，以建筑结构和行刑目的为标准，对监狱进行分类，把犯人分别关押并且采取分阶段弱化监禁程度的行刑体制。但是，由于拿破仑战争的影响和普鲁士经济形势的恶化，第一次监狱改革计划落空了。到1815年战争结束后，绝对理念的刑罚理论初步占据了支配地位，加上新的监狱管理人员基本上是刚从军队退役的官兵，因此，第二次监狱改革只局限于割除18世纪遗留的弊端、整顿监狱秩序、改善监狱卫生环境和医疗条件、规范作息制度等内容，并没有新意。第三次监狱改革要求普遍实行单独监禁制度，致力于犯人的个别教育，使用美国费城的办法，让犯人在基督教规格派牧师面前"忏悔"，经过"内心反省"使犯人的"灵魂得救"。

---

① 潘华仿主编：《外国监狱史》，社会科学文献出版社，1994年版，第298－303页。

古斯塔夫·拉德布鲁赫的监狱观,反映在他所著的《法学导论》一书中:其一,监狱教育功能有限,其二,全社会正确理解监狱行刑,其三,监狱后的保安措施。监狱执行刑罚应该教育服刑犯人,但是监狱执行刑罚对犯人的教育功能有限:"现时的监狱建筑、防止越狱的堡垒、对被监禁者处处设防的囚牢,都已经构成对犯人教育的障碍,教育只能在充满信任的氛围中进行。"①为什么会出现这种情况呢?他从刑罚中找到了根源,"刑罚即有意地施加痛苦"②,"根据自由刑的性质,它是否适合于教育目的依然是值得怀疑的。监禁教育是强制教育,而强制就会产生对抗,于是只有投其所好,教育才能奏效"③。他深刻地指出,人类的任何行为,包括犯罪行为,都是性格和环境或者说个性和环境这两个因素的产物;监狱执行刑罚,给环境犯以警告,给具有矫正能力的状态犯以矫正,使不可矫正的状态犯不再为害。

全社会应该正确理解监狱行刑,自由刑的完全执行需要全社会的正确理解和全力支持,积极支持监狱执行刑罚,积极支持监狱教育罪犯的所有措施方法。"这个社会对刑罚的执行要有完全的理解;它不出于竞争原因而给自由刑这种最为有效的教育手段,即确实有效率的监狱劳动不断带来新的困难:它不出于对刑满释放人员太多偏见的不信任而使得对他们的社会关怀变得几乎不可能。只要所有的这些条件不能实现,情况就一直这样:吃的药越多,死的就越快;犯人受处罚越多,就越容易再犯。只要我们的刑事政策必须保持实质性的消极刑事政策,我们就一定要关注自由刑的改善,但首先要关注避免自由刑:在犯罪行为或者罪责轻微时,应尽可能对被告不起诉或者免于刑事处分……"④他认为根本的原因在于被处刑者不应作为丧失名誉者,而是应该作为赎罪者重归自由。

根据不同情况,监狱释放后可对不可矫正者采取保安措施。依照犯罪行为严重性而科处的刑罚未必总是适合犯罪行为人的危险性。不可矫正者的个体行为大概只能使一个量刑标准合理化,即使在一个时间点上释放犯罪人成为必要,但在这个时间点上,行为人再次犯罪的危险依然毫无减少地继续存在。限制责任能力意味着较小的罪责,但同时又意味着较高的危险性,而因罪责减少而减轻的刑罚可能并没有考虑这种危险性。习惯性酗酒者在自己嗜好的影响下实施的犯罪行为也具有较小的罪责,但减轻的刑罚却可能不

---

① 拉德布鲁赫著:《法学导论》,米健译,商务印书馆,2013 年版,第 130 - 131 页。
② 拉德布鲁赫著:《法学导论》,米健译,商务印书馆,2013 年版,第 129 页。
③ 拉德布鲁赫著:《法学导论》,米健译,商务印书馆,2013 年版,第 131 页。
④ 拉德布鲁赫著:《法学导论》,米健译,商务印书馆,2013 年版,第 131 页。

能胜任对其较高危险性的处理。无责任能力尽管完全意味着免责免罚,但必须考虑无责任能力者在一定情况下对社会有极大的危险性。因此……在对无责任能力者做出无罪判决、对限制能力者做出减轻判决的同时,将其移交到治疗和照管机构;允许将具有可罚性的习惯性酗酒者在刑罚结束后,送到戒酒治疗机构。"允许对不可矫正的惯犯在执行严厉的刑罚之后的不确定时间内采取保安管束措施。"① 他从正反两个方面分析犯罪人与国家的刑罚关系,指出:"刑法不仅用来对抗犯罪人,而且用来照顾犯罪人。……它不仅要保护国家免遭罪犯侵害,而且要保护'罪犯'免遭国家侵害……"②

---

① 拉德布鲁赫著:《法学导论》,米健译,商务印书馆,2013年版,第139页。
② 拉德布鲁赫著:《法学导论》,米健译,商务印书馆,2013年版,第141页。

第三章
近代英美法系国家的刑罚观和监狱观

一、英国的刑罚观、监狱观

1. 托马斯·霍布斯(1588—1679年)的刑罚观

第一,霍布斯简介

托马斯·霍布斯(Thomas Hobbes),1588年4月5日生于英格兰威尔特郡的马姆斯伯里,于1679年12月4日病逝,终年92岁。霍布斯从4岁开始在马姆斯伯里的教堂接受教育,接着他前往私人学校就读,大约1603年被送至牛津的摩德林学院学习。霍布斯按照自己的规划学习,直到1608年才取得了学位。他第一个把修昔底德所著的希腊文原稿《伯罗奔尼撒战争史》翻译成英文,在1629年之后开始扩展自己的哲学研究领域。英国内战在1642年爆发,霍布斯开始对政治产生兴趣,在许多流亡的英国保王派同乡的影响下,霍布斯决定撰写一本书以阐述政府的重要性和政治混乱所引发的战争,1650年完成全书,当时书名为《利维坦,或教会国家和市民国家的实质、形式和权力》。1679年霍布斯染上了膀胱疾病,12月4日死于中风发作。

作为早期的启蒙思想家,霍布斯著作颇多,早在1640年胸怀惧怕内战的忧忡心情写就的《保卫在国内维持和平必不可少的国王大权》,在巴黎期间写了《论公民》《论物体》以及《论人》。霍布斯是英国政治哲学家,创立了机械唯物主义的完整体系,认为宇宙是所有机械地运动着的广延物体的总和。他提出"自然状态"和国家起源说,认为国家是人们为了遵守"自然法"而订立契约所形成的,是一部人造的机器人。当君主可以履行该契约所约定的保证人民安全的职责时,人民应该对君主完全忠诚。霍布斯认为,人性的行为都是出于自私的,这也成为哲学人类学研究的重要理论。

第二,托马斯·霍布斯的刑罚观

霍布斯著作颇多,但尤以1651年出版的《利维坦》体系最完备、内容最充实、论证最严密、学术价值最高、影响最大。所谓"利维坦",是《圣经》中描述的一种力大无穷的巨兽名字的音译,用以比喻国家的强大,可见《利维坦》主要是霍布斯关于国家论的一本专著。《利维坦》全书分为四部分,第一部分"论人类",以彻底的唯物主义自然观和一般的哲学观点,阐述物体的独立、客观、永恒存在和运动,论述人自保、生存、竞争、残暴无情的自然本性和防范、敌对、争战的自然丛林法则。第二部分"论国家",阐述人们在不幸的生活中都享有"生而平等和平和安定生活的共同要求,以契约的形式放弃自然权利而组成国家,这就是伟大的利维坦的诞生——用更尊敬的方式来说,这就是活的上帝的诞生"①。第三部分"论基督教体系的国家",否定自成一统的教会和教皇掌握超越世俗政权,教会应该必须臣服世俗政权,并且只能作为政权的一种辅助机构。第四部分"论黑暗的王国",揭发罗马教会的大量腐败黑暗、剥削贪婪的行径,使教会的威严神秘大白于天下。

贯穿于《利维坦》,霍布斯阐述了自己的刑罚观。国家的职责有三项,其一为抵御外来敌人侵略以保障国家安全,其二为维护国内社会和平与安宁以保障社会生活,其三为制裁违法犯罪以保障人民通过合法劳动生产致富。基于国家的强大,自然法要求刑罚应有宽恕罪过的态度:"当悔过的人保证将来不再重犯,并要求恕宥时,就应当恕宥他们过去的罪过。"②因为恕宥追求平和,人们和善共处是永恒的主题。自然法要求刑罚应追求将来的利益,"在报复中,也就是在以怨报怨的过程中,人们所应当看到的不是过去的恶大,而是将来的益处多"③。刑罚惩罚的目的,在于使犯罪人改过自新并儆戒其他人,而不能有任何其他目的。那么刑罚是什么呢?霍布斯给出了自己的定义:"惩罚(刑罚)就是公共当局(国家)认为某人做或不做某事是违反行为并为了使人们的意志因此更好地服从起见而施加的痛苦。"④国家何以动用刑罚呢?因为国家具有刑罚权,国家施行刑罚权的根据在于保护全体公民的安全。

霍布斯把刑罚分为神的刑罚和人的刑罚两类。作为近代唯物主义的杰出代表之一,霍布斯根本否认神的存在,神的刑罚、地狱炼火之类的说法一样荒谬绝伦,彻底揭示宗教的实质,摧毁以《旧约》和《新约》作为真理的信仰,摇撼了整个封建制度的一大精神支柱。人的刑罚是根据人的命令所施加的

---

① [英]霍布斯著:《利维坦》,商务印书馆,1997年版,第132页。
② [英]霍布斯著:《利维坦》,商务印书馆,1997年版,第116页。
③ [英]霍布斯著:《利维坦》,商务印书馆,1997年版,第116页。
④ [英]霍布斯著:《利维坦》,商务印书馆,1997年版,第241页。

刑罚,分为死刑、体刑、财产刑、名誉刑、监禁刑、放逐刑等,或者是它们的混合。体刑是根据施刑者的意愿直接施加在犯罪人身体上的刑罚,如鞭笞、伤害或剥夺原先可以合法享受的肉体享乐等。死刑是极刑,有些是单纯地处死,有些是加上拷打之刑。轻于极刑的体刑有鞭笞、打伤、以锁链禁锢或任何其他性质上不是致死的肉体痛苦。财产刑不仅可以剥夺一定数量的金钱,而且也包括剥夺土地,或任何其他一般以金钱买卖的财物。名誉刑是施加某种国家使之成为不名誉的损害,或者剥夺某种国家使之成为荣誉的利益,还有一些则是由于国家的规定而成为荣誉的,如勋章、称号、官职和任何其他主权者示宠的特殊标志。监禁是一个人被公共当局剥夺自由。监禁可能是为了两种不同的目的,一种是将被告加以看管,这不是刑罚,因为任何人在依法受审并宣告有罪以前都不能认为可施加刑罚;另一种是使受刑罚的人遭受痛苦。监禁是一切由于外界障碍所造成的行动束缚,这种障碍可能是一所房子,也就是一般所谓的监狱,也可能是一个岛屿,还可能是人们被送去做工的地方。而现代则有人被判处在帆船中摇桨,还有锁链和任何其他拘束行动的东西。放逐是一个人因一种罪行而被判处离开一个国家的领土或其中的某一部分,并永远或在规定时期内不得返回的办法。这种办法从本质看来,如果没有其他条件,似乎不是一种惩罚,而是一种逃避,或是以出走的方式避免惩罚的公开命令。对无辜臣民的一切刑罚都是非法的,因为刑罚只是为犯法行为而设。

2. 约翰·洛克(1632—1704年)的刑罚观

第一,约翰·洛克简介

约翰·洛克(John Locke),1632年8月29日出生于英国英格兰萨默塞特郡的威灵顿村,1704年10月28日去世。洛克的双亲都是清教徒,父亲也叫约翰·洛克,是一名在萨默塞特郡担任地方法官书记的律师,曾经在英国内战时担任议会派部队的军官,母亲艾妮丝·金恩则是一名制革工匠的女儿。洛克终身未婚,也没有留下任何子女。他在出生当天就洗礼,出生后不久洛克家搬到了布里斯托以南7英里的彭斯福德镇,洛克在那里的一个农村长大,1647年洛克被送到伦敦威斯敏斯特修道院一所学校读中学。中学毕业后,洛克就读牛津大学的基督教会学院,研究哲学、物理、化学和医学,并且成为英国皇家学会的成员。洛克在1656年获得学士学位,1658年获得硕士学位,1674年在牛津大学学习医学并且获得医学学士学位,大学毕业后留校任教。

1667年,洛克兼任沙夫茨伯里伯爵的个人医师,伯爵于1672年被指派为英国大法官,洛克也随之参与各种政治活动。1675年伯爵在政坛失势后,洛克前往法国旅行。1679年伯爵的政治处境好转,洛克又回到英格兰,开始撰写《政府论》一书。1683年,由于被怀疑涉嫌刺杀查理二世国王的案件,洛克逃亡荷兰。1688年洛克回到英国,在新政府中担任上诉法院院长、贸易和殖民部部长等要职。洛克晚年主要从事创作,将大量的草稿出版成书,包括《人类理解论》《政府论》和《论宽容》。1704年,洛克去世,终年72岁,安葬在艾赛克斯郡东部小镇的一个教堂墓区。洛克是英国唯物主义哲学家、政治思想家、古典自然法学派的主要代表人物,他的思想对于后代政治哲学的发展产生巨大影响,并且被广泛视为启蒙时代最具影响力的思想家和自由主义者。他的著作也大大影响了伏尔泰和卢梭,以及许多苏格兰启蒙运动的思想家和美国开国元勋,他的理论被反映在美国的《独立宣言》上。

第二,约翰·洛克的刑罚观

洛克的著作主要有《论宽容异教的通讯》《政府论》《人类理解论》,其中以《政府论》最为著名。洛克的《政府论》分为上下两篇,上篇共有十一章,第一章引言,第二章论父权和王权,第三章论亚当因是神的创造而享有主权,第四章论所谓亚当由于神的恩赐而享有主权,第五章论亚当由于夏娃从属于他而享有主权,第六章论亚当基于父亲的身份而享有主权,第七章论作为统治权共同根源的父权与财产权,第八章论亚当的最高君主权的传承,第九章论从亚当传承下来的君主制,第十章论亚当君权的继承人,第十一章这个继承人是谁;下篇共有十九章,第一章引言,第二章论自然状态,第三章论战争状态,第四章论奴役,第五章论财产,第六章论父权,第七章论政治的或公民的社会,第八章论政治社会的起源,第九章论政治社会政府之目的,第十章论国家的形式,第十一章论立法权的范围,第十二章论国家的立法权、执行权和对外权,第十三章论国家权力的统属,第十四章论特权,第十五章综论父权、政治权力及专制权力,第十六章论征服,第十七章论篡夺,第十八章论暴政,第十九章论政府的解体。洛克的《政府论》,不仅论述了以上标题内容,而且也渗透了他的刑罚观。

关于刑罚权的基础,既有自然理由也有政治社会的权力。洛克认为,人类在自然状态中是自由、平等的而不是放任的,"自然法和人类的其他所有法律一样,如果在自然状态中无人拥有执行它的权力,以保护无辜和约束罪犯,那么自然法就徒具虚名了。若有人在自然状态下可以对他人所犯的所有罪恶加以惩罚,那么每个人都可以这样做。因为,在那种完全平等的状态下,据自然法,没有人高于别人或对别人享有管辖权,所以任何人在执行自然法的时候所能做的事情,其他人也都必须有权去做"①。在洛克看来,在自然状态之下,为达到惩戒目的,应该以理性和良知来限制惩处罪犯的权力,尽量发挥纠正和禁止的作用,而纠正和禁止一个人可以合法地伤害另一个人,这样纠正和禁止就成为惩罚的唯一理由。但是,每个人执行惩罚势必导致人们之间的战争状态。所以,为避免无休止的战争状态,人们订立契约加入同一社会、组成国家,国家有权力统一行使刑罚。洛克把刑罚权的基础归之于两个方面,一方面是自然理由,另一方面是社会契约,刑罚权的宗旨是为了确保社会全体的幸福。

关于罪刑关系,洛克强调法定和相应。他认为,"国家有权对社会成员之间所犯的不同的罪行设置相应的处罚(这就是制定法律的权力),也有权处罚该社会以外的任何人对该社会的任何成员所造成的损害"②。洛克的这句话,以质朴的语句鲜明地指出了罪刑关系的两个方面,一方面是罪刑法定,另一方面是罪刑相应。就罪刑法定而言,国家立法机关正式制定法律,由法律来规定犯罪和刑罚。就罪刑相应而言,刑罚处罚每一种犯罪的轻重程度,在一个国家中也可以如同在自然状态中那样以同等程度受刑罚惩罚。

3. 约翰·霍华德(1726—1790年)的监狱观

第一,约翰·霍华德简介

约翰·霍华德(John Howard),1726年出身于英国伦敦郊外卡金多村庄的一个富豪之家,1790年病逝于考察监狱途中。父亲经商不求学问,母亲很贤惠有学问,尤其注重慈善事业。他从小身体虚弱多病,因而影响了学习,各门功课成绩平平,由于赋性仁厚、不善交际,深受其母影响非常推崇宗教,常把救恤作为自己的天职,而置闲言碎语于度外,于是以后就终身从事了慈善事业。霍华德17岁时,父母先后去世,成了孤儿,从此就把拥有的遗产7千英镑以及代管妹妹的8千英镑都用在了慈善事业上。为保养身体,他离家旅游疗养,途中患疠疫病卧床不起,被送到医院治疗,雇了一位老妇人看护。在老妇人的精心料理下,霍华德摆脱了死亡的缠绕,他为老妇人的辛劳所感动,想到一生的事业几乎毁于此病,今天幸亏得救还可继续从事慈善事业,都归功于老妇人的周全护理,而对此没有什么能够代表他的再生感谢之心,就决

---

① [荷]格劳修斯著:《战争与和平法》,何勤华等译,上海人民出版社,2005年版,第134页。
② [荷]格劳修斯著:《战争与和平法》,何勤华等译,上海人民出版社,2005年版,第175页。

定跟她结为夫妻,况且,老妇人也有慈善之心,可谓志同道合。当时,老妇人已52岁,可谓风烛残年老态龙钟,而霍华德正值25岁,风华正茂青春年少,老妇少夫,周围人议论纷纷说三道四,认为是天下的怪事,但霍华德只是以悲悯为怀,不为世俗偏见所动摇,由此可见他的情趣是何等的高尚。

1755年,葡萄牙首都里斯本发生了强烈地震,造成了极其严重的后果,财产损失巨大,百姓伤亡惨重,到处是嗷嗷待哺的受灾饥民。霍华德闻讯后,心急如焚、日夜不宁,遂搭乘"哈瓦"号商船前往。当时正值英法7年战争期间,中途被法国巡逻舰捕获,作为战俘押送法国途中24小时不给一杯水喝、一点食物吃,转入法国监狱后亲身经历、耳闻目睹了法国监狱的惨毒,如狱吏像喂狗一样给众囚犯抛一条羊腿让他们争抢着吃来观看取乐。作为"战俘""囚犯"所经历的一切深深刺伤了霍华德善良救恤的热心,从而萌发了监狱改良的意念。霍华德被释放回国后,立志谋求本国监狱的改良及敌国战俘待遇的改善,从此开始了毕生的事业——监狱改良。他六次考察英国本土监狱、六次考察外国监狱,撰写了《英格兰和威尔士监狱状况》一书,并在1790年考察俄罗斯监狱途中患病去世,终年64岁,为改良监狱的宏伟事业献出了宝贵的生命。在他的影响下,在全世界范围内掀起了广泛的监狱改良运动。

约翰·霍华德,为了探求监狱的改良方法,从1775年至1790年的15年时间里,六次在本国、六次出国考察监狱情况,除全英本土外,还涉足欧、非两大洲,到了法国、德国、意大利、荷兰、丹麦、瑞士、瑞典、挪威、俄国、波兰、匈牙利、奥地利、比利时、葡萄牙、西班牙等15多个国家,行程135100多公里,把自己的全部财产、毕生心血献给了监狱改良运动,为国际社会的监狱事业、为开创监狱学做出了卓越贡献,彪炳千古,被尊称为监狱改良家、监狱学鼻祖。为了纪念这位伟大的慈善家,英国在威斯敏斯特教堂树起了约翰·霍华德的铜像。

第二,约翰·霍华德的监狱观

在英国工业革命之前的18世纪下半叶,一些远见卓识的学者提出了改革监狱的主张,其中最为著名、最具代表性的是监狱改良家约翰·霍华德。约翰·霍华德被释放回国后,于1773年被英国国王提升为贝德福德郡的行政司法长官。他在视察群达福特监狱的时候,发现狱吏都没有薪水,只是从囚犯身上收取工作报酬,囚犯释放时若没有缴清规费马上就会因债务关系而仍然拘押于监狱之中。霍华德认为,这样做不合情理就要求裁判所更改,并建议政府免除罪囚规费而支付狱吏薪水,但是政府以没有先例为由不予批准。为此,霍华德毅然辞职自费考察国内监狱寻找先例,两年时间里走遍了英国本土的监狱,结果不仅没有找到先例,反而接触到更为出乎意料的事情,深刻认识到监狱的黑暗、狱吏的贪鄙,觉得规费的存废只是区区小事,更加坚定了从根本上改良监狱制度的信念。他把调查发现的情况告诉了亲友博衔议员,这位国会议员认为此事关系重大,就去国会做了通报并建议招霍华德来国会做报告。于是国会召请了霍华德,霍华德在国会上痛陈监狱暴行,要求政府进行监狱改良。监狱考察报告的公开,引起了社会朝野的注意,狱制改良遂成为重大的社会问题。有些议员问他游历的费用是否出自公款,他说没有动一分公款,全体议员深为霍华德的廉洁热忱所感动,霍华德的名声大振,受到了社会朝野的敬仰,国会委托霍华德负责监狱改良之事。

之前调查英国监狱不过是了解一下实情,并没有对监狱改良的问题做过研究,因此,监狱改良不得不暂缓进行。霍华德决定先去欧洲大陆考察其他国家的监狱情况。1775年霍华德第一次出游欧洲大陆,在法国、德国发现监狱里的情况与英国的没有什么两样,很是失望。到了比利时,了解了威廉十四政府的监狱之后,才看到了一线希望,有所收获。1777年第二次游历欧洲各国,大受鼓舞,尤其是在荷兰了解了监狱的情况,看到了"须使犯人劳动勤勉,借此使之成为良民"的监狱铭言,深受启发。早在1595年,荷兰阿姆斯特丹监狱门口处的铭文就写着"不要害怕,我不是因为你的罪恶而报复,而是要强迫你变好,我的手是严厉的,但我的心是仁慈的"。他把亲身见闻著成《英格兰和威尔士监狱状况》一书出版发行,书中材料丰富,语言精警,以荷兰狱制为蓝本绘制了理想监狱的宏图。《英格兰和威尔士监狱状况》分以下几个部分:前言;(1)关于监狱中悲惨状况的概述;(2)监狱里的恶习;(3)关于监狱管理和构造的改良建议;(4)关于外国监狱和医院的概述;(5)英格兰的战俘;(6)苏格兰和爱尔兰的监狱;(7)关于英格兰监狱的专述;泰晤士河畔上的囚船;关于监狱猩红热的评价;结论;统计表。本书集中阐述了他的监狱改良理论,其一为对于不良未成年人以及贫民使之养成劳动勤勉的习惯,其二为对于罪犯不能以为驱逐、监禁了就算完事,必须用劳役教诲、善导说服来感化他们,其三为应当采取缩短刑期的减刑制度以奖励罪犯的悔改。霍华德的狱政思想引起了世人对监狱改良的普遍关注,对欧洲各国监狱改良产生了积极影响,在监狱实践与理论发展史上有极其重要的价值,迄今仍不失为监狱学的基本文献。

霍华德提出了六项监狱改良原则:第一,安全和卫生的建筑结构;第二,空气流通,靠近河溪,清静的环境;第三,建立制度化的监察工作,聘用忠实、受到相当训练的监狱管理人员;第四,废除囚犯的规费收取制;第五,对囚犯应提供沐浴设施、灭虱,监舍每天必须清扫;第六,改革管理制度,对囚犯特别是女犯、未成年犯应予隔离关押。《监狱法令》造就了英属澳大利亚诺福克岛上的第一个罪犯教养院。

为推动监狱改良的深入发展,霍华德第三次出国考察,途径荷兰、德意志、奥匈帝国、意大利,渡地中海去了非洲,所到之处积极宣传监狱改良思想并力劝各国政府改良狱制。到了奥匈帝国时,奥皇在宫中宴请霍华德,席间奥皇洋洋自得地说"本国刑法逐渐改良,主要体现是:第一,废除死刑;第二,废止刑讯;第三,取消残酷的体刑"。霍华德不以为然尖锐地指出:"贵国虽然废止了死刑,取消了残酷的体刑,然而,监狱中还使用极其沉重的锁镣,这与刑讯有何不同?与体刑有何区别?"当时,英国公使也陪同就坐,见霍华德言词过激,担心奥皇生气,就给霍华德使眼色不让其再说下去,而霍华德全然不顾,硬是把话讲完了,奥皇很不高兴不知如何应付。席散后,英国公使叫人招来霍华德,命令他亲自去皇宫向奥皇谢罪,霍华德坚决不从,并说:"倡导改良监狱是鄙人的天职,我只知道与研究学问的人磋商,不管他国王不国王。既然是研究学问,那么相劝的人指出弊端又有什么罪过,何必去负荆请罪。"公使无奈,把上述情况电告英国政府,英国政府认为霍华德是位热心监狱改良的志士,对此事置之不理。回国后,霍华德强烈要求废止流放刑,并担任了建筑监狱的委员,主张监狱建筑重要的是卫生条件、空气流通并以位于偏僻之地为宜。由于与其他委员意见不合,就辞去了职务出国考察。

霍华德第四次出游欧洲大陆,考察了丹麦、瑞典、挪威、俄国、波兰、荷兰、德意志等国的监狱。在俄国时,俄皇想召见霍华德,而他坚决不去觐见,说道:"我到俄国,是为俄国最可怜的囚犯而来的,并非为见尊贵的皇帝而来。"他看到俄国的监狱此时还没有改良的希望,想到俄皇为人固执守旧,劝说也不能使之动心,觐见俄皇也没有什么作用,就毅然离开了俄国。回到英国后,又马不停蹄赶赴葡萄牙、西班牙、法国等进行第五次出国考察,途中患病险些死去,病愈后则更加精心调查,比较研究荷兰狱制之后才返回英国。他每次从国外回到英国之后,旋即巡视国内监狱,总结国内外狱制之精华,因而他的狱制思想日臻精深。在已届暮年之际,他多次整理财产,嘱托后事,抱着誓不返回的心愿踏上了第六次出国考察的征途,横渡英吉利海峡,经荷兰、德意志,进入俄国,在考察俄国乌克兰的希尔逊监狱过程中,为深入了解囚犯的情况与囚犯同吃同住,不幸染上了监狱犯人流行的监狱斑疹伤寒而客死他乡,终年64岁。霍华德逝世100周年之际,正值1890年国际监狱会议在俄国首都圣彼得堡召开第四届国际监狱大会,因此隆重举行了约翰·霍华德百年纪念大会,俄皇亚历山大三世亲自到会致祭,当时俄国政府也派人参加了这次活动。霍华德的名字成了监狱改良的代名词,英国的约翰·霍华德协会至今仍然奉行他的狱制思想,联合国的一个国际监狱机构也以他的名字命名为"霍华德监狱协会"。

4. 杰里米·边沁①(1748—1832年)的监狱观

第一,杰里米·边沁简介

杰里米·边沁(Jeremy Bentham),1748年2月15日出身于伦敦东城区斯皮塔佛德的一个保守党律师家庭,1832年6月6日在伦敦逝世。边沁童年矮小多病,不喜欢运动,成年后却体格健壮。他的生活极有节制,且经常进行户外运动,因而活力充沛,去世前不久仍然步履轻捷。他是个天才,3岁起就开始学习拉丁文,1763年12岁从牛津大学女王学院毕业获得学士学位,1766年毕业于牛津大学林肯学院获取法学硕士学位,1769年获得律师资格并成为律师学院的主管委员之一。但是,他对律师职业不感兴趣,而对操作性的公共政策,尤其是刑事执行制度改革更感兴趣。他同时对理论研究比较热衷,曾兼任伦敦大学教授。他于1792年被法国大革命政府选为法国荣誉公民,他的建议在一些欧洲国家和美国受到尊重。

边沁11岁丧母,与继母相处得不融洽,这可能影响了他对女性的态度,也可能间接地影响了他与别人的关系。他终身未婚,孤独的单身生活促使他形成了羞怯、不善于和别人交往、逃避生活、退缩的性格。这种性格也促使他选择从事不会受法官谴责、也不必与许多人打交道的理论研究和著述工作。他珍惜时间,很少交际,很少阅读批评自己著作的文章。他经常每天写作8~10小时,每天写的手稿平均有10~15对开。1776年发表《政府片论》,1811年用法文发表《赏罚原理》,后分为《奖赏原理》和《惩罚原理》,用英文出版。在俄国时用书信体裁写成《为利息辩护》一书,1789年在英国发表其杰作《道德和立法原则概述》,因而闻名于世。他提出了许多精辟的见解,对19世纪以后的刑事立法、刑事司法与犯罪学说都产生了深远的影响,被称为"前无古人的最伟大的法律哲学家和法律改革家"。

边沁在实践上是激进的社会改革者,他反对君主制,提倡普选制度。他不仅是一位政治激进分子,也是英国法律改革运动的先驱和领袖,以功利主

---

① 杰里米·边沁(Jeremy Bentham),这是人们常用的人名翻译,但是根据《英汉人名译名词典》的翻译应该是"杰里米·本瑟姆"。

义哲学的创立者、动物权利的宣扬者及自然权利的反对者而闻名于世,他还对社会福利制度的发展有重大贡献。他于1789年初次出版《道德与立法原理导论》,边沁的思想体系庞大恢宏,以功利主义为核心,从分析功利主义的概念及渊源入手,阐述了他自己的功利主义犯罪观与刑罚观及犯罪控制理论。边沁是英国的法理学家、功利主义哲学家、经济学家和社会改革者、监狱学家,英国功利主义哲学的创立者,对19世纪思想改革有显著影响。他毕生致力于英国的法律改革事业。弥留之际,他请求给他的骨骼穿上平常衣服并展示在英国伦敦的大学学院里。他的骨骼衣着整齐,甚至参加了全体教员会议,受到了集会上演说者的尊敬。

第二,杰里米·边沁的刑罚观、监狱观

他以功利原则的价值判断为基石,对刑法给予了特别关注,以评述刑罚合理性作为他关于法律改革的著述活动的开始。因此,边沁的功利主义刑罚观在其思想体系中居于重要地位,"威慑说""规范强化说""教育改造说""满足复仇说"等刑罚理论,无不与现代刑法学的内容相关联。边沁认为,犯罪是指一切基于可以产生或可能产生某种罪恶的理由而认为应当禁止的行为,对于犯罪应根据其惊恐程度确定刑罚方法,惩罚的程序应与犯罪的惊恐性成正比例关系。但为保证刑罚限制在实现最大多数人最大幸福的限度内,边沁认为刑罚适用应讲究罪刑相称。指出当刑罚是滥用、无效、过分、太昂贵时,则不应适用刑罚。边沁的犯罪控制理论由犯罪的事后处罚及事先预防两部分组成。虽然他的功利主义和恢复正常生活的主题没有取代以前的报复主义,但20世纪确实带来了从肉体刑向监禁刑转变的运动,监禁刑成为矫正策略。也许,归根到底,边沁的圆形监狱从未得到公平的检验,因为从来就没有按照所描述的纯粹建筑样式建造。但是,他的未来主义想象力的焕发,确保圆形监狱作为刑事执行和矫正历史中的奇妙一页,永远具有特殊的地位。尽管边沁没有实现他的圆形监狱之梦,但他的创造力和奇思妙想在他死后的漫长时光里依然熠熠生辉,并且竖立了一个标志。边沁的监狱观是以犯罪观、刑罚观为前导,刑罚观包括:不应适用之刑、罪刑相称、刑罚的限定性、错误之刑或滥用之刑、刑罚之选择、刑罚之类型、刑罚的不同公正性、普通刑罚之考察和赦免权。

关于不适用之刑,边沁指出,这是指对案件不应适用刑罚的情况可归纳为四种情形,即滥用、无效、过分和太昂贵。对于滥用之刑,边沁认为这主要是针对"不存在现实之罪",行为本身是无辜的,"只是由于政府的偏见、憎恨、错误而被规定为犯罪"①；对于无效之刑，他是指那些对意志毫无效用因而无法预防相似行为的刑罚。对于过分之刑，这是指应通过更温和的手段即指导、示范、请求、缓期、褒奖可以获得同样效果时，适用刑罚就是过分的。昂贵之刑，这是指刑罚之恶超过罪行之恶。只要是刑罚，就会有五种不利影响与作用：第一强制之恶——减少快乐程度，第二刑罚之苦——刑罚执行时产生，第三恐惧之恶——害怕指控，第四错误控告之恶——遭受冤案，第五衍化之恶——殃及父母或朋友。边沁所言不适用之刑，是相比较适用之刑而言的，本意旨在说明不应遭受以上刑罚的不利影响与作用。

关于罪刑相称，他提出要有规则给犯罪一个公平的刑罚。仅仅意识到罪刑相称的必要性、重要性是不够的，边沁提出了罪刑相称的五个规则。第一个规则——刑罚之苦必须超过犯罪之利，刑罚不仅有金钱方面的相称性，刑罚之苦不能小于犯罪之利；刑罚之苦必须大于犯罪之利，因为"为预防一个犯罪，抑制动机的力量必须超过诱惑动机"②。第二个规则——刑罚的确定性越小，其严厉性就应该越大，边沁认为，刑罚越确定，其效果越大，其严厉性就越不需要增加，刑罚确定性包括刑罚及时；反之，刑罚的确定性越小，其严厉性就应该越大。这是因为，刑罚明确，犯罪既遂的可能性就小。第三个规则——当两个罪行相联系时，严重之罪应适用严厉之刑，这样使罪犯有可能在犯罪的较轻阶段就停止犯罪。第四个规则——罪行越重，适用严厉之刑以减少其发生的理由就越充足，这就是重罪重罚。第五个规则——不应该对所有罪犯的相同之罪适用相同之刑，必须对可能影响感情的某些情节予以考虑。

关于刑罚的限定性，是指刑罚的追诉力时限，"在时效期内，罪犯已经承受了部分刑罚——因怕被发现而充满恐惧。此外，他已戒除犯罪，已被改善，已变成一个有用的社会成员"③。边沁主张刑罚具有追诉力时效，条件是经过一定的时间而且行为人已戒除犯罪，已变成一个守法的社会成员。

关于错误之刑或滥用之刑，边沁认为，当滥用刑罚时，可以感觉到四个主要错误，第一刑罚对象错误，第二刑罚对其对象不起作用，第三施加的刑罚造成了巨大的和倍增的恶，第四违背公众爱憎分明的感情。边沁指出了立法者

---

① ［英］杰里米·边沁著：《立法理论》，李贵芳等译，中国人民公安大学出版社，1993年版，第66页。
② ［英］杰里米·边沁著：《立法理论》，李贵芳等译，中国人民公安大学出版社，1993年版，1993年1月版，第68页。
③ ［英］杰里米·边沁著：《立法理论》，李贵芳等译，中国人民公安大学出版社，1993年版，1993年1月版，第71页。

需履行的两个义务:第一为最初适用刑罚时应该避免滥用,第二为对犯罪人适用刑罚时必须把可能落在无辜者身上的痛苦减少到最低。

关于刑罚选择,边沁认为,要使刑罚本身遵守相称规则,它应该具有可变、平等、成比例、与罪行的相似、示范性、经济性、减轻或免除等特质。刑罚的可变性是指可分割性,以符合罪行严重程度的差异。期限性刑罚,诸如监禁和放逐,就有时间长度的可分割特质,财产刑亦如此。本身平等是指刑罚在某种程度上对所有犯同样之罪的人都一样,其实就是要求刑罚平等。可成比例是指刑罚的程度是可以增加的,可以增加同质刑罚的量即加重刑罚,也可增加不同的刑罚即并处。与罪行的相似性是指刑罚与罪行有共同属性,表现在作用和动机上。例如,用死刑对付杀人罪,贪利犯罪最好用罚金处罚,侮辱类犯罪通过羞辱刑处罚,游手好闲的犯罪通过强制劳动或强迫安宁处罚。示范性是指可以通过选择刑罚本身,或者通过引人注目的庄重的执行方式来实现。经济性是指刑罚的严厉程度应该只为实现其目标而绝对必需,所有超过于此的刑罚不仅是过分的恶,而且会制造大量阻碍公正目标实现的坎坷,以财产刑最为典型。减轻或免除是指所适用的处罚不应该是绝对不可变更的,其功效包括:其一,罪犯可能得到改善;其二,剥夺伤害能力相对容易;其三,补偿受害人是刑罚另一个有用的属性。

关于刑罚之类型,边沁认为刑罚类别具有必要性,没有任何一种刑罚独自具备所有刑罚的必要属性,必须有可供选择的不同刑罚方法并使之存在差异,才能实现刑罚目的。他把所有刑罚分为死刑、痛苦刑、带痕刑、耻辱刑、赎罪刑、期限刑、简单限制刑、简单强制刑、准财产刑、表征刑共十类。死刑,立即结束罪犯的生命。痛苦刑,使罪犯肉体产生痛苦,这只能是临时效果。带痕刑,在身体上留下难以消除的痕迹,如烙印和断肢。耻辱刑,使罪犯受到大众的鄙视。赎罪刑,通过施加某种程度的责难以唤醒耻辱感。期限刑,其严厉性主要反映在期限长短上。简单限制刑,其属性在于禁止、限制及不允许一个人做喜欢做的事情。简单强制刑在于强制某人做一些他希望避免之事。财产刑,剥夺罪犯一定数量的金钱或财产。准财产刑,剥夺罪犯属于个人服务类的某些财产。表征刑,通过与罪行的某些相似性,形成关于罪行的印象。

关于刑罚的不同公正性,边沁指出,刑罚的选择是考虑诸多因素的结果,探求各种不同的刑罚使之适合于某种犯罪,无疑是很必要的,这是为了反映或实现不同的公正性。由此边沁"得出结论:刑罚种类的多样性是刑法典完善的标志之一"①。

关于普通刑罚之考察,边沁分析了每一种普通刑罚的特性。痛苦刑适合所有犯罪行为,无法以非常轻微的形式出现,公开适用都会产生耻辱感。带痕刑,其最温和的方式也具有极大的严厉性,有的只毁损人的外表,有的破坏人的肢体功能,有的直接致残。耻辱刑,是刑事药房中最有用的方剂之一,耻辱具有绝对性和非变易性,更多地表现在罪犯而不是罪行上。期限刑,可适用于多种犯罪,但是罪犯在服完监禁期后,不应该未加监视和考验就重返社会。放逐,其严厉性取决于接受这一刑罚者所遭遇的条件和命运。财产刑有三大好处,分别为易于感受差别,能实现刑罚目标,可以赔偿受害人。简单限制刑,用最温和的方式重建了无辜的受害者对傲慢的强权者的优势。死刑,可以使犯罪人永远失去再犯罪能力。最后,边沁提出了英国还未采用的一种刑罚方式,即附劳动监禁——这个刑罚有许多优点。

关于赦免权,边沁做出全面分析,总体持取消赦免权的态度。刑罚缺乏确定性,就必须用严厉性加以弥补,这是赦免权存在的基础。"赦免权为法律的这一残暴严酷性提供了保护网,像已经评述的那样,成为一件比较好的事情。但没有人认真探究这一伪装的补救措施事实上是不是一种新的恶。"②当刑罚制造了超越其善的某种恶时,赦免权不仅是有用的,而且是必须的。但是,理性绝不能与其自身相矛盾,正义不能用一只手毁掉另一只手所做的事情,人道不能要求刑罚只为保护无辜者而建立,赦免则应为鼓励犯罪而授予。总之,如果法律太严厉,赦免权就是一个必要的矫正;但是,这一矫正本身又属于一种恶。如果刑罚是必要的,那就不应该被减少;如果刑罚是不必要的,那就不应该对罪犯适用。

杰里米·边沁的监狱观,集中反映在他于1787年所著《圆形监狱》一书中。圆形监狱是由边沁创制的一个概念,它源于希腊词意"全方位观察"。边沁的观点,虽然具有独一无二的、乌托邦的和想象的性质,但在早期历史上具有特殊地位,包括圆形监狱建筑、囚犯监管和释放后措施三个方面。边沁深受切萨雷·贝卡利亚论著和苏格兰哲学家戴维·休谟的影响。他与贝卡利亚一起创立了古典犯罪学学派。古典犯罪学学派以强调当时不可预知的刑罚制度改革著称,倡导更具理性的刑事执行制度。从休谟那里他学到了功利

---

① [英]杰里米·边沁著:《立法理论》,李贵芳等译,中国人民公安大学出版社,1993年版,1993年1月版,第85页。

② [英]杰里米·边沁著:《立法理论》,李贵芳等译,中国人民公安大学出版社,1993年版,1993年1月版,第92页。

主义的要旨,功利主义哲学强调最大多数人的最大利益。边沁被称为"功利快乐论",或"快乐计算论",或"刑罚药房"的倡导者。古典理论家认为,个人出于自由意志做出行为并且受到了快乐论即寻求快乐的激发。个人被视为理性的行为者,通过权衡考虑快乐和痛苦的得失来操纵他们的行为。对应于犯罪行为严重程度的刑罚被视为合理的威慑方法。不像贝卡利亚那样,边沁承认减轻责任因素,如贫穷和精神疾病。与贝卡利亚一样的是,边沁感到为威慑潜在的犯罪人,刑罚或纪律制度必须合理、明确、迅速、肯定并对应于犯罪。

边沁的圆形监狱或者"监查所"展示为一座圆形监狱,监狱的屋顶是玻璃做成的,以一个中央警卫室或塔为特色。从中央警卫室里,监查员或警卫可以观察到所有牢房,牢房就设置在外层隔离带上,各个牢房彼此分隔。战略上安置软百叶窗障眼物,防止囚犯观察警卫,而警卫则没有障眼物可以一览无余地监视囚犯。监狱管理制度包括隔离、严格的纪律、反省、道德教诲和劳动,后者涉及契约劳动以弥补监禁费用。边沁也设想了一系列通话管从监查室通到所有牢房,他希望整个权力、监视或观察和劳动培训通过建筑设计来实现。边沁坚决主张圆形监狱应当建造在靠近城市中心的地方以便使之成为一个看得见的提醒物,这样对可能实施犯罪的每个人都起到一种儆戒作用。针对圆形监狱的预期效果,边沁做出进一步描绘:"这种监狱的出现,它的独特的形状,周围的大墙和壕沟,门口的警卫,都会唤起有关监禁和刑罚的观念……可以允许公众比较自由人的劳动与犯人的劳动……正常人的享受与对犯人的剥夺……同时,实际的惩罚却不很明显。"①以此,圆形监狱既能威慑外面的公众,又不伤害里面的犯人。

边沁的计划要求圆形监狱要由私人承包商来管理经营,私人承包商是企业家,他能发展资本主义的监狱工业,类似贫民习艺所那样,其收入将支付监狱设施的运行费用。在他的计划中,经济是口号,甚至只依靠一些监查员或警卫。在英国,边沁本来希望自己当一位圆形监狱的承包商,但不幸的是未被国会批准。虽然英国拒绝了边沁的建议,但是他的一些计划内容被第一座英国监狱采纳,这座监狱于1817年建在泰晤士河畔的尼尔班克,以及后来的本顿维尔监狱在1842年也如法炮制,但结果不甚理想。美国也尝试过圆形监狱的各种实验,第一个是1826年在匹兹堡启用的州西部监狱。它以独居监禁制为特色,并有圆形监狱的某些建筑成分,但在10年内由于方案不切实

---

① 吴宗宪著:《西方犯罪学史》,警官教育出版社,1997年版,第75页。

际又做了重新设计。在20世纪,建于1916年至1924年伊利诺伊州斯泰特维监狱采纳了边沁设计方案的某些内容。最初,由于建筑外形描述类似于大筒仓,所以该设计很快就被抛弃,而且被判定为难以运行。斯泰特维监狱的部分问题显然是囚犯不费吹灰之力就能观察到警卫,因而驳斥了边沁方案的必要内容。边沁的圆形监狱在许多方面超越了所处时代。他的计划预测了电视监视仪、监听器、对讲机和电子监控设施的问世。

边沁的行刑哲学反映了所出现的恢复正常生活的理想——监狱不应该用于肉体惩罚而应该改善或"训练"囚犯。他希望,在圆形监狱,囚犯学习的训练工作管理制度帮助他们改善自己直到释放之时。他突出强调学习训练工作习惯的补偿可能性,不知不觉把圆形监狱计划用于囚犯,而且还扩展到如贫穷的精神残疾人之类的群体。在早期工业革命期间,大规模的贫穷化产生了一个无根基的"危险阶层",他们威胁着社会公众的和平与安全。当时的另一位改革家埃比尼泽·霍华德在1898年建议,应该环绕伦敦建设一系列新城镇,或明天的花园城市,以便重新安置正在兴起的人口,以便通过把城市工业最好的部分与农村健康生活联合起来的方式改造社会。而且,在18世纪90年代,边沁提出了"圆形监狱山"的建议,即一系列"工厂"实践有助于改善被压迫者的生活,欢迎贫穷者、孤儿、失业者、未婚母亲和退休人员接受教育和培训,并在农田中的小制造业中心劳动致富。虽然在19世纪末,其他计划的乌托邦社会发展起来了,但边沁的提议没有成为现实。

关于囚犯监管,边沁作为政治思想家和法学家,以"避苦求乐"的人的本性论为基础阐述功利主义,认为这也是立法应遵循的原则。他认为,对犯罪人的刑罚惩罚就是使其感受到痛苦,受到教育和矫正,以预防犯罪行为的再次发生。据此,他提出了监狱管理的三项原则。第一,监狱对囚犯的待遇管理应宽和,要强制囚犯劳动,但劳动的时间不宜过长、强度不宜过大,以避免危害囚犯的身体健康和生命,劳动的囚犯可分得劳动所获利润的1/4。第二,监狱对囚犯的惩罚应当严厉,在不危及囚犯健康和生命的前提下,对囚犯的惩罚应做到有节制的威慑,对犯罪危害程度不同的囚犯应给以不同程度的惩罚,对于囚犯惩罚的痛苦的程度必须大于他所获得的好处,以消除犯罪的引诱力。第三,监狱管理经济上应当节约,在监狱管理的每一个方面都应考虑到经济节约而不浪费。这三项监狱管理原则的中心思想就在于监狱不仅仅是监禁和惩戒囚犯的场所,而应把囚犯组织起来进行劳动,以达到矫正囚犯、预防犯罪的目的。他反对绝对的隔离监禁独居制,主张把3~4名囚犯组成一个小队,每个小队里既有犯罪意识较重的囚犯也有犯罪意识较轻的囚犯,小队里成员之间承担连带责任,这样可以互相监督,互相帮助,改恶从善。边沁相信,"道德得到改善,健康得到维护,劳动得到加强,教诲得到普及,公众负担得到减轻,经济获得稳定",就是圆形监狱产生的良好效果。

杰里米·边沁的监狱观,实质上属于监狱建筑与监管方式的结合。他还提出,一个罪犯在服完监禁刑后,不应该未加监视和考验地重返社会。将其突然从一种监管与囚禁状态转化为无限自由状态,抛入孤立的个人的欲望与需求之中,处在由无限私欲浸透的诱惑里,这是一种应该引起立法者关注的粗心与残忍。在伦敦,当泰晤士河上的囚船变空时,在犯罪周年的纪念日里,罪犯像狼一样冲进城市,仿佛经过长途跋涉后又成功地回到了羊群。在这群歹徒因再犯新罪重新逮捕之前,公路上没有任何安全保障,城市大街上也同样令人不安。

5. 威廉·葛德文(1756—1836年)的刑罚观

第一,威廉·葛德文简介

威廉·葛德文(William Godwin),1756年出生于英国的一个宗教家庭,1836年去世。葛德文的父亲是加尔文教派的传教士,因此他早年受过严格的宗教教育,并且从事过宗教事业,当过几年牧师。在18世纪法国唯物主义和英、法两国一些启蒙学者的思想的影响下,葛德文放弃了宗教,转变为无神论者,倡导个人主义和自由主义,成为英国的政治哲学家和著作家。他的理想主义的自由主义所依据的原则是:理性应当占绝对统治地位,它有能力做出抉择。他反对传统的政府,强烈主张"被理解为合作的一切事物就某种意义来说都是一种罪恶"。这种信念导致了后来最有影响的无政府主义学说的诞生。葛德文的主要著作是3卷本的《政治正义论》,全名为《论政治正义及其对道德和幸福的影响》,分别于1793年、1796年和1798年出版过3版。他一生主要从事著述,除《政治正义论》是他最光辉、最精辟的论著外,还有历史、经济、文学方面的著作,如《英联邦历史》《论人口问题》和《凯勒布·威廉轶事》等。

第二,威廉·葛德文的刑罚观

在所著《政治正义论》中,葛德文专章论述了自己的刑罚观,第七篇论犯罪与惩罚包括九章,第一章由道德原则所引起的对于惩罚学的限制,第二章惩罚的一般缺点,第三章论惩罚的目的,第四章论惩罚的实施,第五章论惩罚作为临时手段,第六章论惩罚的尺度,第七章论证据,第八章论法律,第九章论赦免,这里的惩罚翻译为刑罚更为合适。葛德文的刑罚观包括这样几方面的内容:刑罚定义、刑罚目的、刑罚副作用和刑种立场等。

关于刑罚定义,刑罚是必须能带来惩罚的痛苦。葛德文认为,刑罚也许是政治科学中最带根本性的问题,人们为了互相保护和彼此有力而联合在一起。葛德文指出,用与本书所说的原则相符合的用语来表述,刑罚这个词的唯一含义是"为了防止未来的危害,而对一个被判过犯有有害行为的人所加的痛苦"①。刑罚就意味着惩罚,惩罚必须造成痛苦。除非能有良好的效果,否则把痛苦加在任何人的身上都是非正义的。而一个有罪的人,也只有根据这种观点,才能成为痛苦的恰当对象。

关于刑罚目的,刑罚以追求公正为目的。针对当时流行的刑罚目的观有三个,即防止犯罪的观点,改造犯罪的观点,罚一儆百的观点。葛德文逐一进行了批驳,提出了自己的见解。针对"刑罚目的防止犯罪观",葛德文设问,为了防止犯罪,究竟防止什么呢?是"为了防止恐怕他将来造成的损害"而使用刑罚,这正是用来替最可恶的暴政辩护的论点。当时一个普遍观点认为,"人们的见解和行为之间有一种密切的关系;不道德的念头很可能会导致不道德的行动"②。对此,葛德文认为这是荒谬的,以实际案例做了有力驳斥,担心犯过一次抢劫罪的人会重犯抢劫罪,比认为一个在赌桌上荡尽财产的人会重新荡尽财产,或者一个惯于声称在任何有缓急的时候,他会毫无踌躇地采取这种赌博手段的人真会采取这种手段,并没有更多的道理,至少在许多情况下并非如此。因此,葛德文明确指出:"一切以防止犯罪为目的的刑罚,都是根据疑心而进行的惩罚,是能够想得出来的最违反理性和在实行上又最为武断的一种刑罚。"③以预防犯罪为刑罚目的,以对人的怀疑为基础,会使得刑罚不仅违反理性,而且最为武断。

针对"刑罚目的改造罪犯观",以强制手段不能说服人、不能安抚人而相反地使遭到强制的人离心、离德为理由,葛德文反对"刑罚目的改造罪犯观",指出"强制手段跟理性毫无共同之处,所以不能有培养德性的正当效果"④。那么什么能改造罪犯呢?葛德文解释说,如果我要使一个人的品行进步,谁不知道唯一有效的方式是排除一切外来的影响和刺激,诱导他去观察、去推理和研究,并引导他形成一套真正是他自己的想法而不是亦步亦趋照搬别人的想法。他还指出,"认为强制和惩罚是改造人类的正当手段,这正是野蛮人

---

① [英]威廉·葛德文著:《政治正义论》(第二卷),商务印书馆,1997年版,第525页。
② [英]威廉·葛德文著:《政治正义论》(第二卷),商务印书馆,1997年版,第533页。
③ [英]威廉·葛德文著:《政治正义论》(第二卷),商务印书馆,1997年版,第534页。
④ [英]威廉·葛德文著:《政治正义论》(第二卷),商务印书馆,1997年版,第534页。

的想法;文明和科学的目的在于彻底消灭这种凶恶的观点。这种观点过去曾经一度得到普遍承认和赞同;现在它必然要走下坡路了"①。葛德文进一步解释说,使用暴力强迫一个人倾听他急于想躲避的劝告,是说服人的一种可悲的方式。这些论点证明:如果由于其他理由使刑罚看来有必要的话,我们还是不应该忽视改造,而没有理由把改造当作刑罚目的。

针对"刑罚目的罚一儆百观",在葛德文看来,这一观点是以威慑、警戒为目的,以此动用刑罚是一种永远不能为正义所支持的理论。警戒给人看的是一种什么榜样呢?"为了警戒而做一件事,就等于说:今天做一件事,目的在于证明明天我还要做同样的事。这永远只能是一个次要的考虑。从来没有任何论点像警戒这个论点这样被人粗暴地滥用了。"②我们看见过有人用这种论点来证明可以做一件本来是错误的事情,使对方相信,在必要的时候,会做另外一件正确的事情。一个仔细研究和坚决执行正义原则的人,定会做出最好的榜样,自觉地坚持正义原则,比急于使人们能够预测到将来的行为,对于人类社会会产生更好的影响。

既然刑罚目的这三种观点都是不正确的,那么,刑罚目的究竟是什么呢?刑罚以追求公正或正义为目的。葛德文认为,"衡量公正的唯一标准是功利,凡不具有任何有益目的的事情都是非正义的"③,或者说是不公正的。刑罚的公正目的或正义目的在于它对未来的有益性。"刑罚的正义性是建立在这样一个简单的原则上的:一切人都有责任采取能够想到的各种手段来防止有害于社会安宁的罪恶,但必须首先根据经验或推理,肯定一切比较温和的办法都不足以应付这种紧急事态。"④从这个原则所得出的结论是:在存在犯罪的情形下,我们有责任剥夺犯罪人已经滥用了的生命或自由。

关于刑罚副作用,刑罚不是尽善尽美的,而是存在诸多副作用的。根据行为动机决定行动性质的伦理原则,只有好的动机,没有相应的努力,是没有什么价值的;没有好的动机,即使最有用的行动,也不会促进行动人的进步和荣誉。葛德文认为,用刑罚这个强制措施难以改变人的内心动机和道德水准,刑罚的强迫只能引起恐惧,迫使人们在表面上服从。总之,刑罚副作用表现为:破坏人们的认识能力,假装公正无私来欺骗犯罪人,刑罚引起了消极的

---

① [英]威廉·葛德文著:《政治正义论》(第二卷),商务印书馆,1997年版,第556页。
② [英]威廉·葛德文著:《政治正义论》(第二卷),商务印书馆,1997年版,第558页。
③ [英]威廉·葛德文著:《政治正义论》(第二卷),商务印书馆,1997年版,第523页。
④ [英]威廉·葛德文著:《政治正义论》(第二卷),商务印书馆,1997年版,第563页。

心理效果,刑与罪不可能相称。①

针对"破坏认识能力",葛德文指出,强制手段可能的直接后果就是使我们的理解和畏惧、义务和软弱互相矛盾,"强制手段首先是破坏遭到这种强制的人的认识能力,其次就是破坏使用这种手段的人的认识能力"②。刑罚不仅影响受刑人的认识能力,也影响使用者的认识能力。刑罚的强制向受刑人断言他必然是错误的,因为实行强制的人认为自己比被强制的人更有力量或者更为狡猾。对于执行强制的人,他可以不必去培养做人的能力。

针对"假装公正无私来欺骗犯罪人",葛德文认为,首先主张政治压迫而欺骗犯罪人,因为犯罪人侵犯了整个社会;随后,把犯罪人带到法庭的被告席上,又欺骗犯罪人说,"把他带到了一个公正无私的裁判人面前"③。这样,英国一方面通过他的代理人成了检察官指控犯罪人,另一方面又通过他的代表成了法官审判犯罪人,检察官和法官都是代表国王利益的,对犯罪人处以刑罚的所谓公正无私,本身就是个骗局,用以掩盖刑罚对犯罪人的残忍性。

作为强制措施,刑罚对被强制者的思想会造成不利影响,会引起消极的心理效果。葛德文明确指出:"强制不是说理,绝对谈不到说服。它所产生的是痛苦的感觉和厌恶的情绪。它造成的是粗暴地使人们的思想脱离我们希望他们深刻认识的真理。"④而且,刑罚强制意味着向犯罪人表明统治者的软弱性,"它本身就包括一种对于自己的软弱无力的默认。对我使用强制手段的人,如果能用说理使我就范,毫无疑问,他是一定会采用说理的。他伪称他处罚我是因为他很有道理;其实,他处罚我正是因为他毫无道理可说"⑤。

针对"刑与罪不可能相称",葛德文认为,刑罚实施中,在一切情况下,刑罚与罪行都是不能相称的,"从来没有发现过也永远不可能发现衡量罪刑的任何标准。从来没有两次犯罪是相同的,因此,要把它们明确地或含蓄地归纳为一般的类别是荒谬的,而这正是罚一儆百的惩罚所包含的意思。在犯罪的程度永远不能发现的情况下,要使受罚的程度和犯罪的程度相称,也同样是荒谬的"⑥。因为,在葛德文看来,表面行为与其内心的行为原因往往不一致,犯罪人之间的内心极不相同,犯罪人的动机难以确知,犯罪人将来的行为也是不可知的。犯罪人将来的行为受多种情况的影响,有多种多样的可能

---

① 吴宗宪著:《西方犯罪学史》,警官教育出版社,1997年版,第85－87页。
② [英]威廉·葛德文著:《政治正义论》(第二卷),商务印书馆,1997年版,第529页。
③ [英]威廉·葛德文著:《政治正义论》(第二卷),商务印书馆,1997年版,第530页。
④ [英]威廉·葛德文著:《政治正义论》(第二卷),商务印书馆,1997年版,第531页。
⑤ [英]威廉·葛德文著:《政治正义论》(第二卷),商务印书馆,1997年版,第531页。
⑥ [英]威廉·葛德文著:《政治正义论》(第二卷),商务印书馆,1997年版,第539页。

性,很难确切预测他有没有重新犯罪的可能性,因此很难确切了解和衡量刑罚与犯罪之间的相称关系。

关于刑种立场,葛德文不仅对刑罚的共性问题做了深刻分析,而且对刑罚的具体种类也做了批判性分析。对于死刑,持彻底反对立场。葛德文最早提出彻底废除死刑,"不论用什么方式剥夺人的生命也是不合理的,因为不这样做而防止他重新犯罪看来也总是完全实际可行的"①。虽然剥夺生命不是可能施加的最大伤害,但应该认为是一种极端严重的伤害,因为死刑"从根本上断送了受刑人的希望,使他不能再获得人的一切享受、各种美德和优点"②,完全排除了犯罪人重新变好的可能性和机会。因此,葛德文反对死刑,指出了使用死刑的真正原因有两个,即社会政治制度特别不公道,统治者苟且偷安和冷酷无情。

对于体罚,坚决反对。葛德文认为,体罚是一种速成的处理方式,其目的在于把充分说理和长期监禁的效果压缩在一个非常短暂的过程之内。"从施行体罚这一刻起,思想的一切健康道路都被堵塞了,从各方面阻塞这些道路的是一系列可耻的激情、仇恨、报复心理、专制、残忍、伪善、阴谋和怯懦,人和人成了敌人;强者充满了获得无限统治权的贪欲,弱者则以一种绝望和厌恶心情躲避别人的接近。"③一个有觉悟的人会抱着什么样的心情观看一个受刑人身上的鞭痕呢?不仅使他在理智上感到明确不满,并且将引起他对惩罚者的愤怒、轻蔑,基于以上理由,葛德文坚决反对体罚。

对监禁刑,必须严格限制使用。监禁刑,在早期分为杂居制和独居制两种,由于它们的弊端,葛德文主张严格限制使用。葛德文认为,监禁刑的杂居制把各种罪犯关在一起,并且他们在自己中间形成了某种类型的社会,"各种因素都会使他们沾染上懒惰和恶习,会使他们放弃转而勤奋的念头,人们也不做任何努力来消灭或减少这些因素"④。这种制度的残忍性是不言而喻的,人所共知,监狱是罪恶的渊薮,一个人从监狱里出来不比他进监狱时坏得多。尤其是单独监禁,虽然没有惯用方式的那些缺点,但也应受到非常严重的反对,"这种办法必然会使一切深思的人感到特别专横和严峻"。一个呼吸着地牢气息的人,心境会变得更温柔或者更开阔吗?葛德文一针见血地指出了独居监禁的后果,"过分无条件地强迫独居,可能养成疯子和白痴,而不能

---

① [英]威廉·葛德文著:《政治正义论》(第二卷),商务印书馆,1997年版,第561页。
② [英]威廉·葛德文著:《政治正义论》(第二卷),商务印书馆,1997年版,第561页。
③ [英]威廉·葛德文著:《政治正义论》(第二卷),商务印书馆,1997年版,第563页。
④ [英]威廉·葛德文著:《政治正义论》(第二卷),商务印书馆,1997年版,第564页。

培养出对社会有用的人"①。

对放逐,葛德文坚决反对。放逐的简单形式就是驱逐出境,这至少在某些严重的情形下,看来是十分非正义的,而遭到葛德文的反对。因为,"对于一个公民,我们不能容忍他在我们自己的国内居住,我们是否就有权把他强送到任何别的国家去居住,这是非常成问题的"②。放逐的失败有两种情况:其一,宗主国出于仇恨心情经营殖民地,极力使那里的居住条件令人厌恶和不舒服,把他们赶到天涯海角,让他们大批在饥饿困苦中死亡;其二,听任这些移民自己去生活。

葛德文认为,囚犯劳动是把他们置于奴役或苦役的状态,"对于维护社会的安宁来说,这是不必要的。作为改造罪犯的手段,则是极端错误的想法"③。因为,在葛德文看来,"人是有理性的动物,除去唤起他的精神力量以外,没有方法可以使他善良。除去使他独立自主以外,没有方法可以使他善良。他必须研究自然规律,研究行动的自然后果,而不是研究他的上级的专横的任性。你要我劳动吗?不要用鞭子赶着我;因为,如果我过去宁愿懒散,那么这样做只会使我更敌视劳动。你可以说服我认识并使劳动成为我所选择的事情。"④所以,葛德文认为,囚犯劳动只能是对理性的最有害的歪曲。

6. 伊丽莎白·弗赖 ⑤(1780—1845年)的监狱观

第一,伊丽莎白·弗赖简介

伊丽莎白·弗赖(Elizabeth Fry),1780年出生于英国诺里奇的一个贵格会教徒家庭,1845年10月12日逝世。父亲约翰·格尼是一位银行家和富商,伊丽莎白有六个姐妹和四个兄弟,在这个大家庭中度过了幸福的童年。17岁时伊丽莎白受到从费城来的贵格会教师威廉·萨弗里在某次会上的演讲的影响,对宗教有了一定了解,感到"上帝的存在",逐渐形成了博爱仁慈的思想。不久,她在家里的洗衣房中,为贫穷儿童开设了一个非正式学校,教他们学习,访问他们的家庭,帮助他们解决经济问题。1800年,与伦敦的年轻商人约瑟夫·弗赖结婚,她随同丈夫住到伦敦,却发现伦敦的生活更无情、更残酷。她受宗教人士的影响,投身于慈善事业,成为英国基督教贵格会的女慈

---

① [英]威廉·葛德文著:《政治正义论》(第二卷),商务印书馆,1997年版,第564页。
② [英]威廉·葛德文著:《政治正义论》(第二卷),商务印书馆,1997年版,第567页。
③ [英]威廉·葛德文著:《政治正义论》(第二卷),商务印书馆,1997年版,第566页。
④ [英]威廉·葛德文著:《政治正义论》(第二卷),商务印书馆,1997年版,第566页。
⑤ 吴宗宪著:《西方犯罪学史》,警官教育出版社,1997年版,第122-123页。

善家、欧洲监狱改革运动的主要倡导人之一,为改善英国的医院制度和对精神病人的治疗做了大量工作。

第二,伊丽莎白·弗赖的监狱观

法国出生的贵格会改革家斯特凡·格雷特在美国从事慈善活动,为改善矿山、医院、监狱、精神病院的生活条件,做了许多工作。1811年,斯特凡到欧洲旅行布道,1812年到英国,参观新门监狱,为该监狱里女犯的恶劣生活条件所震动,参观之后在伦敦讲了这些情况。在她的影响下,1813年2月15日伊丽莎白与妹妹安娜·巴克斯顿一起参观了新门女监,后来又多次探访该监狱,做了一些力所能及的改善监狱生活卫生条件的工作。她的两位妹夫托马斯·巴克斯顿爵士和塞缪尔·霍尔爵士也对英国的刑罚改革感兴趣,在他们的鼓励下,从1813年至1817年,伊丽莎白与他们一起访问了伦敦的多座监狱,从而对犯罪原因、犯人生活条件以及可能的补救措施等,有了较多的了解。

1817年,伊丽莎白再次探访新门女监,决定先为女犯的未成年子女办一所学校,随后又为女犯母亲和其他感兴趣的犯人开设缝纫班。同年,她组织了"改善新门女犯协会"。她抨击流放地的恶劣条件,揭露这些恶劣条件对女犯的影响。在她的努力下,新门监狱做出了许多改革,例如男女犯人分监,犯人分类关押,女犯由女看守监管,适当提供宗教和世俗的教育,让犯人从事有益的劳动等。她还努力废除了从新门监狱往囚船押送女犯时给她们戴脚镣的做法,废除了用敞篷车运送女犯的做法,改用正规马车代替等。在1818年至1819年,她走访了英格兰北部和苏格兰的监狱,并发表巡视笔访,描述监狱的恶劣条件,发出改良监狱条件的呼吁,提出改进监狱管理的建议。这些工作得到了议会的承认,并由此与国外的监狱主管机关取得了联系。从1838年起,她访问了苏格兰、法国、普鲁士的许多监狱,向有关当局提出了一系列改良监狱条件和改善监狱管理的建议,其中许多建议都被采纳。以后,她又转向医院和精神病院的改革,并做了大量改良工作。她的监狱观点和监狱改革活动对英国及欧美各国的监狱改革都产生了重要影响,她的许多建议在当时都成为监狱制度的标准。

7. 亚历山大·麦科诺基①(1787—1860年)的监狱观

第一,亚历山大·麦科诺基简介

亚历山大·麦科诺基(Alexander Maconochie),1787年2月1日出生于爱

---

① 吴宗宪著:《西方犯罪学史》,警官教育出版社,1997年版,第123-124页。

丁堡的一个苏格兰人家庭,1860年10月25日在萨里郡的莫登病逝,享年73岁。他是英国杰出的刑罚改革家、监狱计分"点数制"或称"分数制"的创始人。父亲是一位知名律师,后来接替经济学家亚当·斯密的职位,任苏格兰关税委员会的督察。父亲去世时,麦科诺基才八九岁,只好由他的男亲属米德班克勒爵艾伦·麦科诺基抚养。艾伦是当时最杰出的知识分子之一,对麦科诺基的成长有一定影响。艾伦要求麦科诺基学习法律,但是他却想参军入伍当海军军人,并于1803年16岁时如愿以偿地当上了志愿兵,1804年3月成为海军军官候补生。在海军学习期间,麦科诺基学习了拉丁文、希腊文、法文和西班牙文。

1810年,他作为海军上尉服役的军舰遭遇暴风雨,被法军俘虏,在战俘营被关押了很长时间。可能是由于这次坐牢的经历,使他对监狱中的弊端有了深刻体验,并对他以后的监狱改革活动产生了影响。1814年被遣送回国后,他又加入了英国海军,后升任舰长,直到1855年退休。在1829年麦科诺基举家搬到伦敦,又恢复了与一些杰出的海军军官的友好交往,其中包括约翰·巴罗、约翰·富兰克林和艾德米里·博福特。这些人与其他人一起组建了伦敦地理协会,不久又改名为皇家地理学会,麦科诺基担任第一任秘书长。1833年,麦科诺基被任命为伦敦大学学院的第一任地理学教授,担任这个教职直到1836年。

第二,亚历山大·麦科诺基的监狱观

1836年,海军军官、著名北极探险家约翰·富兰克林被任命为太平洋上的塔斯马尼亚岛范迪门地区的代理总督。范迪门地区是英国管辖之下的一个监狱岛,属于澳大利亚,称为塔斯马尼亚岛。富兰克林邀请麦科诺基做他的私人秘书,随同前往管理英国流放到塔斯马尼亚岛的犯人。1837年到达该地区后,麦科诺基发现流放地的条件十分恶劣,在用船运送犯人的过程中也有许多犯人死于航海途中。受到一起居住在范迪门地区的两位贵格会教徒巴克豪斯和沃克的影响,麦科诺基严厉批评了向殖民地流放犯人的制度,激起了当地官员的反感,福兰克林因此解除了麦科诺基的私人秘书职务。在解除职务后,他继续居住在塔斯马尼亚岛。期间,麦科诺基撰文阐述了他的刑罚改革观点,1838年发表《关于犯人管理的思考》,1839年发表《关于犯人管理的思考的补充》和《对犯人管理的社会制度的一般看法》。这些论文深受贵格会教义的影响,其中许多观点是在麦科诺基与巴克豪斯和沃克的共同讨论中产生的。

1839年,英国政府任命麦科诺基担任诺福克岛监狱的监狱长,让他在那里试行自己的监狱改革计划。在诺福克岛监狱,麦科诺基推行人道的监狱管理制度,要求犯人完成一定数量的劳动,而不是执行一定时间的刑期,作为释放犯人的先决条件,同时用"点数制"或称"记分制""评分制""分数制"考察与记录犯人劳动和其他方面的表现,以增强犯人的自律和自我改善。他拆除了诺福克岛监狱的绞刑架,除监狱囚服外允许犯人穿便服,废除了犯人必须在看守面前卑躬屈膝的传统要求,建造了任何人可以进入的教堂和学校,允许犯人进餐时使用刀具,鼓励犯人自我控制和自我改造。在1846年出版的《犯罪与刑罚》一书中,他将点数制的基本原理归纳为五条。其一,判决不应当规定一定期限的监禁,而应当规定完成一定数量的劳动任务,或者说,应当废除剥夺自由的期限判决,而代之以完成一定的劳动判决。其二,犯人必须完成的劳动的数量,应当用犯人必须获取的分数来表示,当犯人通过行为改善、生活节俭和劳动习惯来获得一定分数时,就可以获得释放。其三,在监狱中犯人应当达到为他规定的一切,否则就会得到负分。其四,当犯人达到监狱规定的要求时,可以与少量的其他犯人组成六至七人的小组一起劳动,整个小组应当对每个成员的行为和劳动负责。其五,在最后阶段仍然要求犯人每天要获得一定分数,但应付给犯人一定数量的劳动报酬,对犯人的纪律要求也应放宽,以便为犯人释放到社会做准备。可见,点数制已经具备了不定期刑的特征,因而在英国的文献中麦科诺基被视为不定期刑运动的发起人。

麦科诺基在诺福克岛监狱的这些做法遭到了其他官员的敌视,因而在1844年他被召回英国,由此他得以在英格兰本土发起监狱改革运动。在此期间,麦科诺基结识了著名的英国律师、王室法律顾问和刑罚改革家马修·达文波特·希尔,希尔曾对如何处理罪犯提出过很多建议,这些建议大部分在英格兰被制定为法律。希尔认为,对在监狱矫正中表现良好的犯人可以假释,对不可救药的犯人则不予释放、必须终身监禁,这样就可以预防犯罪。1857年,希尔撰写了重要著作《关于制止犯罪人的建议》。他的弟弟弗雷德里克·希尔支持他的工作,在任苏格兰监狱官员时,1853年撰写了《犯罪及其数量、原因与补救措施》。在马修·达文波特·希尔的帮助下,1849年麦科诺基被任命为伯明翰市监狱长。由于麦科诺基过于宽容不太听话的犯人,因而仅仅在这个职务上工作了2年即于1851年被免职。免职后,麦科诺基继续以写作等方式从事监狱改革的研究工作,但晚年家遭不幸且本人又患疾病,终于在1860年10月25日病逝于萨里郡的莫登,享年73岁。

8. 沃尔特·弗雷德里克·克罗夫顿①(1815—1897年)的监狱观

第一,沃尔特·弗雷德里克·克罗夫顿简介

沃尔特·弗雷德里克·克罗夫顿(Sir Walter Frederick Crofton),1815年出生,1897年逝世,爵士封号,是19世纪英国著名的监狱改革家,被称为"爱尔兰制之父"。1853年至1854年担任爱尔兰蒙乔伊监狱的监狱长,1866年至1868年在英格兰担任监狱官员,1869年起担任爱尔兰监狱委员会主席。

第二,沃尔特·弗雷德里克·克罗夫顿的监狱观

克罗夫顿担任爱尔兰蒙乔伊监狱的监狱长期间,英格兰监狱总监乔舒亚·杰布爵士将麦科诺基在诺福克岛监狱的做法介绍到爱尔兰,并在爱尔兰实行,故称爱尔兰制。其实,这项监狱制度是由麦科诺基在诺福克岛监狱开始创建并在爱尔兰监狱系统中完善起来的,许多刑罚改革家对此都做出了贡献。早在诺福克岛任监狱长时,麦克诺基就采取了由三个阶段组成的囚犯监管制度:第一阶段独居监禁,第二阶段集体劳动,第三阶段假释。犯人是否升入上一级,是根据他是否达到一定分数来决定的。在1854年至1862年之间,克罗夫顿在集体劳动与假释之间又增加了一个"中间阶段",使犯人在假释之前有一个半监禁半自由的过渡阶段,以便做好从监狱到社会的准备工作。在这个阶段,犯人有较大的自由,可以穿自己的衣服,白天可以到社会上劳动工作,晚上回监狱报告劳动工作情况,接受点名后就在监舍住宿,可以自由使用工资。设立中间阶段的目的在于考验犯人是否能经得起社会上的诱惑,考察犯人是否确已得到改善以及犯人自制力的强弱。经过这个阶段的锻炼,发给合格者假释证书,予以假释。这样就形成了完善的爱尔兰制。那种主要为犯人度过中间阶段而设立的监狱,称为中间监狱。这种监狱没有围墙等一般监狱所具有的警戒设施,主要以犯人的自我管理为特色。

在爱尔兰制的创立和完善过程中,克罗夫顿及其同事们公开承认受到了麦科诺基观点的鼓励和启发,他们发展和加以完善的爱尔兰制,以下列原则为基础。其一,奖励。根据犯人每天的劳动和良好行为的分数记录,对犯人进行各种奖励,直至最终释放。其二,个人影响。监狱长、监狱教师、监狱牧师对犯人施加个人影响,监狱里的犯人人数不能超过监狱长及其助手们能了解每个犯人的人数限度,这种人数限度在普通监狱是300人左右,在中间监狱是100人左右。其三,逐渐向自由过渡。随着犯人向上一阶段的晋升,所

---

① 吴宗宪著:《西方犯罪学史》,警官教育出版社,1997年版,第124-125页。

受到的纪律管束越来越少,到中间监狱时,犯人处于半监禁半自由状态。其四,释放后严格监督。假释后犯人如果违反假释条件,就收回假释证,重新监禁。经过进一步的完善,爱尔兰制成为曾经辉煌一时的监狱囚犯监管制度——累进制。

9. 威廉·道格拉斯·莫里森[①](1852—1943年)的监狱观

第一,威廉·道格拉斯·莫里森简介

威廉·道格拉斯·莫里森(William Douglas Morrison),1852年出生于英国苏格兰新不伦瑞克的牛顿镇,是英国著名的牧师、犯罪学家,1943去世。莫里森青年时在苏格兰的格伦·阿尔蒙德和圣·安德鲁斯大学学习,1898年圣·安德鲁斯大学授予莫里森名誉法学博士学位。被任命为英格兰北约克郡哈罗盖特区城市里彭区的主教几年后,莫里森在1883年担任皇家监狱局的监狱牧师,直到1898年。长达十几年的监狱工作经历,极大地影响了莫里森,他不仅形成和发展了自己的犯罪学思想,而且也形成和发展了自己的监狱学思想。

第二,威廉·道格拉斯·莫里森的监狱观

莫里森作为监狱牧师,在监狱里工作时间很长,亲身实践了英国监狱工作,看到了英国监狱的弊端。因此,莫里森撰写了诸多论文,其中,《我们的监狱失败了吗?》载于《双周评论》1894年第61卷,《监狱改革:监狱与犯人》载于《双周评论》1898年第63卷,对英国的监狱及犯人的情况进行了深入的分析和探讨,反映了他的监狱观。

关于监狱改造犯人的效果,莫里森持怀疑态度。在监狱当牧师的工作经历使他了解了监狱的实情,莫里森几乎不相信监狱改造犯人能有什么效果。在《我们的监狱失败了吗?》一文中,莫里森指出:"我们经常被告如,现在的英国监狱制度是世界上最好的。如果某种监狱制度的价值是根据它的遵守纪律的情况、它对卫生整洁的注意、它像机械一样处理犯人的方法来衡量的话,那么,毫无疑问,我们的监狱可以和世界上任何别的类似机构相比较。"莫里森把当时监狱人口的减少没有看成是犯罪不再增长和监禁产生了一定威慑效果的证据,认为从监狱人口的减少推论出犯罪不再增长和监禁产生了一定威慑效果的做法在逻辑上是荒谬的,因为监狱人口的增减取决于许多因素而不仅仅取决于犯罪的数量。他用实际情况科学地解释了这个现象,1868年

---

① 吴宗宪著:《西方犯罪学史》,警官教育出版社,1997年版,第369-377页。

简易判决的数量是 372707 起而被监禁的人数仅为 95263 人,1887 年简易判决的数量上升到 538930 起而被监禁的人数则下降到 78438 人,这就意味着被判过监禁的人从 1868 年的 25% 下降到 1887 年的 14%,可见监狱人口的减少是由审判政策的变化引起的,即在后来使用了更多的短期监禁刑和其他监禁替代刑罚。

关于监禁的负作用,莫里森肯定其对犯人和社会的损害。在《监狱改革:监狱与犯人》一文中,莫里森论述了监禁对犯人的心理和社会损害问题,绝不能把保护社会确定为监禁的目的,监禁给社会增加了很大危险。偶然犯罪人的犯罪只是一个孤立的偶发事件,除此之外他们过着守法的生活;习惯性犯罪人的犯罪已成了一种职业,他们通过掠夺社会而生活。而监狱是习惯性犯罪人的培养基地,习惯性犯罪人是从偶然性犯罪人发展而来的,监狱败坏了犯人的心理和道德,减弱了他们的热情,使他们厌恶工作和对生活的义务,使他们变得更堕落,当重获自由时,他们对社会的危险性比他们进监狱时大得多。

二、美国的监狱观

1. 本杰明·拉什(1747—1813 年)的监狱观

第一,本杰明·拉什简介

本杰明·拉什,1747 年至 1813 年,出生在宾夕法尼亚的拜贝里。当拉什 2 岁的时候,他父亲以枪械制造修理为业,举家搬迁到了费城。此后 2 年,拉什的父亲去世,留下了 7 个孩子和他母亲,当时本杰明只有 4 岁。他母亲卖掉了枪械制造修理店,开了一间杂货店,她成功地经营了许多年。从 1759 年到 1760 年,拉什进入新泽西学院学习,后来新泽西学院更名为普林斯顿大学。在 15 岁时,拉什决定学习医学,去给费城最成功的一位医生当学徒。拉什还在伦敦花了 3 年时间学习医学,之后回到费城。从 1769 年开始,他自己行医治病,并且也开始在费城学院教化学。返回费城后不久,拉什就开始投身到政治和社会公共事业之中。

他写了关于奴隶制、爱国主义和许多医学问题的论文。在美国历史上,拉什是建议政府实行全州统一教育制度计划的第一人。1776 年,拉什被选为费城监察与督察委员会委员,从事执行议会决定的工作,这个委员会管理价格并供应盐之类的稀缺货物。如果发现运输违禁货物的船只,委员会经常没收船只,把船主关进监狱。在美国独立的战争中,监察与督察委员会也发挥了重要作用。到临近期限时,州代表投票支持独立。当时,推选国会中代表各州的代表,拉什当选新的州代表。拉什辞去了军队医生职位,到国会就任议员职务。本杰明·拉什是一位医生、政治家,也是监狱改革的早期发起人。

本杰明·拉什是美国最杰出的医生之一。他是托马斯·杰斐逊和约翰·亚当斯的朋友,他也参与签署了《独立宣言》。1776年拉什与茱莉亚·斯托克顿结婚,生育了13个孩子,其中9个长大成人。由于家庭成员众多,拉什需要在更多的时间为家庭生活奔波,开始不怎么关注政治和监狱改革了。一个儿子患上精神病之后,他就到宾夕法尼亚州医院工作,并且对治疗精神病特别感兴趣。在最著名的精神病方面的书籍中,其中就有他的作品。随着他的名声与日俱增,在大学里听他讲课的学生人数随之剧增。虽然他的一些政治同事指责他放弃了他曾经支持的事业的责任,但是拉什只回应道他的家庭成员需要他花更多的时间去照顾。1813年拉什去世,享年65岁。

第二,本杰明·拉什的监狱观

在1786年,宾夕法尼亚州制定了新刑法,这部《刑法》规定了死刑的限制使用并且减少了肉体刑的使用。虽然《刑法》的变化至少部分上是当时某些激进改革人士的努力结果,但拉什是第一个公开反对《刑法》修改的人之一。在出席促进政治质询协会的会议期间(在本杰明·富兰克林的家中召集),拉什提出了他自己有关惩罚罪犯的两个重要观点。首先,拉什认为惩罚不应该是一件公众事件;其次,惩罚罪犯的唯一目的是要改造他们。拉什想,如果以鼓励忏悔的方式惩罚罪犯,应该可以改造所有罪犯。

1787年,费城减轻国家监狱悲惨状况协会成立,后来更名为宾夕法尼亚州监狱协会。参加第一次会议的代表有本杰明·富兰克林,许多教友派信徒改革家以及本杰明·拉什。虽然拉什是长老教会员,但是他经常参加美国教友派信徒的活动,而且支持他们倡导的监狱改革运动。协会游说州政府,主张改革监狱行政管理、监狱劳动规则和改革刑法。改造沃尔纳特街看守所是协会承担的第一个项目。不是只把监禁囚犯作为惩罚,改革家也要求罪犯反省并接受道德教诲。他们支持独居监禁囚犯,独居监禁中囚犯被彼此隔离并且与外界世界的所有交往联系相隔绝。看守所被称为"教养院",因为在那里,囚犯要为他们的犯罪做忏悔。协会的成员有时探视囚犯去帮助他们接受道德教诲。

独居监禁的观点在较大程度上受到了州东部监狱建筑的检验。到1900年时,宾夕法尼亚州矫正制度被废弃,因为它对囚犯有严重危害。因隔离时间太长,许多罪犯遭受了极其严重的心理伤害,有的难以忍受甚至以自杀来自行了断。宾夕法尼亚州制度被奥本制代替,奥本制允许囚犯在白天一起劳动,只在晚上隔离监禁。

2. 爱德华·利文斯通①(1764—1836年)的监狱观

第一,爱德华·利文斯通简介

爱德华·利文斯通(Edward Livingston),生于1764年,逝世于1836年。他是美国早期著名的刑罚学家。1785年爱德华·利文斯通进入纽约市律师界,1795年至1801年担任国会中的共和党众议员,1801年被任命为纽约市长。因与职员的舞弊案有牵连,在1803年辞去公职并迁到新奥尔良,在新奥尔良开展律师业务。在此期间,他编纂了司法程序临时法典,该法典于1805年至1925年在路易斯安那州实施。1820年他进入路易斯安那州议会,受委托修改该州的刑法典。1821年,他发表为路易斯安那州起草的刑法典,尽管该法典没有被采用,却使他赢得了国际声望。1823年至1829年他再次当选为国会众议员,并于1828年把他起草的《美利坚合众国刑法制度》提交给美国参议院,但是没有被采纳。不过该草案却成为美国其他州及其他国家刑法典的模本。1831年至1833年爱德华·利文斯通被杰克逊总统任命为国务卿,1833年至1835年担任驻法国特命全权公使。

第二,爱德华·利文斯通的监狱观

作为美国早期著名的刑罚学家,利文斯通认为,刑罚的目的在于防止犯罪。如果任何一种刑罚不能阻止犯罪行为,那么就应该废除,因此他主张废除死刑。他认为,犯人的监禁刑期应当与犯人的矫正相适应,特别是在矫正包括职业技能学习内容的情况下,最低应有两年的监禁期限。他建议提前释放或假释应当由5人委员会决定。对于没有学会或者不能学习一种工作技能的犯罪人,利文斯通建议在各县设立矫正所,由矫正所收押监管此类人群,同时雇佣他们为政府劳动,这是具有工厂性质的拘留所制度的雏形。利文斯通为路易斯安那州起草的刑法典是一部综合性法典,这部法典包括四个部分:其一为"犯罪与刑罚法典",其二为"诉讼程序法典",其三为"证据法典",其四为"矫造和监狱法典",此外还有一册定义。他赞同独居监禁,但批评独居监禁的残酷性,并且呼吁废除鞭笞。他赞成在监狱中教授手艺,建议每天记录每个犯人的情况,监狱应当给参加劳动的犯人一定报酬。他相信犯人是

---

① 吴宗宪著:《西方犯罪学史》,警官教育出版社,1997年版,第117-118页。

可以矫正的。利文斯通注意到贫穷与犯罪之间的密切联系,警告人们要注意贫穷的危险性,主张建立劳作所、拘留所和教养院。

3. 约翰·哈维兰(1792—1852年)的监狱观

第一,约翰·哈维兰简介

约翰·哈维兰,1792年12月15日出生于英国的萨默塞特。在伦敦,他师从詹姆士·埃尔姆斯学习建筑学,詹姆士·埃尔姆斯不仅是英国当时杰出的建筑师之一,而且也是小册子《监狱规划》的作者。他的小册子所阐述的内容与英国监狱改革家鼻祖约翰·霍华德的著作所主张的内容相似,约翰·霍华德倡导囚犯设施应该更清洁、更有条理。据说,这本小册子和约翰·霍华德的著作,对哈维兰以后的监狱建筑设计影响极大。1815年,哈维兰怀着加入"帝国工程师"协会的意愿,离开英国前往俄国。在俄国期间,他遇见了乔治·冯·桑塔格爵士,这位前费城人劝说他到美国去。

哈维兰听从了建议,遂决定不留在俄国,于是在1816年动身前往美国。他到达费城后,就在当地开办了一所建筑绘图学校。不久,就有人委托他建筑私人住宅、政府建筑和教堂。作为宾夕法尼亚州东部监狱的建筑师,约翰·哈维兰为犯罪学者所熟知,而且宾夕法尼亚州东部监狱也成为宾州监狱制的原版典范。哈维兰对美国和世界其他地区监狱发展的贡献包括两个方面:监狱的实体设计和设计的人道主义精神,这在当时是闻所未闻的。虽然宾州监狱制没有广泛适应于美国,但哈维兰所设计的监狱的某些特征仍然体现在我们今天的监狱建筑上。

第二,约翰·哈维兰的监狱观

1821年,宾夕法尼亚州议会颁布一项法令批准建筑两所监狱,一所在费城,另一所在匹兹堡。教友会负责管理沃尔纳特·斯特里特监狱,该监狱将囚犯分类、独居监禁和苦力劳动纳入其计划付诸实施,宾夕法尼亚州议会深受教友会教义的影响。宾夕法尼亚州议会也受到了"费城减轻国家监狱悲惨状况协会"的影响,费城减轻国家监狱悲惨状况协会倡导,除囚犯分类和劳动之外,根据囚犯的犯罪动机和监禁的不确定期限,对囚犯实行个别处遇。

要建的第一座监狱是位于匹兹堡的西部监狱,由威廉·斯特立克兰设计,该监狱的建筑结构将单人牢房的独居监禁与没有苦力劳动的无所事事状态相结合。在断绝囚犯之间交往联系以避免相互传染恶习的状态下,囚犯通过反省自己的罪行、阅读宗教书籍来改造自己。然而,实践证明,这个计划没有取得什么成功,到1829年第二座监狱准备开始建筑时,宾夕法尼亚州议会颁布一项法令要求两座监狱都必须实施独居监禁制和苦力劳动制。

哈维兰拟定了费城东部监狱的获选建筑规划后,监狱建筑工程于1823年破土动工,在1836年完工。他也接到指令拆除西部监狱的内部建筑设施,以便使监狱的条件更能满足囚犯的健康要求并促进每间监牢房里监狱工业生产劳动的开展。与此同时(19世纪30年代),哈维兰积极投身于纽约市法院大楼和拘留所的建筑工程,由于其建筑风格采取埃及金字塔式模式,拘留所被称为"坟墓"。此外,他还监督位于新泽西州特伦顿的州监狱建筑工程,并设计了密苏里州和罗德岛州的州监狱建筑。

东部监狱或称切里希尔监狱,是哈维兰设计的最出名的监狱,如同世人所熟知的那样,以放射状设计为基础。由于不仅受到了以前建造的监狱的影响,如比利时根特监狱、罗马圣米歇尔监狱和英国伊普斯威奇县看守所,而且还受到了约翰·霍华德的著作和杰里米·边沁的著作的影响,所以放射状设计并不是个新颖的观念。但是,哈维兰对那些监狱建筑设计进行了独创性修改,以适应他所设计的监狱建筑的需要。正是以这些独创性修改,哈维兰收获了成果。

他的建筑规划内容是7排外向型监牢房,每排外向型监牢房的内部走廊从中心办公室和观察楼四周呈放射状延伸开来,每间监牢有自己的劳动空间和一个娱乐活动小院子。监牢约3.66米长,约2.5米宽,约3米高;活动院子约5.5米长,没有顶子。4排监牢房是两层楼,顶层监牢的面积是底层监牢的2倍,以弥补没有活动院子的不足。每间监牢配备一个抽水马桶,一个自来水龙头,一个用铁链子固定在墙壁上的床铺,以及适当的采光、通风和取暖设施,所有这些在当时被认为是非常先进的了。此外,监牢里还配置一个衣服架子,一张写字台,一把凳子,一只白铁制成的杯子,一个饭碗,一面镜子,一把扫帚,一张床单,一个与床铺相配的草床垫子。这座监狱本身呈哥特式建筑风格,旨在威慑囚犯和社会民众,使他们不敢犯罪。监狱也把警戒安全作为一个重要目的来设计。从中心观察室可以看到所有监牢房内铺设地板的石头,中心观察室连在一起是为了防止囚犯接近。因此,与同时期的多数监狱相比,该监狱具有更高的警戒安全程度。这座监狱定义了监狱改革的宾夕法尼亚州制,简称宾州制,后来被美国的奥本制所取代。

哈维兰的杰作,既是批评的靶子,也是赞扬的对象。起初,在美国国内和国外,切里希尔监狱作为一项重大改革,基于它的警戒安全设计和上好的住宿条件,受到了人们的欢迎,被视为监狱改良的一种具有启发作用的方式以及对西部州监狱的重大改进。东部州监狱建成完工后不久,来自不同国家的代表就纷至沓来参观访问,祝贺监狱在建筑结构上的成功。英国、德国、比利时、西班牙、荷兰、瑞士、芬兰、丹麦、瑞典、奥地利、匈牙利、法国、俄国、日本和意大利,纷纷效仿切里希尔监狱或彭顿维尔监狱的建筑结构模式。彭顿维尔监狱是哈维兰1842年在英国设计建造的。来自法国的两位建筑师,博蒙特和德托克昆维尔,基于改良评价了宾州制的好处:"在费城,把囚犯置于道德评价氛围,充分发挥道德促进他们悔改的作用。我们已多次提到过这个关键的转折点,本监狱的囚犯经历过这个思想转变过程。"因此,辐射状建筑设计,被再次引进欧洲大陆,还被引进亚洲大陆。即使在今天,从许多辐射状设计的监狱中,仍然能看到哈维兰的影响。现代建筑师和艺术批评家也称赞东部州监狱的建筑设计模式。

然而,由于监禁的囚犯过度拥挤而且费用增加,东部州监狱逐渐受到美国人的批评。在纽约州的奥本监狱,监狱长伊拉姆·林奇引进了晚上独居监禁制,并伴之以白天集体劳作禁止交流联系的静默制。如果不需要劳作区和分开的活动区,那么监牢房可能建造得更小。在1864年,博蒙特和德托克昆维尔注意到,宾州制的费用太高了以至于在他们国家效仿是不可能行得通的。最后,奥本制被美国的大多数监狱所采用。奥本制下,一排排监牢房带有外向型走廊和中心饭厅、劳作区和活动区。囚犯以固定的队形走到各种不同的区域,没有时间允许他们懒散闲逛。实行静默制,禁止囚犯之间说话交流。如果确实有事,即使是对监狱警卫,也只允许用手势沟通联系。

宾州制的批评家也注意到,将囚犯一天24小时监禁在他们的牢房里太严酷了,太没有人情味了。正如宾夕法尼亚州的西部州监狱的监禁结果那样,该监狱的囚犯处于独居监禁之下且不劳作,宾州制对囚犯的监禁导致了囚犯精神崩溃的结果。在20世纪60年代和70年代,批评家得出结论认为,根据犯罪动机的心理学解释,监狱建筑设计采取令人难忘的哥特式模式以及刑罚的惩罚性质无益于改善囚犯。其他人感觉到,宗教性书籍不应该分发给囚犯,除非他们请求发给他们。

尽管哈维尔设计建筑的监狱遭到了批评,但他仍继续从事监狱的建筑设计事业。他提交了阿肯色州的州监狱计划、路易斯安那州的州监狱计划和哥伦比亚区域的监狱计划,但是没有被采纳。此外,他还为费城设计了许多公用建筑和私用建筑。直到1839年时,他才从事重大的监狱建筑设计工程,而且他开始在英国、法国和墨西哥申请工作。第二年,他再一次给宾夕法尼亚州设计监狱建筑方案,因为当时授权某些县建造自己的监狱。那年,他开始建筑设计哈里斯堡监狱,接着是1846年的雷丁监狱和1849年的兰开斯特监狱。1852年3月28日,哈维兰在费城死于中风,此后不久兰开斯特监狱在1852年完工。哈维兰的未竟事业落在了他的一个儿子——爱德华的肩上,他后来效仿其父的风格设计建筑了县监狱。

哈维兰对美国监狱的影响在呈辐射状建筑设计的建筑上能够得以体现。这些建筑包括堪萨斯州监狱、华盛顿州监狱、加利福尼亚州监狱、德克萨斯州监狱和科罗拉多州监狱。所有这些监狱都采取特定的辐射状建筑设计模式或者是对辐射状建筑设计模式的修正。哈维兰以做出的监狱建筑的第一个设计图赢得了人们的赞誉。当他的设计问世时,监狱建筑方面的进步暂时停止了,因为监狱管理人员忙于落实他的计划,而无暇顾及监狱建筑方面的改进。1973年约翰斯顿评价说,哈维兰最大的贡献不是辐射状建筑设计,辐射状建筑设计可以追溯到欧洲大陆在他之前就出现了,或者是由另外一位建筑师引进到美国的,但是哈维兰身体力行的建筑高标准在今天的监狱中仍然能够看到。

4. 多萝西娅·林德·迪克斯(1802—1887年)的监狱观

第一,多萝西娅·林德·迪克斯简介

约瑟夫、玛丽·比奇洛·迪克斯夫妻,在缅因州的汉普登于1802年4月4日生下了女儿多萝西娅·林德·迪克斯。多萝西娅的父亲是波士顿一个显赫家庭的第三个儿子,关于多萝西娅·林德·迪克斯的母亲的情况知道得极少,据说她比丈夫年长几岁,约瑟夫·迪克斯的家庭认为她的社会地位使她不适合成为他们家庭的一位成员。结婚之前,约瑟夫·迪克斯在哈佛大学学习神学;结婚之后,他离开哈佛,当上了卫理公会教巡回教长。由于职业缘故,他时常长时间离家不归。在他离家在外时,多萝西娅和她的母亲把他的布道文刺绣成工艺品去卖,以补贴约瑟夫·迪克斯少得可怜的收入。

多萝西娅·林德·迪克斯的祖父母非常喜欢她,她也企盼到波士顿去看望他们。她特别喜欢她的祖父,她7岁时祖父去世。祖母管理大家庭的方式和对那些遭遇不幸人们的慈善之心,给多萝西娅留下了深刻印象。有关多萝西娅早期教育的资料极少,或许父母教会她读写,或许她就学于汉普登的一所村庄学校。

多萝西娅在汉普登的早年生活很贫穷。12岁时她离开汉普登,到波士顿与其祖母迪克斯住在一起。与祖母生活2年后,多萝西娅到武斯特与她的大姨母一起生活,在那里她开办了一所小学校。在3年学习期间,她教基本阅读和写作,礼仪和习惯,道德和宗教以及裁缝。1819年她返回波士顿,为自己当一名老师做进一步的准备工作。1821年在奥兰科特——她祖母的家乡，她开办了自己的第一个学校。后来，她还创办了一所学院，但由于个人病因，1836年被迫关闭。接下来的几年里，她当了威廉·钱宁之子的家庭女教师，威廉·钱宁是唯一神教派的一位领袖。就是在这个时期里，她坚定了对唯一神教的信仰。她也写了几本书，其中包括一本儿童读物。

第二，多萝西娅·林德·迪克斯的监狱观

1841年，应哈佛神学系学生的邀请，多萝西娅同意给剑桥监狱的女囚犯上礼拜日圣经课。一发现监牢的肮脏情况，包括对精神病囚犯的监禁，多萝西娅就心情酸楚地自愿为改变精神病患者的监护和治疗方式而工作。从1841年到1843年，她参观了马萨诸塞州的每所看守所、私立济贫院或养老院和感化式监狱。她的报告对于马萨诸塞州制定相关法律起到了积极的推动作用，法律规定要求波士顿和武斯特的精神病患者需有适当床位空间。

从1843年6月到1847年8月，多萝西娅长途跋涉令人惊骇的30000公里，从加拿大到墨西哥湾，从东海岸远至西部的密西西比河，去参观监狱和救济院。从1848年开始，她广泛开展工作，获得了联邦政府对精神病患者的监护资助。从1856年到南北战争爆发的1861年，她获得的财政慈善资助比她之前的任何人都多。直到1887年去世为止，她积极投身于精神病院和医院的建造工作。

虽然多萝西娅以她改进精神病患者生活状况的工作而闻名于世，但她也关注犯罪问题和罪犯的行刑机关化。她深信，不正常行为是环境的产物，建议提供各种资源改进监狱囚犯的生活状况。1845年，她出版了《美国监狱和监狱纪律的评论》一书。该书是她根据本人4年里对主要位于美国北部、中部州的矫正机关的亲自调查研究而撰写的。通过参观并与监狱官员的联系，她了解了囚犯生活方式的实际方面，包括伙食、用水、衣服、通风、供暖设备、卫生保健和惩罚。多萝西娅描述囚犯的改造情况，包括提供给监狱囚犯的道德、宗教和一般教育。她也参观了未成年犯监狱、看守所、监牢、女犯监狱和矫正机关。在报告中，她详述了奥本制和宾州制监狱的运行情况，阐述了各自的优点和缺点，"预期不久的将来刑罚学者会采用许多改革措施，包括囚犯教育和罪犯分离"。

多萝西娅把40多年的生命贡献给了美国救济院、监狱和看守所的改良事业，在那里被机关化的人过着悲惨的生活。她为改进精神病患者的状况、改良罪犯的生活状况所做的努力，使她生前得到了社会的广泛赞誉。由于她的卓越工作，美国和其他国家建起了许多精神病院。她对美国矫正机关的研究，促进了囚犯处遇方式和美国矫正工作重心这两者的变化。最后，以她本人对负责实际监护和治疗被监禁精神病囚犯机关的改革热忱和贡献，赢得了人们的挚爱与怀念。

5. 伊诺克·科布·瓦恩斯(1806—1879年)的监狱观

第一，伊诺克·科布·瓦恩斯简介

伊诺克·科布·瓦恩斯，1806年2月17日出生于新泽西州的汉诺威，并在佛蒙特州销勒姆附近的一个农场里度过了他的青年时代。1827年他获得了迷德尔伯里学院的文科学士学位，1830年从同一所学校获得了文科硕士学位。1853年他获得了迷德尔伯里学院的荣誉神学博士学位，1857年获得华盛顿（宾夕法尼亚州）学院的法学博士学位。以其乐观主义、优秀的组织能力和细致优雅的敏感纤细而闻名，伊诺克·瓦恩斯有辉煌的早年受教育生涯和从事基督教牧师、学院教授工作的中年职业生涯。他一生中的最后四分之一时间贡献给了监狱改革运动。

1827年，大学一毕业，瓦恩斯就担任了圣奥尔本斯（佛蒙特州）学院的校长。在那里，他试验了古典学校的发展模式。1829年，他担任了美国三帆快速战舰"星座"号上的海军军官学校的教师，在那里讲授数学课。1832年从教学岗位上辞职，与艾玛·斯坦斯伯里结婚。他们生有7个儿子，其中的弗雷德里克·霍华德·瓦恩斯，像他的父亲一样，成为非常著名的矫正理论家、监狱改革家和长老会牧师。结婚后不久，伊诺克·瓦恩斯就买下了新泽西州普林斯顿的埃奇希尔学校，他效仿德国体育馆的模式进行经营。但是埃奇希尔学校在经济上是不成功的，因此，1838年瓦恩斯搬到费城，当了中央中学的一位语言学教授。他在中央中学教书直到1844年，当时，他买下了新泽西州伯灵顿的一所古典学校。当伯灵顿的这个学校财政状况发展不稳定的时候，1848年瓦恩斯将其放弃并开始集中研究神学。

1849年，伊诺克·瓦恩斯成为有执照的罗马天主教会牧师。在佛蒙特州、纽约州和宾夕法尼亚州，他担任牧师职务。从1853年到1859年，瓦恩斯还担任了华盛顿（宾夕法尼亚州）学院古语言学会的会长。在进入他最后的大学岗位时，1859年瓦恩斯担任了圣路易斯城市大学的校长。由于美国南北战争爆发，1862年大学被迫关闭，而且瓦恩斯从此离开教育界，把全部时间投入到监狱改革运动。

1879年12月10日，伊诺克·瓦恩斯在马萨诸塞州的剑桥去世。他生活在"感化院式的监狱时代"的大部分时间里，帮助监狱进入了"教养院式的监狱时代"。教养院式的监狱时代在文件上始于1870年的辛辛那提原则宣言。瓦恩斯同时具有两个时代的思想,但他更加欣慕新思想。伊诺克·瓦恩斯的著述刻画出了他整个一生中展现兴趣的年表。例如,在他早期的教育生涯中,他出版了几本小册子,《大众教育的启示》(1838)和《我怎样管理我的学校?》(1838);而且他在19世纪40年代的一段时间里编辑了《美国教育的杂志》。《2年半时间的海军生活》出版于1832年,书中他批评了军舰上的教育。他对神学的研究和他开始对刑事司法的兴趣,在他的《注释古代希伯来人法律》一书中做了描述;《关于市民社会和政府的介绍随笔》(1853)认为市民自由、法律典章和民主政府的主要原则起源于《圣经》。瓦恩斯关于宗教教育囚犯重要性的观念,在他的下一本著作《真实的改过迁善人的描写:后悔的教训》(1864)中做了举例说明。在他的最后两本著作中,《监狱改革的真实状况》(1878)和《文明世界里监狱与挽救孩子的行刑机关的状况》(1880),瓦恩斯做了他最擅长的事情,也就是倡导矫正改革。

第二,伊诺克·科布·瓦恩斯的监狱观

伊诺克·瓦恩斯对矫正哲学和管理的发展做出了许多重大贡献。在他的思想理论中,他把宗教惩戒、教育和刑罚学整合进医疗管理和改造模型中。他相信囚犯的改造发生力是劳动、教育和宗教。他说宗教是最有影响力的感化媒介,因为它影响着人类思想。与身体控制相比,瓦恩斯更加热衷于道德控制作为行刑政策,这是改造哲学而非惩罚教义。他相信既不是惩罚的严重程度也不是惩罚的规律状态能矫正行为,但是他们会趋向于使惩罚的承受者远离改造。然而,对囚犯表现出的个人兴趣,自尊观念的建树,以及矫正的努力,会取得更好的改造结果。瓦恩斯觉得监狱的目的应该是改造囚犯。

他认为,点数制(爱尔兰制度)是囚犯累进分类的基础,支持基于囚犯的良好行为减轻其刑罚的理论与实践,而且为采取不定期刑做了大量工作。瓦恩斯鼓励监狱制度管理集中化(全州范围内),他觉得监狱制度管理集中化应该包括监狱分级和囚犯分类。他的思想具有全球性,他认为所有善良的人都应该参与理想监狱制度的计划。他相信政府之间的合作能发挥支持和影响改革的运动。伊诺克·瓦恩斯强烈反对维持懒惰囚犯的现状。他相信犯罪的主要原因是城市中酒精消费的无节制和不幸的(或缺乏)家庭生活。他主张用宗教和初级教育处遇未成年犯,使之转向不受不良影响、从事农业劳动、进行道德教诲和在与家庭类似的环境里由父母似的人士监督的新场所。与西奥多·德怀特、富兰克林·桑伯恩和泽布伦·布罗克韦一起,瓦恩斯相信爱尔兰制度是同时代刑罚学者所知道的最好的监狱模式,而且能够对它进行调适以适应美国监狱的情况。在泽布伦·布罗克韦的领导下,上述改革家把爱尔兰制度复制到了1876年创建的纽约州埃尔迈拉监狱。

1865年,伊诺克·瓦恩斯和西奥多·德怀特调查(和检查游览)了美国监狱。接着,所做的一项里程碑式的报告在1867年提交给纽约州的宪法大会。基于两个理由,南北战争后监狱议题已经逐渐引起了社会公众的注意:首先,那个期间犯罪增加引起了监狱囚犯爆满的后果;其次,自由工人开始关注与监狱劳动的竞争问题。在他们的研究结论中,瓦恩斯和德怀特感叹,现有的州监狱中没有哪个监狱把囚犯改造考虑作为主要的政策目标。以后,瓦恩斯每年都向纽约州立法机关提交年度报告,这些报告推动了广泛的改革运动。1862年和1879年间,伊诺克·瓦恩斯与许多矫正机关和计划相关联。1862年,他担任纽约州监狱协会的秘书,而且一直任职到1879年去世为止。通过求助于教会、州和地方政府,他使纽约州监狱协会在财政经费上起死回生。

在全国监狱协会的创立上(以后取名美国监狱协会,最后改名为美国矫正协会),瓦恩斯是一位杰出人物。1870年,他召集了第一次全国监狱会议并且主持了会议。那次会议制定了《辛辛那提原则宣言》(原则包含了他的大部分想法),而且组建了全国监狱协会。他被选为全国监狱协会的第一任会长,并从1870年到1879年担任该组织的秘书。作为每次全国监狱会议(会议在1870年、1872年、1874年和1876年召开)的秘书,瓦恩斯积极帮助组织和热心指导改革。1941年,会议更名为矫正年度会议。1871年,瓦恩斯又担任了两个职务。首先,纽约州任命他为3名委员之一,负责研究监狱劳动与自由劳动之间的关系。第二,在他的影响下,美国国会做出联合决议,指派一位美国委员召集世界诸国召开国际监狱改革会议。结果,瓦恩斯被格兰特总统指定担任委员一职,受遣出访欧洲,安排国际监狱会议事宜。1872年,他将约20个国家的代表召集到英国伦敦召开了国际监狱会议。瓦恩斯心中早就打算把这次会议举办成鼓舞人心的一次大会,因此,90项议程主题没有受到决议的影响,而是由委员们带到他们各自的国家进行考虑。在瓦恩斯的领导下,这次会议组建了国际监狱委员会(以后称为国际刑罚与改造委员会),是一个致力于促进政府之间合作的常设组织。1874年、1875年和1877年,瓦恩斯担任该委员会的主任。在第二次世界大战后,国际刑罚与改造委员会的工作由联合国接管承担。

虽然被授予1878年瑞典斯德哥尔摩第二届国际监狱会议名誉会长称号,但是由于健康原因,瓦恩斯不能参加会议,之后不久他就去世了。他的儿子弗雷德里克·霍华德·瓦恩斯,作为伊利诺伊州代表出席了这次会议。今天,作为19世纪60年代和70年代强有力的感化院运动的指路明灯,伊诺克·科布·瓦恩斯深受人们的怀念,他与泽布伦·里德·布罗克韦、富兰克林·本杰明·桑伯恩一起,被列为19世纪后期刑罚学的三大明星之一。也由于他在创建美国矫正协会(矫正改革、矫正标准和矫正评估方面的领袖者)的前身所做出的贡献,受到了人们的怀念。瓦恩斯率先制定了矫正标准,从而设定了先例。1982年,美国矫正协会再次规定和重新阐述了《原则宣言》,《原则宣言》倡导的思想和目的奠基了矫正时间的理论基础。伊诺克·科布·瓦恩斯的思想和生命经久回荡在现行《原则宣言》中。

6.泽布伦·布罗克韦(1827—1920年)的监狱观

第一,泽布伦·布罗克韦简介

泽布伦·布罗克韦,被确认为19世纪后期生气勃勃的监狱改革运动的一位领袖。由于与监狱改革家伊诺克·瓦恩斯、盖洛德·哈贝尔和富兰克林·桑伯恩一起深受爱尔兰监狱制度的影响,他谴责集体关押的监狱制度,提倡罪犯改善自新的哲学,反对惩罚。布罗克韦富有灵感,勤奋刻苦,被赞誉为"美国诞生的最伟大的监狱长"。

在埃尔迈拉监狱,布罗克韦所报告的成功事迹受到了广泛称赞,他自己的报告和书面材料声明成功率超过80%。同时代的人称他为刑罚学领域的一位杰出人物,而且在今天,他斩钉截铁强调改善罪犯的做法使他跻身于美国有记录可查的矫正历史上最著名的监狱长之列。布罗克韦于1900年退职后,仍从事各种不同的慈善和公益工作直到1920年去世为止。他曾任国家监狱协会分会会员,是矫正年会的发起人,1898年担任国家监狱协会会长,1912年他的个人自传《监狱工作50年》正式出版。

第二,泽布伦·布罗克韦的监狱观

1848年21岁时,泽布伦·布罗克韦开始了他的刑罚学生涯,在康涅狄格州韦瑟斯菲尔德监狱当职员。1852年,他担任奥尔巴尼市政和县救济院的监督员。在那里,他建立了第一所县精神病医院。后来,身为监狱长,他奉行这样的哲学理论,即罪犯类似于精神病人,因为他们需要处遇和治疗。1854年27岁时,他就任纽约州罗切斯特的门罗县监狱的监狱长,开始把自己的理论观点付诸实践,使监狱更人道,更注重帮助囚犯恢复社会正常生活的工作。他把自己的精力用于青少年罪犯的工作之上,因为广泛奉行的信念,认为青少年罪犯具有改造的最大可能性。1861年,他调到底特律去领导密歇根矫正机关的工作,这座监狱关押的年轻囚犯在16岁至21岁之间,针对这种情况,他实施了自己的新教育方法。在自传中,他声称他在那里创立了囚犯自治制度。

  布罗克韦的早期哲学理论认为,监禁的唯一直接目的是要保护社会免受犯罪侵害,而最终目的是要改善罪犯。以此为指导思想,他设置了适用于所有罪犯的教育、训练和改善计划。在底特律,布罗克韦把女犯庇护所改为女犯监狱,因而成为美国女犯监狱的先驱,根据女犯的良好行为给予相应的处遇。泽布伦·布罗克韦的名望树立后,1876年就任纽约州刚建起的埃尔迈拉监狱的监狱长。在埃尔迈拉监狱,他终于有机会把自己创立的理论付诸实践于一个全新的监狱里,因而埃尔迈拉监狱被誉为刑罚学领域的一项重大改革。埃尔迈拉监狱原先是为成人重罪犯人建造的,但是监狱里服刑的16岁到31岁的青少年初犯很快构成监狱人口的主力军,再加上布罗克韦对年老的、较有经验的罪犯按照自己的理论实施改造没有取得成功,于是,他努力改革当时通用的实施方式。当时通用的实施方式绝对依赖野蛮残忍和耻辱欺凌的手段,其结果是从监狱释放出去的囚犯个个头发被剃光,体弱多病。布罗克韦极为重视强调军事风格的纪律、强身健体和教育,他花费了25年时间的工作,通过发展教育计划和职业技能培训计划,使埃尔迈拉监狱焕然一新并成为一个典范。

  在布罗克韦的领导下,监狱的氛围倾向于压抑,尤其对那些正在被处罚的囚犯,更是如此。在埃尔迈拉监狱,鞭子——上面镶嵌钉子的刑杖和黑暗监牢单独监禁,全都合法地被使用过,甚至单独监禁在黑暗监牢里的囚犯被拷到墙壁上。努力效法埃尔迈拉监狱计划的其他监狱,时常求助于那些措施,并不关注行为的社会方面或教导合作及集体责任技能的需要。但是,布罗克韦的埃尔迈拉监狱与同时代其他缺乏进步的监狱之间的差别仍然很大,虽然今天看来,布罗克韦执掌下的埃尔迈拉监狱仍然很残酷。

  在埃尔迈拉监狱,布罗克韦最重要的方法是不定期刑,刑期限度起初为0～5年,专门用以激励囚犯尽快取得释放资格。监狱当局拥有行刑自主权,自己决定何时或是否囚犯已经改善因而获得释放资格。还实行囚犯三等分级制度,当罪犯进入埃尔迈拉监狱的时候,每名囚犯自然分为第二等级;如果在6个月的期间内,他每个月得9分,那么就升到第一等级;在第一等级待6个多月的时间,他就获得假释释放资格。完成文化学习任务、参加职业培训、参加宗教性计划和监狱产业劳动,就获得一定分值,一般的良好行为也可获得一定分值。如果囚犯吵架,蔑视规则,不追求进步,缺乏自我控制或不诚实,就认为囚犯是不合作的态度或合作困难,那么囚犯会被降到第三等级。要想再升回到第二等级,囚犯就必须在连续3个月的时间内表现出令人满意的行为。然后,才能重新开始取得假释资格的升级程序。布罗克韦的不定期刑和分级制度,其用意在于奖赏囚犯的进步,导致了美国第一个真正假释制度的诞生。假释计划实际上是一个有条件的释放制度,要求被释放的每个囚犯定期向俗称为志愿者的监护人报告情况。到1901年时,他确立的模式为许多州的监狱系统所效仿。

7. 托马斯·莫特·奥斯本(1859—1926年)的监狱观

第一,托马斯·莫特·奥斯本简介

托马斯·莫特·奥斯本,出生在纽约奥本,当时作为社会大都市之一的纽约正值繁荣之时。这个哈佛大学毕业生,经商发财后急流勇退,从政担任了许多重要职务。从1903年至1905年,他担任纽约州奥本市的市长,而且还担任教育委员会的委员达9年之久。此外,从1907年至1909年,他担任公用事业服务委员会第二分会的成员,1913年被任命为纽约州监狱改革委员会主任,与以往的经历相比有了进一步的区别。他以政治计划的破坏力量著称,而且是坦马尼·霍尔及其所有弟子的一个强大劲敌。托马斯·莫特·奥斯本是位商人,博爱主义者,后来当上了辛辛那提监狱和新罕布什尔州朴茨茅斯海军监狱的监狱长,被认为是成年犯监狱改革之父。

1917年,奥斯本被任命为朴茨茅斯海军监狱的监狱长,1920年退休。正是在这里,他度过了一生中最幸福,促成了全国行刑信息协会的组建。后来,为纪念他所做的贡献,该协会改名为奥斯本协会。奥斯本,一位智慧和善辩的博爱主义者,曾与弗兰克林·罗斯福、海军助理秘书奥兰多·刘易斯、纽约州监狱协会秘书及刑罚学权威和奥本监狱监狱长查尔斯·拉蒂根一起工作过。

第二,托马斯·莫特·奥斯本的监狱观

1913年,被任命为纽约州监狱改革委员会主任的同年,奥斯本决定全面了解监狱实践,作为他尝试改革当时刑罚学者的行刑哲学的一部分工作。他采取史无前例的措施,假扮囚犯在奥本监狱度过了一个星期的时间。他使用别名汤姆·布朗,作为第33333X号囚犯,在1913年9月29日进入奥本监狱。进入监狱的前一天,他在小礼拜堂向囚犯布道而且解释了他的意图。唯一知道他真实身份的其他人是监狱长——警卫都没有告知。这个经历不仅使奥斯本亲眼看到了监狱生活的整体情况和时有发生的不人道的现实情况,而且也使他认识到改革的必要与紧迫。

奥斯本认为,实施监狱改革的最有效方法是让囚犯自治。这个观点的许多内容是他从朋友威廉·鲁本·乔治那里借来的,威廉·鲁本·乔治是乔治未成年人社团的创办人,他对年龄在16岁至20岁之间的未成年罪犯采取自治纪律方式。未成年人社团是一个自我控制的社会组织,在该组织中男孩和女孩被认为公民并有权利维持他们社会的秩序。在纽约州弗里维尔,奥斯本已担任乔治未成年人社团受托人委员会的会长达15年之久。正是乔治向奥斯本建议,成年囚犯自治的类似形式也是可行的。经过观察、相混合以及与囚犯一起生活,他确信只有依靠培养囚犯的公民责任和义务的方法,他们才可能有希望成为有劳动能力的公民。他推论道,民主模式,类似于乔治未成年人社团的情况,对于真正的监狱改革和帮助囚犯恢复正常生活,是唯一合乎逻辑程序的措施。奥斯本给这个新发起的组织取名为相互福利联盟。这个行刑实验要求囚犯自治,突破了当时传统刑罚学的樊篱,具有重大意义。相互福利联盟的制度规则掌握在囚犯手中,主要是由其他囚犯根据他们许多工作和帮派的意见推选出的一批囚犯代表。这体现了行刑理论的急转变,奥本监狱监狱长查尔斯·拉蒂根和纽约州州长苏尔泽支持这个观点,于是在1914年兴起了监狱民主观念。

相互福利联盟几乎是一夜之间就取得了成功,并且很快引起了全国关注。刑罚学者和刑事执行学者以极大的兴趣给予了关注和赞赏。由于相互福利联盟的成功,1914年12月,奥斯本被任命为辛辛那提监狱的监狱长,但他的朋友反对他接受任命,因为据说辛辛那提监狱存在严重的政治腐败问题,担心奥斯本可能被卷进政治推挤竞赛的漩涡中。然而,辛辛那提监狱的一名囚犯,给他发的电报说:"看在上帝的面子上,接受任命吧。所有的小伙子都渴望你来。"收到这个电报后,他感觉到极有必要担任辛辛那提监狱的新监狱长。

一到辛辛那提监狱,奥斯本马上就开始推行相互福利联盟的做法,诚如在奥本监狱那样。然而,监狱督察约翰·B.赖利认为,奥斯本仅仅是在娇惯囚犯。为此,两个人之间开始了漫长和激烈的争执。早在1915年8月4日,《纽约论坛报》一篇题为《星期二之前奥斯本必须走人,否则就被赶走》的文章出现在人们眼前,把相互福利联盟放到微妙的位置上。1915年12月26日,奥斯本遭到威斯特切斯特县大陪审团的指控,控告他犯有伪证罪和渎职罪。针对奥斯本提起了各种各样的指控,其中有"允许未经批准的囚犯进入死刑室;没有普遍监督政府、纪律、监狱警察;因为违反纪律和鼓励犯罪;最后,他不命令监狱囚犯尊敬、尊重和诚信"。面对这些严重的指责,他拒绝辞职。他要求休假,以便对这些指控可以充分地为自己辩护,而且他要求任命他的老朋友哥伦比亚大学法学院院长乔治·W.柯奇韦担任临时监狱长。柯奇韦院长曾负责组建纽约州监狱改革委员会,其中奥斯本被纽约州州长苏尔泽任命为主任。鉴于柯奇韦院长有杰出的声誉,最后被任命为临时监狱长。

1919年7月16日,托马斯·莫特·奥斯本回到了辛辛那提监狱。由于证明他是完全正确的,所以在院长柯奇韦的领导之下,相互福利联盟得以继续存续。此外,奥斯本已经证明,相互福利联盟能够在任何能干和智慧的监狱长领导之下存续下去。后来,他恢复了监狱长职务,但是任职3个月后他就辞职而去。奥斯本的理由是,政客和他的官方上司决定推翻他的改革努力。他被催促着辞职而去,当时监狱督察发出命令"不允许长刑期囚犯到监狱围墙外面去"。

虽然奥斯本的创新改革是为真正恢复囚犯的正常生活所做的努力,但是这些内容从未被完全接受。奥本监狱的相互福利联盟没有被人碰过直到1929年为止,那年一系列的轰动性暴乱毁坏了相互福利联盟的效能。结果,1931年新监狱长从根本上改变了相互福利联盟的行政管理,撤销了囚犯自治制度。辛辛那提监狱也出现了类似问题。相互福利联盟难以存续下去,减少到了它最初的设计规模。当奥斯本离任时,新监狱长威廉·H.迈耶取消了相互福利联盟的许多特许权,并将其某些最重要的成员转押到其他行刑机关去。1921年,朴茨茅斯海军监狱的相互福利联盟也告终结,部分原因是政党和观念的改变。当哈丁总统上台后,他任命了一位海军新秘书代替罗斯福,因而旧管理制度获得新生。

相互福利联盟最后烟消云散,虽然相互福利联盟的一部分成员以有限的形式存在着。奥斯本的相互福利联盟之所以取得成功,主要是因为他的个性和领导风格。对相互福利联盟的重要批评之一是它不适用于不可改的囚犯。批评人士指出,不可改的罪犯应该在一个单独的行刑机关受到庄严但严格的管理。奥斯本拒绝接受这个观念,并坚信他及与他志同道合的其他人可以克服不服管教囚犯的困难。然而,他死之后,相互福利联盟很快就消失了。尝试类似囚犯组织的其他行刑机关有马萨诸塞州诺福克监狱殖民地;俄亥俄州奇利科西美国工业监狱;堪萨斯州莱文沃斯美国监狱;马里兰州罗克斯伯里行刑农场;新泽西州安嫩代尔农场;几个著名的女犯行刑机关。虽然在囚犯自治方面过去做出了类似的尝试,但也许索尔斯坦恩·塞林教授富有真知灼见的评论仍然适合于今天,即自治是:"矫正教育中最有希望却噩运缠身的运动。它将会更加广泛地用于我们的行刑机关,作为再社会化的一个方法是毫无疑问的,但由于它是一个显然细致入微的培训手段,从行刑机关执行刑罚及其工作人员的立场来讲,要求它成功地富有细致的心理洞察力和宽泛的教育理解力,大幅度增加使用自治的方法将必须等到行政管理工作水平普遍得以提高为止。"

8. 凯瑟琳·比门特·戴维斯(1860—1935年)的监狱观

第一,凯瑟琳·比门特·戴维斯简介

凯瑟琳·比门特·戴维斯,1860年出生于纽约州布法罗市,父母称她为改革家。早年,中学毕业之后,她从事教学工作达10年之久,后在瓦瑟大学获得学士学位。此后,戴维斯进入芝加哥大学深造,攻读政治经济学专业,获得博士学位后,又回到瓦瑟大学做了几年教学工作。1901年,戴维斯受托出任贝德福德希尔女犯监狱的监狱长,该监狱位于纽约州的威斯特菲尔德市,是美国第一个女犯监狱,她担任监狱长达13年之久。戴维斯是第一位女性矫正高官,任职期间提拔玛丽·贝尔·哈利斯主管布莱克威尔岛上的女犯监狱。后来,戴维斯当选为纽约市的一名内阁成员,纽约市假释委员会的主席。她于1935年去世。

第二,凯瑟琳·比门特·戴维斯的监狱观

无论如何,戴维斯都算得上是刑罚学改革的先驱,尤其是女犯方面的改革者。当女犯从男犯监狱分离出去时,戴维斯引进了别墅制度作为女犯监狱的建筑模式。与男犯监狱的仓库建筑风格不同,她相信,别墅建筑模式更符合女犯的个性和气质要求。戴维斯用批准的财政拨款和基金会赞助的基金,不仅聘请了心理学者,而且对监禁的女犯开展日常的精神治疗评估工作。她是犯罪理论的倡导者,把罪犯视为精神薄弱、智力低下、"有缺陷的行为不良者"。作为医疗模式的一个倡导者,她关注娼妓的人数,她们缺乏教育和技能而有高患病率。她认为,对卖淫罚款具有反作用,因为罚款通常把女犯置于更进一步陷入负债于嫖客、皮条客的境地。戴维斯成功地说服约翰·D.洛克菲勒青年女子协会建立一个社会卫生保健实验室,实验室就位于女犯监狱的对面,是研究女性犯罪的第一个研究机构。后来,又盖起了一所小医院,运行了几年直到资金耗尽为止。

要求囚犯上文化课、学习贸易知识,并鼓励她们劳动,从事室外娱乐活动。戴维斯曾撰写了一篇文章,题为《治疗道德疾病的新鲜空气》,让包括那些遭受精神病折磨的犯人从事许多耕作农活,据说这对所有的参加者发挥了积极作用。戴维斯在女犯监狱里建了一间托儿室,母亲能与其孩子住在一起直到孩子两岁为止。在女犯监狱里,戴维斯还实施了艺术、音乐和话剧方面的许多计划。她努力使女犯参加旅行宣讲、野餐和生日聚会活动,每年元旦那天,她在自己的家中举办招待会,提供茶点,邀请25名至30名女孩参加。她广为实施的一项政策是"信任囚犯而不加监视的别墅制度",为鼓励良好行为,处于最高级别分类中的那些女犯有资格选择"信任囚犯而不加监视的别墅制度";里面的住宿者约定自己的规则,参与自我管理。根据一位观察者描述,"房子的女看守只进行一般性的监督,而荣誉别墅里的未成年女犯享有的自由与好的寄宿学校里的女孩同样多。别墅布置有蕨类植物、漂亮的家具、单个卧室、明快的客厅房间和一个裁缝房间,在裁缝房间里她们缝制自己的衣服,总之,别墅尽量要布置得具有吸引力"。凯瑟琳·戴维斯也支持早期假释,宁愿把女犯释放到农村环境,也不愿把她们释放到城市里,因为城市环境里恶习和诱惑正等候她们的到来。

9. 玛丽·贝尔·哈里斯(1874—1957年)的监狱观

第一,玛丽·贝尔·哈里斯简介

玛丽·贝尔·哈里斯,1874年8月19日出生于宾夕法尼亚州的法克特里维尔。她在三个孩子中排行老大,是约翰·霍华德和玛丽·伊莉莎白(梅斯)。哈里斯夫妇的唯一的女儿。她的父亲,基督教的一位洗礼牧师,从1889年至1919年担任巴克内尔大学校长。哈里斯与她的兄弟一起在基斯顿学院接受教育,这所教会中学是由她父亲投资建立的。16岁时在巴克内尔大学接受大学教育,25岁时获得音乐文科学士学位、拉丁文及古典文学文科硕士学位,并继而获得了芝加哥大学梵文及印欧语博士学位。

获得博士学位之后,哈里斯在肯塔基州和芝加哥的几所中学教书,在著名的赫尔会所工作,在不同的地方演奏风琴类乐器,甚至还出版了自己创作的乐曲。之后,她去巴尔的摩到约翰·霍普金斯大学学习钱货学,在布林默尔中学教拉丁文。投身矫正事业的漫长职业生涯中,玛丽·贝尔·哈里斯曾担任新泽西州设在克林顿的州女犯监狱的监狱长,美国国防部监禁和拘留处的助理处长,设在西弗吉尼亚州奥尔德森的联邦女犯监狱的监狱长,以及宾夕法尼亚州假释委员会的成员。她支持改革和回归处遇,她的论著《我在监狱中认识他们》备受诸如埃莉诺·罗斯福、辛辛那提监狱刘易斯·劳斯监狱长,以及杰出的矫正管理者、作家奥斯汀·麦考密克等著名人士的交口称赞。

1941年3月66岁时,哈里斯从当了16年之久的奥尔德森监狱第一任监狱长的岗位上退休。她回到了自己的家乡宾夕法尼亚州,在当地她又短暂地任职于州假释委员会,直到两年之后假释委员会在1943年被立法机关解散为止。她的晚年是在社区服务、演讲、写作和旅行中度过的。1957年2月22日,玛丽·贝尔·哈里斯死于心脏病发作,时年82岁。

在她的著述中,可以从以下文字找到一篇适当的作为她的墓志铭:我们必须永远记住,"监狱之门以两种方式摆动";大多数监狱租赁者将会回到社会,在公交车里就坐在我们旁边,而且就坐在我们孩子的旁边看电影,他们之间没有围墙、隔离栏栅。如果我们不在他们之间建造一面自尊、道德正直和愿望之墙,这面墙对社会不是一项财富而是一个威胁,那么我们就保护不了我们自己的社会免受罪犯的侵害。不论他是否该有这面墙,文明国家倡导并实践着我们更理性地处遇囚犯的方式方法,作为文明国家的公民,我们把这面墙归功于我们自己。

第二,玛丽·贝尔·哈里斯的监狱观

游历欧洲之后,她遇见了一位朋友,纽约市矫正委员凯瑟琳·比门特·戴维斯,并且接受了出任布莱克维尔岛女犯监狱监狱长的建议。39岁时,她接管了被认为是委员会下属的12个机关中最糟的一个。这座监狱拥有150间监牢和其他设施,这些监牢和医院病囚室里有400名囚犯,每间监牢放置4张床铺,从上面墙壁上还吊着2张床铺。约60名囚犯是吸毒者,对他们没有提供治疗服务或实行隔离,他们是爆发慢性疾病的病源。监狱的整个情况条件很差,缺乏分类制度,也没有劳动计划、户外娱乐或任何形式的娱乐;混乱、打架、伤害、不服从,以及强制不劳动,非常盛行。哈里斯发现,女性职员、一些老年职员和体弱职员的不当监督造成了死气沉沉的单调局面。在哈里斯到任之前,监狱医师就因把毒品卖给监狱女犯而被判处三年监禁。

以此为开端,这个矫正先驱将揭示什么会成为她康复捣乱者方式的武器:由关心包装着的坚定公正和真诚的友谊。在做出特定的主要决定时,诸如把确诊的精神病囚犯转押到州精神病院,哈里斯强调公开的个人沟通联系热线,不把咨询角色留给筋疲力尽的工作人员。她会对女囚犯、某些绝望的人的书面短笺做出回应;一些女囚犯寻求关注,就像一个危机干涉工作者今天做的那样,她就满足她们的需要。

不足100名的女囚犯得到了工作与劳动机会,主要包括制作衣服、修理、洗涤、清洁和各种杂务。她们的监牢房在早晨一经打扫清理,剩下的300名女囚犯就没有什么活儿可干,而且月复一月,她们只得留下来过着单调呆板的生活。她们的衣服破旧,她们的鞋不是没有右脚,就是短缺左脚的。床铺没有垫子,而且床上用品只有枕头(没有枕套)和毛毯。餐具,没有刀子或叉子,只有匙子——不管饭菜是什么。委员和监狱长逐渐改变了此类现象,他们建起了室外操场,规定每个女囚犯可沿着花园在新鲜空气中散步,而且给吸毒女囚犯建起了单独的监牢,以便其接受个别化的处遇。在这个程序中,有效地减少了毒品的走私现象。开展沃瑟曼测试,帮助女犯监狱预防性病的出现和蔓延。对于那些性病患者,也要在单独的设施里隔离关押并以最新的办法治疗。

针对那些被发现玩牌的女囚犯的抵制,哈里斯取消了一经发现就销毁的旧规定,改为在不斗殴或赌博的简单条件下允许囚犯玩牌。很快,她就知道了尽快将"害群之马"与他们的观众隔离开的好处,认同了因释放挫折和愤怒的情绪偶尔精神发泄(尖叫)的重要性。每当有可能处理纪律事项时,她尽可能选在办公室里,以便不使囚犯在众目睽睽之下失去面子。她会改变监牢房的安排,以增加同一监牢囚犯的包容性。她为提高女囚犯的文化素质奔走呼号,寻求纽约公立图书馆的支持,纽约公立图书馆开始容许女囚犯借阅书籍并率先设置了一位囚犯图书馆员。

哈里斯在监狱里欢庆她的第一个感恩节。她把女囚犯带进了她们刚刚修葺了的饭厅里,饭厅墙壁重新油漆成红色和白色,装饰着窗台盆景植物和点式瑞士窗帘,这些就是她请求给予的所有礼物。女囚犯第一次有了吃饭用的刀子和叉子,而且从那天起,她们吃的饭菜放在了盘子里,而不再像炖汤那样放在碗里。哈里斯弄来了一架钢琴和一部留声机,对于囚犯来说,听、玩、唱、跳舞和参加音乐会成为一项挣得的特许权。

对哈里斯的第二个任命是担任新泽西州克林顿监狱的监狱长,该监狱占地1.21平方公里,囚犯人口少于女犯监狱,而且没有教师,官员很少。在克林顿监狱的短暂任期里,玛丽·贝尔·哈里斯做出了许多改进。这些改进包括女囚犯的自治措施,基本由囚犯管理牛奶场,将要假释的女囚犯参加俱乐部活动。她取消了给逃跑者穿红色衣服并以毁发型的方式剪短其头发的侮辱性做法。1918年下半年,哈里斯请假到国防部管辖的女拘留所和监狱担任助理监狱长,负责管理在军营或基地被捕的妇女和少女。这些女性中,许多人无家可归且患有性病,都被安置到健康和康复单位。玛丽·贝尔·哈里斯帮助建立了合作性协商委员会,该合作性协商委员会由杰出的当地妇女组成,委员会实施计划后她们可以维持计划的运作。

1919年,哈里斯成为位于新泽西州特伦顿的州立女孩之家的负责人。一抵达该所,她就看到:破旧的设施,房间破损不堪,许多职员辞职而去。她招聘了巴克内尔大学几个学院的学生来帮助做教育工作并协调管理计划。虽然这些少年通常具有暴力和破坏性倾向,最后哈里斯还是争取过来了大部分女孩、工作人员、社区,甚至是敌意的新闻媒体。她把大部分工作人员布置在分类工作中,因而提高了小队、诊断和计划工作的效率。在其他方面,她实施积分卡制度,据此,根据努力、品行和劳动情况,每天快结束的时候,每个女孩都会收到她挣得的分数或丧失的分数纪录。她精心设置了一个详细、正式的年度毕业典礼仪式,在这个仪式上,孩子的父母和客人衷心祝贺每个班级重返社会的人。该所制定了"宿营篝火女孩章程",由美国红十字协会赞助开设家庭看护方面的课程,对未来的预期母亲实施专门计划。

这些年来,从开始到结束,哈里斯的处遇哲学是通过以下信念得以强调和贯彻落实的:

其一,为新囚犯创制意义深远的计划,没有必要精心设置测试和查证案件历史。她觉得把缺乏信息作为无所事事的借口的行政管理人员和工作人员太多了。

其二,就一般问题处理而言,虽然精神病医师在人际调整中起着重要作用,但是越少注意孩子的个性越好。

其三,哈里斯率先雇用她自己行刑机关的被假释者,因为她坚信对于其他雇用者,这会起到楷模的作用。

其四,作为惩罚,不论其个性如何使人感到不愉快,使用任何重要的或必要的工作都是不合逻辑的:它降低劳动的积极观念和及其从事者的人格。

其五,法官应该视察监狱,去了解他们判决到这里的个体。应该给囚犯事情做,让他们了解自己所能获得的,知道什么是成功、进步和成就。

玛丽·贝尔·哈里斯的最后一个任职开始于1925年,当时她宣誓就职担任位于西弗吉尼亚州奥尔德森的新建联邦女犯监狱的第一任监狱长。因为监狱的建筑工程还没有竣工,哈里斯积极投身于规划、订立合同、采购、建筑业务中,她强调革新、机遇和计划选择。例如,不是竖起一面庞大的封闭式墙壁,传统监狱的特征就是如此,而是给监狱选用红色砖块,使之成为具有吸引力的乔治王时代殖民建筑的翻版。她认为,环绕四边形布局的这些建筑既威严又有吸引力。她宁愿坚持小屋,也不选用不愉快的监牢楼,足见她对监狱里监牢的反感和厌恶。这些措施促进了分类制度的实施。不需要全副武装的警卫或者许多其他的强制标志,均为各种教育和职业培训活动,广泛的农业劳动和体育活动,囚犯自治制度、俱乐部、业余活动、专门仪式、竞赛、典礼、舞会和其他活动所取代。给女囚犯提供音乐和其他艺术、电影、图书馆、打字和宗教性服务；他们甚至为监狱外面的贫穷者提供慈善事务。哈里斯在奥尔德森监狱的前几年，因相对较少的严重纪律处分案件和没有逃亡事件，奥尔德森监狱被视为一个典范。

10. 桑福德·贝茨(1884—1972年)的监狱观

第一，桑福德·贝茨简介

桑福德·贝茨，于1884年7月17日出生在马萨诸塞州的波士顿。他在英国上中学，获得了富兰克林奖和五个奖学金奖。1900年中学毕业之后，就读于波士顿的东北大学，1906年以优等成绩获得法学学士学位。1937年被东北大学授予荣誉法学博士学位，1954年被拉特格斯大学授予荣誉哲学博士学位。1908年10月3日，桑福德·贝茨与海伦·S.威廉结婚，婚后育有两个孩子。桑福德·贝茨于1972年9月8日去世，享年88岁。他是美国联邦政府司法部监狱局的第一任局长，此外，他还担任过美国三个州矫正系统的最高行政管理长官。在就任州矫正局局长和联邦司法部监狱局局长的35年间，他恪尽职守、处心积虑地努力改良监狱和假释制度，把改良奠基于他自己的理论信念基础上，即恢复罪犯的正常社会生活，为社会提供免受犯罪侵害的最好保护措施。除了国家公务员之外，他的职业生涯还包括律师、教育家、作家和顾问。

1912年到1914年，他当选为马萨诸塞州众议院议员，1915年到1916年当选为马萨诸塞州参议院议员，1917年到1918年在马萨诸塞州宪法大会工作，1917年当选为马萨诸塞州共和党委员。他还在纽约社会工作学校、哥伦比亚大学师范学院和纽约大学研究生院任教。1942年，贝茨被授予赫伯特·C.教区牧师纪念奖，成为获得该奖的第一位美国人。1950年他受到荷兰王后的荣誉嘉奖，1952年受到阿根廷犯罪学研究会的嘉奖。1929年之前，贝茨在波士顿当实习律师，1933年他获准在美国最高法院做实习律师，1940年进入纽约州律师界。在刑罚学方面，他给美国律师基金会提了很多建议，1955年他牵头由美国律师基金会对缓刑、刑罚和假释工作进行调查，他担任刑法与刑法学研究会的副会长。位于德克萨斯州亨茨维尔的州立山姆·休斯顿大学的牛顿·格雷萨姆图书馆收藏着贝茨的文字作品，不仅包括他的私人信函、文章、报告和演讲稿，还包括他的个人纪念物、专著、杂志、行业工作日记和时事文稿。

第二，桑福德·贝茨的监狱观

1918年，当了几个月的波士顿街道委员之后，贝茨接受了监狱行政部门对他的第一个委任,担任了波士顿行刑机关的委员。贝茨就任波士顿市政机关主任期间,由于工作效率高、工作成绩突出,1919年波士顿市市长喀尔文·库利奇推荐他担任州矫正局局长。贝茨欣然赴任直到1929年6月。任职10年后,他主持了许多改革,包括修改假释制度,推行大学校外教育普及计划课程,增加新的监狱工业项目,实行州级囚犯薪水制以及对监狱雇员实行岗位成绩薪水制。他积极支持关于由州精神病部门对县囚犯进行身体检查的立法,并且帮助建立了两个机关专门处理有缺陷的违法行为人,帮助建立了美国第一个监狱犯罪预防局。

1929年6月,贝茨调到华盛顿特区,就任五所联邦监狱的监督员,1930年5月14日升为刚组建的美国联邦司法部监狱局的第一任局长。以此为开端,贝茨更加坚定地支持立法机关所倡导的"改善和康复囚犯的这项确定无疑的政策"。从1930年5月14日到1937年1月31日,他一直担任美国联邦监狱局的局长,经历了赫伯特·胡佛和弗兰克林·D.罗斯福两届总统的领导。在此期间,超过15座新监狱,包括阿尔卡特拉斯监狱被增加到联邦监狱系统之内。监狱里,除医疗和社会工作设施之外,又开辟了图书馆工作。对监狱雇员实施岗前和岗位中培训计划。

从1937年至1940年,贝茨担任美国男孩俱乐部的执行董事。他离开这个岗位后,接下来的5年里又去负责纽约州假释系统的工作。从1945年开始,他担任新泽西州矫正局局长。在9年多的时间里,贝茨主持建立了标准假释制度,建立了实验中心专门处理青少年的违法问题。1954年退休之后,贝茨一方面从事讲学活动,另一方面就有关刑罚学和社会公共管理方面的议题提供咨询意见。他还担任了联邦监狱产业董事会的董事长直到去世。

贝茨在1936年出版的著作《监狱及其超越》是矫正领域的标准参考文献,书中他概括介绍了在他领导之下监狱改革所取得的成就,也讨论了健全的刑罚制度和假释制度的要求,主要如下所列:

关于监狱行政管理:"监狱制度的创立目的,就在于促进囚犯的矫正,给社会秩序最后地提供最好的保护。"

关于囚犯处遇:靠公正、严格、正义和公平统辖监狱的监狱长,即使对最无药可救的囚犯,也通常能维持住纪律要求。

关于监狱劳动:囚犯劳动有益于行刑经济、维护纪律和彰显伦理道德,应该鼓励监狱产业和使用囚犯从事社会公共工程项目劳动。

关于假释:有效的假释制度是监狱改革的一个必要的附加条件。贝茨认为,通过假释提前释放可激发囚犯在监狱服刑期间的良好行为。假释能发挥制止罪犯再次犯罪并帮助他们重返社会的作用。

关于政客：寻求实惠的政客是良好的行刑管理的最严重障碍之一。"在我的职业生涯中，从来没有我不服从政客们的恳求、威胁或压力的时候，政客们要求我应该把社会公众的利益屈从于他们自己的利益，而且政客们的利益有时是肮脏的，是阴谋。"

1936年就任联邦监狱局局长的贝茨主编了《美国监狱工作学习课程》一书，该书共有10章，他写了二章，即第一章"课程概述"和第二章。第二章包括两部分，即"作为行刑政策的保护"和"联邦行刑行政管理的历史与范围"。这本书被分发给联邦监狱的所有官员。1926年贝茨当选为美国监狱协会会长，1928年至1930年被任命为美国犯罪研究会的执行委员，1932年他被任命为国际监狱协会唯一的一位美国委员。1934年到1935年他担任华盛顿社会组织协会的董事长，1929年到1933年成为全国男孩培训学校的理事。

1940年到1943年贝茨就任美国假释协会的会长，1944年主持关于囚犯和假释者选择工作制度顾问委员会的工作，1944年担任美国国防部的顾问，1945年入选美国军队特赦委员会。1946年到1947年他担任美国社会公共福利协会会长，早在1933年到1938年他就担任过这个职务，1945年任社会工作全国会议副总裁，任文兰培训学校和全国缓刑与假释协会的理事。1948年他就任美国社会公共管理者协会新泽西州分会的会长，1949年担任美国国家假释协议管理者协会会长。1946年到1951年贝茨担任国际刑罚和监狱会议的会长。1951年他入选联合国犯罪预防委员会，1955年成为参加联合国犯罪预防与罪犯处遇大会的三位美国代表之一。他曾以代表身份参加了1925年在伦敦、1930年在布拉格举行的国际监狱会议，以团长的身份率美国代表团出席了1935年的柏林会议。

11. 霍华德·贝尔丁·吉尔（1890—1989年）的监狱观

第一，霍华德·贝尔丁·吉尔简介

霍华德·贝尔丁·吉尔，1890年出生在纽约州的洛克波特，1912年毕业于哈佛学院，1914年毕业于哈佛商学院。在接下来的10年里，他作为一位效率专家为马萨诸塞州的几个工程公司工作，并且在哈佛商学院任教。凭借接受过的教育和工作经验，关于实际空间对人类行为的影响，他提出了新锐的看法。在诺福克监狱，吉尔实施的政策和程序，不是计划盛开之花的结果，而是顺应需要的归纳性的发展结果。1927年他被指认为诺福克监狱长之前，吉尔没有从事矫正管理的经验。

1927年，在即将到诺福克监狱任职前，受商业部和司法部的聘请，他接受了研究监狱工业的任务，这项任务使他接触了美国许多重要监狱。在调查研究的旅程中，尤其是哥伦比亚特区设在弗吉尼亚州洛顿的监狱给他留下了深刻印象，这个深刻印象触发他到诺福克监狱任职的灵感。在此种行刑机关里，他相信有可能建立一个组织给囚犯提供最好机会来发展责任感，通过社会个案工作，同时诊断及处遇导致他们违法犯罪的问题。

第二，霍华德·贝尔丁·吉尔的监狱观

霍华德·贝尔丁·吉尔曾指挥了位于马萨诸塞州诺福克的马萨诸塞州矫正机关的建造工作，而且担任了第一任监狱长。没有比美国犯罪学系主任更多的权利，作为当时"在美国刑罚学领域里最新一代最值得注目的成就"，爱德温·萨瑟兰对诺福克监狱的诞生表示了由衷的祝贺。吉尔把诺福克监狱看作是一所"社区监狱"，反映了他的信念，即在尽可能反映外面世界的环境里有可能康复罪犯。一堵高墙对于确保安全监禁是必需的，但它也使在监狱内部适当发展社区活动成为可能。诺福克监狱围墙之内是校园风格建筑物的布局：一座行政楼，一所学校，一所医院，一座教堂，一座社区娱乐楼，23个住宅单元，每个单元设计有50个人的独居房间，以及几个娱乐区。对囚犯的日常监督由住宿官员、与囚犯同住一起的个案工作人员负责。着统一制服的警卫只负责隔离带的警戒，监狱工作人员不穿监狱制服，改穿普通衣服，而且不命令囚犯向前和向后齐步走，只要求他们在指定的时间做安排给他们的任务。

在吉尔的领导下，通过"合作性的自治制度"来管理诺福克监狱。囚犯选举一个委员会，委员会成员一律平等；囚犯委员与狱方各个委员会的行政管理工作人员一起，负责设定政策并管理行刑机关里日常生活的各个方面。这个工作人员与囚犯共同参与、共担责任的联合管理模式，使诺福克监狱超越了囚犯自治的早期尝试，如奥本监狱的"托马斯·奥斯本相互福利协会"和辛辛那提监狱排除工作人员的尝试。

1934年，几起囚犯脱逃事件引发的调查，导致了对不当管理的指责和公众强烈反对宽容罪犯的呼声，迫于强大的压力，吉尔不得不辞去诺福克监狱长的职务。接着，他到华盛顿出任联邦监狱局局长助理，主要从事监狱建筑设计和矫正工业发展及管理工作。此后，他被任命为哥伦比亚特区监狱负责人。在美国大学里，他建立了矫正管理研究所，这是为监狱管理人员提供职业培训的第一批研究中心之一。在他整个漫长的职业生涯中，吉尔是矫正机关、军队和世界其他国家政府的长聘顾问。

指导吉尔管理诺福克监狱的思想理论,以及他后来所教授的内容,在20世纪50年代和60年代里,对美国矫正工作产生了强有力的影响。例如,执法及司法管理总统委员会,建议即使严密监控机关也应该是"协作性的机关"。以此,该委员会意指,此类行刑机关里的生活应该尽可能与外面的生活相类似,工作人员作为社会工作人员来培训,而且应赋予囚犯管理行刑机关一定的责任。这些观点的某些内容仍然以不太理想的形式体现出来,例如,单元管理的观念。对大部分内容的支持,在20世纪70年代里消失了。

激进的监狱改革失去支持,可直接追溯到对街头犯罪的增大的关注和处理犯罪的强硬态度。公共感情的变化本身,至少在部分上归因于20世纪70年代经济形势的低迷,以及紧接着越战的结束和理查德·尼克松总统辞职后公众对国家机关信任的丧失。这些事件摧毁了矫正机关康复囚犯的能力和信念,挤占了用于此类计划的资源,而且产生了抵制接纳罪犯重返主流社会的阻力。

类似变化使吉尔在诺福克监狱做出的努力横遭灭顶之灾。在早期阶段,他取得了最大成功,当时他和一小组囚犯正在建筑狱墙并住在暂时木制的房子里。狱墙恰巧完工于20世纪30年代美国经济大萧条时期,在狱墙建成后不久,使用囚犯劳动力进行进一步建筑的做法遭到了禁止。从此,随着囚犯人口戏剧般的增加,懒惰成为一个严重问题。面对问题严重的混乱局面,当吉尔和他的工作人员掌握了更多权力时,工作人员与囚犯之间的关系变得日趋紧张。

20世纪60年代后期和70年代,暴力和混乱也弥漫于协作性行刑机关。那些按照吉尔在诺福克监狱规划的思路寻求人道化监狱的人,尽管他们拥有良好的意愿,但缺乏一种有效的行政管理模式。该行政管理模式在一方面容许警戒与安全之间的稳定平衡,另一方面容许存在促进个别职责和康复发展的条件。此类努力的失败证明此项平衡不可能比他在诺福克监狱注定要失败的工作更严重,吉尔原本不会得出这个结论。即使作为乐观主义者和实用主义者,他也本不应继续实验下去。

12. 奥斯汀·哈伯特·麦考密特(1893—1979年)的监狱观

第一,奥斯汀·哈伯特·麦考密特简介

奥斯汀·哈伯特·麦考密特,1893年出生在加拿大安大略省,那年年底随其父母移居美国。1915年,他毕业于缅因州布伦瑞克的鲍登学院。他的毕业论文以监狱改良为内容,并且深受著名刑罚学者托马斯·莫特·奥斯本的影响。1915年,正在写缅因州历史的作家保罗·道格拉斯找到麦考密特请他帮助调查州监狱。以奥斯本为榜样,年轻的麦考密特以假扮的伪造犯身份被送进州监狱。他在监狱里利用一个星期的时间与某些"终身监禁刑囚犯"建立了密切关系,这些人成为他的密友,他得到了有关监狱运行和囚犯亚文化的内幕信息资料。他一从监狱释放出来,就在《纽约论坛报》上揭露了监狱的黑暗现实,震惊了当地政府并使监狱状况引发了全国关注。

1915年秋季,麦考密特到哥伦比亚大学深造,并在1916年被授予教育学硕士学位。他毕业之后就结婚了,并回到鲍登学院。在鲍登学院,他当了一名讲师,从事教育工作。1917年,麦考密特被奥斯本征召入伍,让他协助调查新罕布什尔州朴茨茅斯海军监狱。确定了调查模式后,他们自愿开小差将调查付诸实践。他们的调查揭露了朴茨茅斯监狱设施严重不足及刑罚不合理且残忍的黑暗现实。他们完成调查之后,美国参加第一次世界大战,而且麦考密特也参加了海军。此后不久,他被任命为执行官协助奥斯本,当时奥斯本已被任命为新罕布什尔州朴茨茅斯海军监狱指挥官。这个事件在这两个男人之间编织了一个特殊纽带,他们成为终身朋友和同事。不论是在上班还是在下班,奥斯本总要与麦考密特在一起待许多小时,讨论政治并且分享理论真谛。奥斯本是麦考密特家的常客,他弹钢琴,背诵诗词,与麦考密特夫妇一起娱乐。在许多方面,奥斯本成为麦考密特的精神之父。

奥斯汀·哈伯特·麦考密特,长老会会长,作家,学院教授,学院院长,顾问和监狱长的儿子,是50多年来矫正改革的先驱。麦考密特,被一家报纸描述为"几乎赢弱的样子",但是"精力充沛"。退休之后,麦考密特成为奥斯本协会的执行理事。组建奥斯本协会,在于研究犯罪和监狱生活,并向政策制定者和管理者提供合理建议,以改进对犯罪的正式反应。协会取名"奥斯本",是为了纪念麦考密特的良师——托马斯·莫特·奥斯本(1859—1926)。针对释放囚犯的问题,该协会设有维持就业局和救济局,组织调查未成年人行刑机关和成年人行刑机关,而且评估矫正方面的各种计划。作为协会的执行理事,奥斯本参观了美国的多所行刑机关,并就行刑机关的运行提出了自己的建议。由于他在改进德克萨斯州劳动营的非人道状况中发挥了重要作用,受到了人们的称赞。

第二次世界大战期间,麦考密特担任战争秘书顾问,并在国防部的假释顾问委员会工作,他还出任国防部的人道委员会副会长。他在这些委员会中所做的工作反映了他早期的工作倾向,即恢复被判刑军人的正常生活,并将他们再融入积极的责任群体。1951年,为努力吸引年轻人投身于人道的矫正行政管理,麦考密特加盟位于柏克莱的加利福尼亚大学犯罪学学院。奥斯汀·哈伯特·麦考密特的生活,使他与罪犯、矫正官员、矫正行政管理人员、州长、校长、公司经理、志愿者、研究人员、学生、学会会员和工作的民众,建立了广泛的联系。虽然麦考密特的外貌没有什么魅力,但他有能力与各行各业的人士沟通和交往。在社会公众看来,麦考密特最大的成功在监狱之内;这些成就似乎是他对监狱生活和囚犯灵魂独特理解的产物。据说,他比这个国家的任何其他个人与囚犯谈话的次数都要多,而且他以个人的方式与囚犯谈话也没有失去他的权威。他的改革重塑了美国形象,并且在美国矫正领域留下了不可磨灭的印记。

第二,奥斯汀·哈伯特·麦考密特的监狱观

1917年至1921年之间,麦考密特与奥斯本合作,一道把他们先进的行刑哲学付诸实践。他们相信,囚犯应该积极参加构造他们自己的刑罚和处遇的活动,而且他们采用囚犯作自治计划进行实验。麦考密特在任期内,在囚犯中实施了信任囚犯而不加监视的制度,首次允许囚犯在户外娱乐,并做出特别努力使囚犯重返海军岗位。事实上,当一个囚犯重返海军岗位时,他要参加出监仪式并由监狱乐团护送回到他所在的舰艇上。他们在使囚犯回归军队方面取得的成功是史无前例的。

1921年,麦考密特从军队退休之后回到了鲍登学院,在鲍登学院被聘为教授,从事教学工作,并担任校友秘书。在教书期间,他成为一位出色的餐后演说者,并且与一位老朋友兼同事保罗·加雷特合作,开展了几个研究项目。他们一起第一次调查了位于密西西比河西部的监狱,将调查结果写成《美国监狱手册》,并于1926年出版。在这次调查期间,麦考密特萌发了对监狱教育的特别兴趣。经卡内基公司同意,麦考密特进一步强化了自己的研究兴趣,并调查了监狱的教育情况。1931年,他把调查结果写成《成人囚犯的教育》一书出版。《成人囚犯的教育》和《美国监狱手册》这两本书,进一步推动了监狱行政管理方面的重大改革,在今天仍被视为监狱领域的经典著作。

1934年,受纽约市市长拉瓜迪亚聘请出任纽约市矫正局局长,麦考密特重新控制了纽约市韦尔费尔岛监狱。韦尔费尔岛被称为"歹徒的乡村俱乐部",在该岛麻醉品走私者、恶棍和其他"黑社会"人物控制着监狱运行,他们花天酒地狂饮暴食极尽奢华,而其他囚犯则食不裹腹衣不遮寒得不到任何保护。某一天,矫正局长麦考密特突然进入韦尔费尔岛监狱,他独自一人在毫无保护的情况下,大胆走进乱七八糟的大厅,800多个囚犯将他围住。幸运的是,麦考密特的举动被囚犯看作是他不畏强暴的表现,马上对他肃然起敬。

这件简单的事情使他与囚犯建立了联系，打破了恶棍们建立起来的控制网，并且恢复了对监狱的掌控。

1937年，韦尔费尔岛上的这座旧监狱建筑被废弃了，该监狱的人马搬到了赖克斯岛上的一座新的现代监狱里。矫正局长麦考密特抓住这个变化实施了许多改革，旨在改进囚犯控制制度，把对矫正官员的危险降低到最低限度，提高监狱生活质量。隔离囚犯、分类程序医务和教育服务，是他改进监狱效率、效力和公正所依赖的一些策略。在麦考密特担任纽约市矫正局局长期间，他还于1938年至1939年出任美国监狱协会会长，他对监狱改革做出的努力得到了美国国内外的关注。1940年退休时，他被报纸拥立为"美国最伟大的监狱负责人之一"，并称赞他"对现代、诚实和人道的监狱行政管理做出了重大贡献"。

13. 詹姆士·V.贝内特（1894—1978年）的监狱观

第一，詹姆士·V.贝内特简介

詹姆士·V.贝内特于1894年8月28日出生在纽约州肖托夸县的锡尔弗克里克，他曾生活在佛蒙特州、纽约州和罗德岛。他的父亲，一位美国圣公会牧师，经常从一个教区调到另一个教区从事宗教工作。1918年，他毕业于罗德岛的布朗大学神学专业，1926年获得了华盛顿特区乔治·华盛顿大学的法学学士学位。在第一次世界大战期间，他参军入伍并成为空军航空军官学校的一名学生。

1919年，贝内特被调任美国效率局工作，效率局是管理和预算办公室的前身。他研究了联邦机关单位的管理技术和人事制度，最后成为效率局的首席调查员。1926年，贝内特的职业生涯转折点出现了，当时效率局局长给他提供了两个选择，或者去调查退伍军人行政管理的补给——采购制度，或者去调查美国司法部所统辖的监狱。正如贝内特后来在自己的传记中所写的那样，"我选择监狱"。

1964年贝内特退休离任，但他仍活跃在矫正领域，以口头、书面形式探讨监狱问题，代表美国出席了于1970年在日本举行的关于犯罪问题的联合国会议，还担任美国律师协会刑法分会副会长。他也是呼吁枪支控制立法的一位杰出支持者，是全国广播协会最好的会长之一，作为马里兰州宪法大会的一位成员在1968年帮助重新起草了《马里兰州宪法》，作为代表出席了在1972年召开的民主党全国大会。贝内特48岁时与玛莉·埃特勒结婚，生有一个儿子和两个女儿，玛莉·埃特勒于1967年去世。1971年，贝内特续娶奥林匹亚·斯通为妻。1978年11月19日,贝内特在马里兰州的贝塞斯达去世。

第二,詹姆士·V.贝内特的监狱观

詹姆士·V.贝内特是美国杰出的行刑改革家和监狱行政管理人员,1937年到1964年曾担任美国联邦监狱局局长。在20世纪20年代,贝内特推动了联邦监狱制度的戏剧性改组。此后,作为联邦监狱局局长,实行了监狱行政管理和计划设定方面的重大改革,并且作为一位直言无讳的倡导者,积极主张为恢复罪犯正常社会生活而进行"个别化治疗",因而获得了国际声誉。

20世纪20年代中期,美国联邦监狱系统很小,只有五座监狱组成,是司法部有名无实的组成部分之一。监狱几乎是独立运作的,没有什么中心方向,监狱的资金严重不足、收容量严重超员。监狱长是政治任命的奴仆,监狱职员缺乏培训,囚犯的住宿条件极不卫生,缺乏人道精神的状况非常严重,囚犯懒惰成性。贝内特严厉谴责了联邦监狱的现状,指责为"无人情味、不适合以恢复囚犯正常社会生活为目的的监狱工作"。

1928年,贝内特呈递了自己的报告,在报告中贝内特要求建立"协调的联邦矫正机构制度",这就是由集中化的联邦监狱局来统辖联邦监狱。他认为,联邦监狱局有更大的资源支配权,可获得授权建造更人道的监狱以收押日益增多的囚犯人口,而且应有权力下令设计创新的计划,促进更有效的囚犯管理制度,鼓励囚犯回归社会恢复正常的社会生活。贝内特的报告也发挥了促进建立专门机构处遇吸毒罪犯的积极作用。

后来,美国众议院的一个专门委员会对联邦监狱展开调查,而且指令贝内特与委员会合作。根据提交给委员会的大量证据,1929年贝内特起草了委员会的最后报告,报告中他再次建议组建联邦监狱局。贝内特提出的成立联邦监狱局的建议,强调囚犯的康复计划和维持较好的生活条件,这与国家再次萌发的监狱改革和更有效的法律执行的目标是一致的。已经在自己权限范围内推行联邦监狱重大改革的助理首席检察官梅布尔·沃克·威尔布兰特,强烈主张创建中央监狱制度。1929年,她推举马萨诸塞州矫正局局长桑福德·贝茨担任美国监狱监督员,而且指示他建立监狱监督制度。在贝茨的督促鼓励下,贝内特帮助起草了几份立法,这些立法赋予他提出的改革监狱的各种建议以法律效力而付诸实施,其中包括成立联邦监狱局的法律。1930年这项法律正式生效,联邦监狱局开始运作,贝茨被任命为局长后立刻举荐贝内特担任联邦监狱局局长助理之一。

1930年到1937年贝内特担任局长助理期间,他最重要的成就是在1934

年创建了联邦监狱产业公司。消除囚犯懒惰的一个重要因素就是组织囚犯劳动,联邦监狱产业公司是联邦政府的国有公司,雇用囚犯生产的产品独家专卖于联邦政府,由于商业界和组织起来的社会劳工的反对,不得不削减许多监狱劳动计划。为避免商业界、社会劳工的反对,联邦监狱产业公司被禁止在自由市场上竞争,商业界人士和劳工领袖人物被任命到联邦监狱产业公司董事会任职。联邦监狱产业公司的利润用于补助贝内特重视的囚犯教育和娱乐计划。贝内特与局长贝茨、其他局长助理奥斯汀·麦考密克和威廉·哈马克密切合作,付诸实施了许多其他建议,这些建议是他分别在1928年和1929年提出的。联邦监狱局查处腐败和政治交易,废除对囚犯的肉体惩罚,实施囚犯分类计划,建起了一系列新监狱以缓解囚犯爆满的问题,确定囚犯登记诉冤的程序,与美国社会公共卫生保健部门合作建立监狱医院和两个吸毒治疗机构。

  贝茨退休之后,1937年贝内特被任命为联邦监狱局局长。身为局长,贝内特深化了贝茨执掌期间进行的监狱改革,并且实施了其他方面的改革,努力使监狱的条件更为人道,促进囚犯康复。他强烈要求实施更好的教育和职业培训计划,鼓励使用心理咨询、群体治疗、工作释放和学习释放措施,通过吸收社会组织和自我改善群体参与监狱计划,在监狱的康复囚犯工作中努力开拓增加社区参与的机会,放宽邮递规则和探视特权。20世纪30年代后期和40年代早期,他开启了专门的青少年犯监狱,1950年他促使国会通过了《青少年矫正法令》。《青少年矫正法令》规定了适用于青少年罪犯的特别判决程序并授权联邦监狱局开展青少年犯诊断工作及其康复计划。1958年,他发起的要求联邦法院更公正裁量刑罚的运动促使了《塞勒—亨宁斯法令》的出台,《塞勒—亨宁斯法令》授权联邦监狱局向法官提交裁量刑罚建议书,与法官和其他有关方面一起参加旨在减少裁量刑罚失当的定期研讨会。其他的重要改进,作为试行计划开始于1961年,联邦监狱局率先在美国开办了三个"中途之家"。"中途之家"推动了社区矫正事业的发展。在他任职后期,通过支持《联邦囚犯回归社会法令》,贝内特力求确保他的改革"升华为联邦法律",在他退休后不久于1965年就通过了《联邦囚犯回归社会法令》。

  随着联邦监狱局的发展壮大,贝内特继续从事监狱改革的倡导工作。在贝茨执掌联邦监狱局时,启动的监狱改革出现了,呈现出脱离诸如利文沃斯监狱和亚特兰大监狱大监牢的建筑特点,而转向较小的令人难忘的监狱设计模式的趋势。传统的钢筋笼子监牢是为需要高度警戒的囚犯准备的,但同时需要设计一种制度以提供多元住宿设施,其范围从低度警戒营地到高度警戒监狱应有尽有。所有这一切反映了正在兴起的分类制度,想把囚犯安置在与其警戒需要及康复目的相一致的环境里。贝内特相信,较小的住宿单元或监牢区,开放的集体宿舍和个人的小卧室,分散的场院,宽敞的产业和教育计划设施,以及广阔的娱乐区域,有助于营造更利于囚犯康复的压抑性较小的氛围。贝内特树立的供人参观的窗口榜样监狱是位于德克萨斯州锡格维尔的联邦矫正机关,这座校园似的监狱以乔治亚风格的"别墅"为特色而不是监牢区,他褒扬其为"没有围墙的监狱"。他用锡格维尔作为实验室,在里面实施并采用先进的矫正方法,锡格维尔联邦监狱成为现代中度警戒监狱的典范。

　　由于警戒程度较低的监狱运作顺当,联邦监狱局不得不启用警戒程度较高的监狱关押那些不听话的囚犯。这些囚犯扰乱了康复计划并威胁着监狱的安全。在贝内特时期,警戒度最高的监狱是美国加利福尼亚州阿尔卡特拉斯监狱,但是,把阿尔卡特拉斯监狱作为极其醒目的报应与正义的标志,贝内特总是感到不舒服,早在1939年他就下决心要取而代之。但是,他也认识到,把监狱系统中最严重的捣乱分子集中关押在阿尔卡特拉斯监狱也是很有必要的。称自己为"阿尔卡特拉斯监狱的伯乐",贝内特认真审查转押到这里的每位囚犯的案情,而且严密监视阿尔卡特拉斯监狱里的活动。然而,1946年阿尔卡特拉斯监狱还是爆发了持续两天的囚犯暴乱事件,导致两名矫正官员及三名囚犯死亡,这是贝内特任职期间联邦监狱局遭到的最残暴的事件。20世纪50年代后期,他成功地争取到国会批准建立一所新的高度警戒监狱的授权。这样,1963年他终于如愿以偿下令关闭了日益老化、声名狼藉的阿尔卡特拉斯监狱。

　　如果贝内特素有康复原则倡导者的桂冠,那么他也以一位精明的管理者而著称。他编纂了联邦监狱局所辖监狱应遵守的统一政策,实施系统性的程序方法,以此中央的工作人员可以监督和检查每座监狱的运行情况,完成了由贝茨开始建设的把联邦监狱局的雇员转为国家公务员的程序,并且凭借奖励制度、培训计划和业绩提拔措施,加快了工作人员队伍的发展。他坚持经济节俭原则,尽最大努力合理使用联邦监狱局有限的拨款,使用几个方案改进联邦监狱局内部的通信联系设施,作为使联邦监狱局的管理工作更加和谐一致的方法之一。作为一名社会公共管理者,他的名望如此之大以至于在他担任联邦监狱局局长之时,他就接到了要他帮助组建社会治安委员会和价格行政管理办公室的委派任务,同时,他还担任国防部、行政机关委员会和其他联邦机关的顾问。

　　通过维持局长的引人注目的形象著书立说、发表演讲,广泛宣传监狱改革和犯罪控制，贝内特积极寻求联邦监狱局的支持。他在国会山结成同盟，竭尽全力捍卫他的计划，有时候与联邦调查局局长 J. 埃德加·胡佛发生冲突，胡佛与其国会里的盟友贬斥贝内特强调的囚犯康复理论与实践。事实上，在贝内特所面对的最严重的政治挑战方面，胡佛扮演着关键角色。作为民主党派成员，当所在的党派自他担任联邦监狱局局长以来在 1953 年第一次失去对白宫的控制时，贝内特是极易受伤害的。每当关键时刻，胡佛就绞尽脑汁暗中败坏贝内特，以各种可能的借口调查联邦监狱。几乎在同时，参议院议员霍墨·弗根森指责贝内特"对共产主义太软弱"，结果，这个指控被读者广泛熟知的保守报纸专栏作家韦斯特布鲁克·佩格勒给添油加醋大肆渲染。然而，刚继任首席检察官的共和党员赫伯特·布劳内尔认为，对贝内特的指控是毫无根据的，并且再次委托他就任联邦监狱局局长。

贝内特提倡的康复倾向的方式逐渐被称为"医疗模式"的矫正。贝内特宣称，"医疗模式"的矫正大幅度降低了联邦囚犯的重犯率，而且福特基础会赞助的一项完成于 1964 年的调查研究证明了他的观点。然而，到 20 世纪 70 年代时，"医疗模式"受到了学者和政客的挑战，他们认为康复计划不起作用。尽管遭到了攻击，但康复计划从没有停止实施；诚然，企盼"医疗模式"及其康复计划进行改革的希望是存在的。"医疗模式"及其康复计划成为一个更庞大的矫正模式的组成部分之一，而更大的矫正模式致力于给愿意改进的囚犯提供自我改进的机会。然而，新模型排斥强制实施康复的观念，并且认为作为监狱的目的，惩罚与威慑并非不如康复重要。虽然"医疗模式"受到质疑，但贝内特对美国矫正的影响——富有建设性的计划，更为人道的条件，改进的行政管理和更强的专业性——是决定性的。

14. 理查德·A.麦吉（1897—1983 年）的监狱观

第一，理查德·A.麦吉简介

理查德·A.麦吉，1897 年 9 月 11 日出生于明尼苏达州奇萨戈县，兄弟姐妹共 9 人，在明尼苏达州长大成人。麦吉是个优秀的学生，15 岁就中学毕业。他在明尼苏达州大学继续接受教育，1923 年获得人文学科学士学位，此后继续在明尼苏达州大学接受教育，1928 年获得人文学科硕士学位。

取得硕士学位后不久，麦吉从事过多种工作。1931 年，经济大萧条时期，麦吉找了一份工作，在公用程序公司当人事经理实习生。当经济变得更糟的时候，麦吉被解雇。这是一次失去工作而且在他的一生中这是唯一的一次。麦吉的矫正生涯实属意外。由于就业机会难得，麦吉不得不在位于堪萨斯州莱文沃斯的联邦监狱找工作,当了一名教育监督员。当一座新建的联邦监狱在宾夕法尼亚州刘易斯堡启用后,1932年下半年麦吉转到这座监狱找了一份工作。

麦吉在1967年从公职岗位上退休,但这并没有减弱他改革矫正事业的推动力。1959年,麦吉组建了犯罪与违法行为研究所(后来更名为美国司法研究所)。这个非营利性组织利用私人资金开展研究活动,以改进刑事执行制度。麦吉是该研究所的第一任所长,并在该所董事会任职直到去世。作为一名优秀的公众发言人,麦吉建议对任何刑事执行组织或政治团体的诸多方面进行改革。麦吉也写了许多关于矫正议题的书和文章。理查德·A.麦吉是美国矫正史上最伟大的行政管理人之一。在今天,他的大部分理论观点仍是矫正哲学的基石。

第二,理查德·A.麦吉的监狱观

理查德·A.麦吉从事监狱工作几年之后,尽管在监狱官僚位置上有即将升迁的希望,但麦吉感到有必要在他的事业上进行一些改动。他在不同的和混乱的环境中寻找领导岗位,这就是他在赖克斯岛监狱当监狱长的经历。麦吉受命组建、启用和管理纽约市专门监禁短期刑罪犯的新监狱,当这座监狱在1936年启用时,却成为纽约市的大看守所。这个岗位成为麦吉曾经遇到的最难对付的工作。在任命麦吉的前年,韦尔费尔岛老监狱出现了丑闻事件,这座老监狱被赖克斯岛监狱取而代之。多年来,那些有钱有势的囚犯随心所欲,想干什么就能干什么,吃着与官员一样的伙食,不吃囚犯伙食,也允许他们待在自己的监牢房外面,直到晚上很晚才回去,甚至还能从外面获得衣服。

在麦吉执掌赖克斯岛监狱期间,他取消了以前曾在韦尔费尔岛老监狱发生的滥用囚犯虐待制。关于衣服、自选货物、娱乐和监牢房家什布置方面的特许权,所有囚犯均享有同等的特许权,麦吉非常注意这个方面。他还实施分类计划,以此分出短期案情史囚犯,有助于看守所工作人员分配囚犯劳动和其他计划。由于他自己具有的特定的教育背景,麦吉感到教育囚犯极其重要,因此在看守所。他创立了职业教育计划,并且开办了一间图书室。

麦吉在赖克斯岛监狱就任监狱长期间,1938年他帮助组建了全国看守所协会(全国看守所协会后来与美国看守所协会合并,而且合并后的组织现在称为美国看守所协会),协会以改进全国各地的看守所状况为目的。由于他在协会所从事的工作的需要,麦吉开始了投身于为囚犯和工作人员改进看守所和监狱状况的毕生事业。

1941年,麦吉做好准备接受新挑战,他想承担更多的职责。1941年12月他的机会来了。在珍珠港大轰炸前的一个星期,麦吉上任华盛顿州行刑处负责人。当时,行刑处分管14个不同机构,包括监狱、精神病院、盲人学校、聋哑人学校和低智能人学校。虽然整个制度存在诸多问题,但州的4个矫正机关是最麻烦的。

在新的工作岗位上,麦吉直接与州长沟通联系(这证明是非常有价值的经历)。他也学会了与州财政预算系统打交道,当时由于第二次世界大战的缘故,资金极其紧缺。虽然麦吉在担任华盛顿州行刑处负责人期间工作取得了很大成就,但他在职业生涯上对矫正领域的最大贡献是在他就任美国监狱协会会长的时候做出的。通过这个岗位,麦吉远见卓识地预见到矫正的未来,他相信未来矫正职业的领导应该接受过大学本科教育,他也感到矫正领域必须谨慎小心地与各个罪犯打交道。

20世纪40年代早期,由于个别监狱长自行确定本监狱的政策、程序和计划,使得加利福尼亚州监狱系统支离破碎。时常出于政治理由选拔监狱长,而且这样选出的监狱长多数是无能之辈。监狱工作人员极少或根本就没有培训过,甚至许多官员还腐败堕落。当厄尔·沃伦在1943年就任加利福尼亚州州长时,他提交了一份监狱改革议案。政治家们把矫正视为"政党分赃制"的一部分,并且他们不准备进行改革。沃伦料想到必须为他的改革议案进行一场艰难的战斗。

一天早晨,沃伦接到查尔斯·达利打来的电话,当时查尔斯·达利是旧金山警察局局长,他告诉沃伦州长,警察已经发现了两个臭名昭著的罪犯,他们本应该正在福尔瑟姆监狱服刑,但现在却在旧金山某旅馆与某些女人鬼混。达利局长请示沃伦州长应如何处置这两名罪犯。使用丑闻促进他的改革议案的机会来了,沃伦州长告诉达利局长尽可能当众逮捕他们。

这起事件后,沃伦州长立刻要求州立法机关召开特别会议公开披露监狱丑闻状况。1944年1月,州立法机关通过了《监狱重新组建法令》,因而创建了加利福尼亚州矫正局。此后不久,沃伦州长任命麦吉为矫正局新局长。旋即,麦吉开始了矫正领域专业化的工作。他与州人事委员会密切合作,创立了工作人员分类制度。工作人员分类制包括工资标准、职责范围、最低资格等项内容。他还实施了组织良好的培训计划以训练矫正官员,并且奔走呼号努力争取给矫正官员以治安官的法律地位。

在努力改革监狱的过程中,麦吉重新组织奇诺监狱、圣昆廷监狱、福尔瑟姆监狱的工作人员,根据这种人事组织,监狱长下设置一位商务经理,一位助理监狱长主管监禁和惩戒,一位副监狱长主管每个囚犯的培训和处遇,一位经理主管监狱工业。由于工作人员的改组,麦吉也推行了几项新政策,新政策确立了一系列原则和规则,囊括了监狱运行的所有方面。此后,麦吉把矫正机关转变成特殊化的行刑机关,以收容监禁和恢复正常生活方面有特别需求的囚犯。

麦吉也致力于改进监狱状况。大部分监狱设施陈旧而且开始老化风化。由于有资金支持,麦吉对监狱设施进行了现代化改造和更新。他建立了囚犯集中记录制度,创办监狱工业用以雇用及训练囚犯。更进一步,麦吉改进了囚犯伙食工作并给需要的囚犯提供医疗和精神病治疗服务。麦吉担任加利福尼亚州矫正局局长17年。1961年,布朗州长把麦吉提拔到新内阁级别的岗位上,让他担任青年及成人矫正机关的负责人。在这个新岗位上,麦吉成为主管成人行刑机关和青年行刑机关的首脑。

15. 乔治·贝托(1916—1991年)的监狱观

第一,乔治·贝托简介

乔治·贝托,于1916年出生在蒙大拿州的海舍姆,1991年12月4日去世。这位路德教牧师的儿子,从印地安那州的瓦尔帕莱索大学和稍后的圣路易斯州康克迪亚神学学校、路德教学校毕业之后,开始在德克萨斯州康克迪亚的路德教学院任教。10年之后,他被提升为学院院长,这个位置上他从1949年一直做到1959年。在康克迪亚期间,他获得了历史学硕士学位,还获得了附近的德克萨斯大学的教育学博士学位。

乔治·贝托曾是学院教授和路德教的牧师,作为一位管理布满顽固不化的罪犯的监狱系统的候选人,简直是不可想象的。从德克萨斯州矫正局离职之后,贝托接受了山姆·休斯顿州立大学的教授委任,山姆·休斯顿州立大学仅位于监狱中央行政办公室所在街道下方的几段街区。贝托积极支持山姆·休斯顿州立大学创建刑事司法中心,该刑事司法中心专门教育、培训未来的刑事司法专业人才,从1977年到1978年、从1985年到1986年,他两度出任中心主任。为纪念他对刑事司法中心和矫正领域所做的贡献,1990年这个刑事司法中心被重新命名为"乔治·J.贝托刑事司法中心"。

在山姆·休斯顿州立大学任教的19年间,贝托仍然老骥伏枥发挥余热,继续为矫正事业添砖加瓦。1976年美国联邦审判管辖区法官判决亚拉巴马州监狱须做出重大变革,贝托应邀出任需两个法院批准的两名顾问之一,监督亚拉巴马州监狱制度的重组工作。由于一致努力,亚拉巴马州监狱解决了囚犯爆满问题,扩大了教育和职业计划,建立了工作释放中心,改进了医疗保健条件。欧洲国家、日本、埃及的监狱以及堪萨斯州利文沃斯城堡监狱,也邀请贝托协助他们评估监狱的工作。

从1975年到1987年,贝托担任德克萨斯州青年委员会的会员,这是德克萨斯州的少年矫正机关,后来的4年里,贝托被提升为负责人。直到1991年12月4日去世时,贝托还在为他奋斗了一生的理想和信念工作着,即担任监狱首席牧师之职,又担任德克萨斯州青年委员会名誉会员。

第二,乔治·贝托的监狱观

1953年,贝托第一次以官方身份涉足刑事司法制度,当时德克萨斯州州长艾伦·希弗斯任命他加盟德克萨斯州监狱协会。从此,贝托担任了6年的监狱协会成员。以前德克萨斯州监狱的生活条件在美国属于最糟糕之列,在13年的时间里改革家O.B.艾理斯提高了德克萨斯州监狱的生活条件,还把监狱的农业和家畜业经营成一个可营利的公司。身为监狱协会的一名成员,贝托要适应工作转变得有个时间过渡。他自己投身于有意义的改良实践之中,给囚犯提供高级的教育和宗教活动机会。最值得注意的是,贝托恪尽职守,把普通教育发展计划引入州监狱系统,那些计划使囚犯在监狱服刑期间就能够获得相当于中学程度的教育水平。在路德教教会任命贝托担任伊利诺伊州斯普林菲尔德的康克迪亚神学院院长之前,贝托已在监狱协会以志愿者身份工作了6年。

在伊利诺伊州期间,贝托与一个人的友谊重归于好,这个人对贝托关于监狱管理的理论观念产生了深刻影响,这个人就是伊利诺伊州斯泰特维尔监狱的著名监狱长和《最强硬的监狱世界内部》一书的作者约瑟夫·E.拉根。拉根在全美国的监狱界很有名气,他用军事模式的纪律和服从行动指令的办法管理监狱。

在拉根的热切邀请下,州长奥托·克纳指任贝托加入伊利诺伊州假释委员会。身为假释委员会的一位成员,除与监狱长拉根联系之外,贝托时常接触斯泰特维尔监狱的囚犯,从而使他有机会直接与各个囚犯打交道,研究拉根的管理风格。1961年O.B.艾理斯不幸去世,使德克萨斯州监狱系统的局长位置出现了空缺。在艾理斯去世后的两个小时后,乔治·贝托在伊利诺伊州接到德克萨斯州监狱委员会主任H.H.科菲尔德打来的电话,邀请他就任德克萨斯州矫正局新局长。起初贝托持谢绝态度,但是当局长的位置扩大到包括监狱首席牧师职责的时候,他最后欣然接受了邀请。虽然贝托没有专业的工作经历,也没有受过监狱管理方面的培训,但经过10年全身心的监狱问题的研究——首先加盟德克萨斯州监狱委员会,然后入选伊利诺伊州假释委员会——他已经在矫正领域里建立了令人欣慕的名望。

一就任德克萨斯州矫正局的领导职位,贝托随即陈述了他的施政计划,即继续并发展O.B.艾理斯业已进行的工作。然而,贝托很快发现,仍然有许多监狱管理的基本争议问题需要阐述说明。尽管在艾理斯执掌州矫正局时解决了一些问题,仍然存在的事实是还是用身体强制的办法"管理"囚犯;结果,囚犯生活在恐惧、暴力和残酷的氛围里。对于德克萨斯州矫正局的囚犯,他被称为"步行者乔治";对于全美国的矫正专业人士,他被称为"国家最安全的监狱制度的首席建筑师"和"监狱管理'控制模式'的创造者";对于社会自由民众,他时常被戏称为"德克萨斯州最受控告的人"。但在20世纪60年代和70年代早期,乔治·J.贝托博士就任德克萨斯州监狱局局长期间,德克萨斯州矫正局获得了全国最好的监狱系统的赞誉,这个赞誉主要归之于乔治·贝托局长的理论观点和管理风格,对此是没有什么争议的。

贝托面对的最紧迫的问题之一,如同任何监狱长一样,是怎样维护警卫对象超过警卫人数的环境里的秩序。贝托确信,如果监狱要给囚犯提供康复的安全环境和机会,那么秩序、纪律和控制就是监狱所必需的。他认为,之所以把囚犯关押在监狱里,是因为他们缺乏守法行为模式必需的自我控制能力,因此对囚犯必须实施外部控制。贝托深信,除对康复承担自己的责任之外,每个囚犯必须对自己的犯罪承担个人责任。监狱不承担康复囚犯的责任,但在囚犯对社会偿付罪债并借此机会愿意改善自己之时,应承担给囚犯提供安全、建设性和人道环境的责任。

这个哲学理论清清楚楚地反映在贝托管理监狱的方式中,后来被称为"控制模式"。控制模式涉及严格实施纪律、严密规范囚犯的日常行为活动,一直落实到囚犯穿囚服如何扣扣子的微小事情上;要求囚犯在监狱服刑期间从事农业或工业劳动,并且接受监狱学校的文化教育;随时服从监狱警卫的命令,称监狱警卫为"老板"或"先生"。遵守这些规则并勤奋劳动的囚犯则受到"好时光"奖励——善行折减;违反这些规则的囚犯则受到附加劳动任务或关禁闭的惩罚。

贝托的监狱管理哲学理论在他就任监狱长后不久就受到挑战。囚犯和监狱雇员很快发现,温和的背后是控制、秩序及纪律的铁的意志和坚如磐石的信念。贝托接管德克萨斯州监狱系统后不久,一群囚犯举行了一次罢工,贝托给他的监狱长亲自现场演示了自己的管理哲学理论。花费了几分钟对囚犯晓之以理的说服工作且没有什么结果之后,贝托命令该单元的典狱官骑上马,手持武器,命令囚犯立刻开始耕地干活儿,几分钟内囚犯就重新干活儿了。这件事马上就传遍了整个监狱系统,对新局长强硬态度的任何怀疑很快就烟消云散了。

贝托关于个人责任的观点,不仅仅限于囚犯,而且包括他的职员和他自己。他关注每个细节,不容忍监狱里出现伙食糟糕或条件肮脏的现象。他相信常去现场接触囚犯、监狱职员对有效管理监狱是必要的。由于他经常私访牢房区和监狱场院的习惯,亲自视察运行情况,与囚犯、警卫谈话了解实情,囚犯给他取了个"行者乔治"的绰号。在私访、视察期间,允许囚犯将没有检查过的信件直接交给他,这些信件多为请求特许权或申诉冤情。贝托根据每份信件反映的情况进行追踪调查,这样就形成了强有力的非正式信息网络,从而进一步增强了他跟踪了解、掌握、监狱系统存在、出现的各种情况的能力。

也许,贝托大多被称为控制模式的创造者和建筑师,他也负责德克萨斯州监狱的许多其他改革工作。贝托革新了德克萨斯州监狱的教育工作,使州议会在监狱系统内建立了第一个非地理性的教学区——温德姆教学区。温德姆教学区开始讲授基本理论课程,随后扩大到职业培训和学院学位课程。为尽力给即将释放的囚犯提供基本生活技能,他率先实施了第一个释放前计划,以后首创了第一个成年囚犯基本教育计划。贝托提升了监狱牧师计划的层次,创立了监狱系统内第一个工作休假计划。他也负责按人种要求整合了德克萨斯州的监狱人口,在监狱系统雇佣了第一位黑人矫正官员。

贝托在其前任成就的基础上尽心竭力地工作,使监狱系统尽可能自给自足。在此之前,艾理斯已经成功地实施了农业计划,农业计划的大批产品用于满足监狱系统后勤的生活需要。贝托扩大农业计划,说服德克萨斯州议会允许监狱把产品卖给州的其他单位,使税收支撑的工业获得经营资格。因而,监狱产业获得重大发展,拥有一个公共汽车修理厂、一个轮胎翻新厂、一个咖啡烘烤厂、一个衣服制作厂、一间牙病理疗实验室、一个木材加工厂、一个执照牌制作厂、一个记录转变办公室。产业销售额从1964年计划创办时的不足100万美元,上升到1991年的超过6000万美元。这些产业不但创造了巨额收入,而且也培训了数以千计囚犯的谋生技能,从而使他们一经从监狱释放就可在社会上找到工作。

尽管有这些进步,但在他任期期间仍有很多囚犯提起诉讼,就此乔治·贝托被戏谑为"德克萨斯州受到指控最多的人"。其中,多数诉讼是针对人身保护令令状的,向初审法院申请纠正所指控的错误或侵权行为;有些是对德克萨斯州监狱当局严密控制囚犯做法的严重法律挑战。最引人注意的诉讼之一是克鲁兹诉贝托,对此最高法院判决指出"德克萨斯州监狱当局不可以禁止佛教囚犯做礼拜和改宗"。诉至最高法院的另外一件诉讼是诺瓦克诉贝托,诉案中孤独禁闭期间适当限制饮食的做法受到指控,但法院的判决持维持监狱的态度。那个诉案也有助于澄清囚犯时常提到的监狱律师在法律程序中可以代理其他囚犯的情况。

对德克萨斯州监狱制度最大的挑战出现在贝托辞去监狱局局长职位的时候。1974年法院受理了鲁伊斯诉埃斯特尔一案,这对德克萨斯州监狱制度和贝托控制模式的未来产生了重大影响。鲁伊斯的诉讼和随后的漫长法律程序指向了监狱的许多问题,也许,最重要的是使用囚犯警卫,其他地方称为"守夜人",这种做法艾理斯和贝托两人都沿用于早些改革前的时代,但考虑到滥用的潜在可能,两人仍持保留态度,并且酝酿要将其废止,可两人都没有这么做。两人都觉得"守夜人"制度提高了监狱的效率,并确信滥用的可能性能够通过严格认真的监督来避免。贝托全身心地投入他的独立的信息渠道,使他能够更加充分地控制"守夜人",这是他的前任或继承者所不能比拟的。然而,随着监狱人口的逐渐膨胀,监狱行政管理更为分散,尤其在贝托的继任者詹姆士·埃斯特尔执掌监狱局的情况下,"守夜人"制度开始恶性发展,导致被浑水摸鱼的囚犯同伙滥用于一般囚犯的机会增加。

尽管许多人仍然坚决把鲁伊斯案件的积极作用与其最后所带来的变化区别对待,但没有人会否认这样的事实,即在乔治·贝托的领导下,德克萨斯州监狱以秩序、效益和囚犯安全令人欣羡的记录赢得全美国的赞誉。贝托的成绩在矫正领域获得了极大的承认。1969年和1970年,他应邀担任美国矫正协会会长。他还获得了这样的殊荣,被瓦尔帕莱索大学和德克萨斯州大学评为"卓著的毕业生"。

16. 威廉·康特(1926—)的监狱观

第一,威廉·康特简介

威廉·康特1945年毕业于范德比尔特大学医学院,就开始了医药、精神病学和心理健康领域的一个多种多样和多产的职业生涯。1959年,他到华盛顿州担任心理健康部门的主任,这个工作岗位隶属于华盛顿州机关局。康特担任该工作的时候,华盛顿州的三个州精神病院接受了医院评估联合委员会的评估,所有的三所州医院同时受到评估,这在华盛顿州历史上是第一次。威廉·R.康特既以他在精神病学领域的成就,也以20世纪60年代后期和70

年代早期在华盛顿州他倡导并实施的刑罚改革而著称于世。

第二,威廉·康特的监狱观

1966年,华盛顿州州长丹·埃文斯任命康特为机关主任,负责成人矫正局、儿童和青年局和心理健康局的监督工作。康特对矫正的先进理念反映在他1970年所著名为《矫正哲学》的论文中,该论文明确阐述了他自己的需要处遇及回归,而不仅仅处罚囚犯的信念和他致力于为囚犯最后重返社会做准备的工作。

根据其论文提出的原则,1970年11月,康特掀起的令人震惊的浪潮席卷了华盛顿州监狱系统,当时他把意义深远的刑罚改革计划引入成人矫正机关。康特负责的改革中包括扩大电话使用和探视特权,放宽惩戒程序,扩大教育机会,确定休假计划,落实"居民政府委员会"。后者是由自由选举的囚犯组成的政治性结构,用于提供监狱内囚犯某些程度的自治空间。

因为在本州矫正理论与实践上的这些剧烈变化,20世纪70年代早期,华盛顿州被许多人视为监狱改革领域的先锋。虽然康特的改革要落实到华盛顿州所有的主要成人矫正机关,但只在位于沃拉沃拉的华盛顿州监狱最受重视。之所以如此,是基于两个理由:首先,华盛顿州监狱早就是传统的最大、最显眼的州矫正机关;其次,监狱在10年中经历了多次不寻常的分裂,紧随康特实施的改革——决非一致的关系。不过,无论改革的最后命运是什么,20世纪70年代早期,沃拉沃拉监狱起到了"对某些观察者认为是近来刑罚史上最大胆实验的一切充当实验室"的功能与作用。

这不是说所有的参与者都支持或热心于这些新发展。许多行政管理者和矫正职员反对放弃他们对囚犯如此多的控制,如一位作者描述道,"从传统的监禁倾向哲学到集中于处遇的突然转变,引起了所有层面的巨大抵制"。监狱官方和职员对这些改革怀有敌意,既因他们觉得——正确或错误——改革已经提出并且实施而没有咨询他们的意见,也因他们相信改革会最终证明像他们自己的一样在最高警戒监狱里是不切实际的。

康特的所有改革中,推行"居民政府委员会",据多数人看来,既最具创新性,又最具争议性。诚如康特使有的概念化一样,"居民政府委员会"由囚犯人口选举的11名囚犯组成,每个成员的任期为6个月。该委员会的目的是给"提供居民表达他们自己意愿的一个论坛,同时学习某些重要知识,这些重要知识意味着参加合法的、正式的和适当的代表性的表达他们利益和关心所在的活动"。简而言之,它被设计为"一种学习经验……不只是一种管理尝试"。

"居民政府委员会"和康特的改革,随着观察者看到囚犯越来越多地得到对监狱的控制,随着监狱围墙内暴力的剧烈增多,华盛顿州监狱更加普遍地受到日益增多的批评。在提出的这个创新观念中,康特本来决定帮助发展囚犯人口的成员责任感。然而,实际上,"居民政府委员会"把机会给了太想得以看看究竟他们能够把对其同伴囚犯的控制扩张到什么程度、更加普遍控制监狱的那些囚犯。因此,起初作为囚犯权利和责任的实验逐渐恶化进囚犯支配和管理的社会制度之内。

的确,在批评家看来,正是"居民政府委员会"的存在导致了囚犯帮派的各种活动、吸毒和20世纪70年代监狱暴力的增加。博比·雷艾的壮举使这个形势进一步恶化,监狱长博比·雷艾本来选择正式组成各种不同的囚犯俱乐部,囚犯俱乐部原则上以共同爱好和特别兴趣为基础。但实际上,这些俱乐部用于把囚犯人口分隔进"彼此竞争并与'居民政府委员会'争夺支配监狱权势"的一个犯罪群体网络内。随着囚犯俱乐部发展得更有组织性并且确定了与外界的毒品通道时,毒品在监狱里逐渐成为可得到的东西。与此相关,由于吸毒的结果,对有利可图的毒品市场控制的争夺,和部分囚犯突然在矫正机关里能够尽可能多地获取权利的普遍欲望,矫正机关里的暴力事件也增加了。

紧随暴力劫持人质事件和矫正机关的一个监区短暂强占后不久,1975年华盛顿州监狱解散了以前的"居民政府委员会"。与此前的相比,监狱长雷艾组建的新"居民政府委员会"拥有的权利较少,并倡导不同的基础理论。然而,囚犯俱乐部仍旧葆有他们的权力,而且他们继续彼此之间明争暗斗,通常还很激烈,甚至还与改正职员展开竞争。1978年和1979年,矫正机关内的紧张及混乱局势严重到了空前的程度,在一系列的暴力事件中,许多囚犯和某些矫正职员被杀。最后,1979年夏季,通过废止康特改革的大部分内容,前年刚上任的监狱长罗勃特·斯波尔丁开始实施"感化"机关的程序,在以后的几年里经过一系列的结构和理论变革重新确立了对监狱的控制。

对于"居民政府委员会"失败的确切原因仍存有不同意见,而且对康特在华盛顿州监狱改革的评价意见分歧就更加普遍,如一位分析家所描述:"囚犯将失败归于行政管理的懈怠。康特则将失败主要归罪于日益强大的官员联盟和行政管理者的不情愿合作。前任监狱长雷艾和大部分监禁职员认为,唐纳德·霍罗威茨和康特对太过头、太快的改革举动负有责任,因为他们所考虑的是基本上不可行的方案。唐纳德·霍罗威茨负责社会和公共医疗局法定职员的工作在这一期间,某些职业处遇职员觉得它是个好计划,但从未被给予机会或适当的预算拨款"。

也许,多少有讽刺意味的是就现行改革的主要部分,康特不能监督检查他的改革是否成功。1971年1月,机关局成为新的、更大的州机关部门,即部门社会与公共健康局。1971年7月,康特担任该局的副秘书直到他退休为止,用他的话说,"因为,社会与公共健康局方面的立法产生的情况得到了政治上的鼓励,而且,因此要成功地影响业已开始的改革运动是不可能的"。一离开州工作岗位,康特就在华盛顿州的塔科马操办起私人精神治疗业务。康特于1985年退休后,仍在华盛顿州过着积极的生活。